全国职业教育规划教材·文秘系列

秘书技能情景化训练

主　编　向　阳
副主编　王桂梅　邓　辉　伍岂莹
参　编　何卫东　戴　璐　段宏毅

北京大学出版社
PEKING UNIVERSITY PRESS

内容简介

本书是一本有着全新体例、生动案例和系列实训体系的立体化教材。全书以职场故事为导入，通过介绍几位职业秘书在工作中的成长经历，让读者身临其境地体会秘书工作的复杂性、多维性和专业性，同时也借助仿真的实训任务让读者系统地进行秘书专业技能的训练，逐步培养秘书人员的职业素质。本书既可以作为各类大专院校文秘专业及相关专业实训课程的教材，又可以作为各类公司提高秘书、助理、行政管理等岗位人员技能和素养的培训资料。

图书在版编目(CIP)数据

秘书技能情景化训练/向阳主编. —北京：北京大学出版社，2016.10
（全国职业教育规划教材·文秘系列）
ISBN 978-7-301-27665-5

Ⅰ.①秘…　Ⅱ.①向…　Ⅲ.①秘书学—教材　Ⅳ.①C931.46

中国版本图书馆 CIP 数据核字（2016）第 246403 号

书　　名	秘书技能情景化训练
著作责任者	向　阳　主编
策划编辑	周　伟
责任编辑	周　伟
标准书号	ISBN 978-7-301-27665-5
出版发行	北京大学出版社
地　　址	北京市海淀区成府路 205 号　100871
网　　址	http://www.pup.cn　新浪微博：@北京大学出版社
电子信箱	zyjy@pup.cn
电　　话	邮购部 62752015　发行部 62750672　编辑部 62754934
印 刷 者	北京鑫海金澳胶印有限公司
经 销 者	新华书店
	787 毫米×1092 毫米　16 开本　14.5 印张　362 千字
	2016 年 10 月第 1 版　2016 年 10 月第 1 次印刷
定　　价	32.00 元

前　　言

秘书工作是一项极具挑战性的工作，工作内容、工作环境、工作要求、工作对象千差万别，即使同一家企业，对不同部门的秘书人员的要求也不尽相同，所以如何培养一名合格的职业秘书一直是秘书教学中的一个难题，也是秘书学界一直热议的话题。经过多年的尝试，我与我的同伴们决定脱离传统课堂的束缚，把秘书专业的学习空间架设在特定的职场情景中，让学生们提前步入职场真实的氛围中，去学习、去思考、去体验、去实践，将所学的知识加以灵活运用，在课程学习的过程中逐步靠近秘书工作岗位，实现从心理上转变角色的显著变化。

早在2008年，广东科学技术职业学院文秘专业就专设了“秘书综合实训”课程，该课程完全采用任务式教学，让学生在两年多专业学习的基础上，凭借自己的专业素养来解决一些综合性的实际问题。这些尝试让我们对学生、对课程都积累了一些经验。在此基础上，我们决定编写这本《秘书技能情景化训练》作为该课程以及其他秘书专业实训课程的配套教材。本书通过构架起一个职场虚拟空间，让书中的主人公从一个刚刚毕业的大学生逐步成长为一名合格的公司秘书，而学生在实训、体验的过程中逐渐熟悉企业秘书的工作职责，提高相应的工作技能。在本书的筹备过程中，我们得到深圳国泰安教育技术股份有限公司的大力支持，双方现已联手开发出一套3D《职业秘书情景化训练》的软件来作为本书的配套资源。该软件以本书的故事框架为主线，采用任务闯关游戏的模式，带领学生(同时也是游戏者)走进秘书角色，在仿真的环境中，一步步实现自己的职业梦想。

本书以故事为主导、以情景模拟为训练方式、以3D游戏为配套资源的立体教材模式在全国秘书专业的教材中属于首创，我们希望通过这样的努力为秘书专业的学习带来一个全新、有趣、生动的教学方式改革，让秘书人员及相关专业的学生享受在“做中学”“玩中学”的新型教学模式。

本书作者除了来自广东科学技术职业学院的文秘专业教师以外，还汇集了广州番禺职业技术学院、罗定职业技术学院、广东工程职业技术学院、北京工业职业技术学院等学校的文秘专业精英们，更有国泰安教育技术股份有限公司的教育专家、课程开发专家和技术专家的加盟，是一本名符其实的校企共建、工学结合的立体化教材。

在本书的写作过程中，向阳老师负责整体策划、沟通协调和统稿工作，并承担了项目六和项目八的写作任务，伍岂莹老师承担了项目一和项目九的写作任务，王桂梅老师承担了项目二和项目三的写作任务，邓辉老师承担了项目四和项目七的写作任务，戴璐老师承担了项目五的写作任务，段宏毅老师和何卫东老师承担了整体构思、情节设计和文字修改任务。本书是大家集体智慧的结晶。

在此特向支持本书写作并在百忙之中为本书作序的中华专业秘书协会会长、前亚洲秘书学会理事长石咏琦老师表示感谢和敬意；向对本书作出重大贡献的国泰安教育技术股份有限公司的郭向阳老师、王艳老师、杨歌老师、余侠芸老师表示衷心的感谢；广东科学技术职业学院的陈倩倩老师、湖州职业技术学院陈雅老师也为本书贡献了案例和思路。此外，本书在编纂过程中还参考了部分国内学者的研究成果，在此一并表示感谢。

向　阳

2016 年 7 月于珠海

目　　录

项目一
秘书招聘与入职

良好的职业形象和专业、规范的求职简历都在彰显着注重细节的秘书素养，在面试中富于亲和力和感召力的卓越口才将引领职场新人迈向秘书职业生涯的第一步。

知识点

1. 了解秘书人员的个人形象设计。
2. 掌握简历制作和面试技巧。
3. 了解秘书岗位职业生涯规划。

技能点

1. 能根据职位描述有效地制作简历。
2. 能掌握面试礼仪和相关技巧。
3. 能制定秘书岗位职业生涯规划。

任务一　个人形象设计

一、案例导入

余安妮是A科学技术大学文秘专业的一名大三学生。又到了一年毕业季，她计划应聘一份企业秘书的工作。虽然在学校里余安妮也参加过一些社会实践活动，但是毕竟对职场没有太多的了解，所以她一直在忐忑中，既渴望早点找到自己喜欢的工作，又有些莫名的恐惧。

这天是周一，余安妮吃完早餐回到宿舍，带着激动和忐忑的心情进行最后的准备工作，她打算9:00出发前往市人才市场。作为水瓶座女孩，余安妮不爱受约束，个性浪漫开朗，平时喜欢穿着休闲运动装束。面对镜子中的自己，余安妮想着："今天我应该穿什么衣服呢？还是先看看别人是怎么穿的吧。"

余安妮拿着几本关于个人形象设计、职场着装的书，又上网找了一些视频，心里渐渐明晰了，同时也想起了班主任老师的一句话："一个人想成功首先要看上去像个成功者，所以你要让自己看上去就像一个职业秘书。"

二、必备知识

个人形象，原指个人表露在众人面前的仪表、仪容和仪态，现被认为是一个人内在品质的外部反映，是反映一个人内在修养的窗口。社会学者普遍认为一个人的形象在人格发展及社会关系中扮演着举足轻重的角色。从心理学的角度来看，他人通过观察、聆听、气味和接触等各种感觉可以形成对某个人的整体印象。正确的个人形象是在认识自我的优劣长短之后加以修正，然后塑造完全自信的生活态度与丰富内涵。

（一）个人形象的基本要求

1. 身体清洁

在面试前，应聘者一定要洗澡，换上干净的衣服和鞋袜，以保持体味清新，从而使自己显得精神抖擞。

2. 脸部清洁

脸是人体外露的部分，考官在观察应聘者的同时，还能观察到应聘者脸部的卫生状况。因而，应聘者在面试前要清洗掉脸上的污垢和汗渍，一定要注意脸部的清洁卫生，否则，考官将会毫不留情地扣分。

3. 口腔清洁

应聘者还要养成良好的口腔卫生习惯，面试前既不要吃带有强烈异味的食物，又不要抽烟喝酒，以免有不洁的口气，引起考官的反感。牙齿是口腔的门面，牙齿的清洁是仪表仪容美的重要部分，而不洁的牙齿被认为是人际交往中的障碍。如果应聘者的牙齿上有牙垢或者牙缝里留有食物残渣，这些都是有失风范的事情，也容易让考官产生反感。

4. 头发清洁

一头亮丽、柔软的头发是青春活力的象征。头发是人体的制高点，很能吸引他人的注意，因此应聘者在前去面试前都要将自己的头发洗护干净，不要有异味，特别要注意头皮屑的清理。

5. 手的清洁

当应聘者在递简历或与人握手时，总先让他人看到的是自己的一双手，并形成一种印象。手的形象与人的整体形象密切相关。通过对手的观察，我们可以判断这个人的修养与卫生习惯。尤其是指甲缝里的污垢更是忽视不得，因此在面试前应聘者应保持指甲的本色或清爽明亮的中性颜色，女性应聘者不要涂彩色指甲油。

6. 胡须的清洁

男性应聘者在面试前一定要将脸刮干净，不要留胡子，要使自己看起来容光焕发、充满活力。

7. 化妆

在面试前，女性应聘者需要稍微化一些淡妆，方显得更有朝气。女性应聘者至少应该在眉、唇和颊三个部位上稍下功夫，这样面色健康、红润才显得有亲和力。在面试时，女性应聘者带有朴素气质的淡妆既符合自己的身份，又与面试的要求相吻合。但是，女性应聘者切忌浓妆艳抹。

（二）职场着装原则

俗话说："人靠衣妆马靠鞍。"如果应聘者希望自己在职场上建立良好的形象，那就需要全方位地注重自己的仪表。其中，着装是最重要的，着装实际上是一种符号、一种暗示，它能够向人们传递出应聘者是否具有职业精神。

职场着装原则可以概括为以下"六个不能"。

第一，不能过分杂乱，杂乱导致的最直接的错误就是不按常规着装。

第二，不能过分鲜艳，职场人士应当坚持"庄重保守"的着装原则。

第三，不能过分暴露，职场女性尤其需要高度注意这个问题。

第四，不能过分透视，特别是在夏季。

第五，不能过分短小，凡职场人士都不能穿短裤上班。

第六，不能过分紧身，特别是职场女性更不能穿着过于紧身的服装。所谓紧身，其标准是凡能特别凸显出人体敏感部位的服装都应视为紧身服装。

1. 女士职场着装原则

女性职业装以套装为主，所以，职场女性的着装原则首先从套裙讲起。套裙一般包括女式西装上衣和裙子。

(1) 面料选择。

套裙的面料要质地上乘、纯天然，上衣和裙子必须是同种面料，宜选用不起皱、不起毛、不起球的匀称平整、柔软丰厚、悬垂挺括、手感较好的面料。

(2) 色彩。

套裙应当以冷色调为主,借以体现出着装者的典雅、端庄与稳重。着装者还必须使之与正在风行一时的各种流行色保持一定的距离,以示自己的风格与持重。另外,一套套裙的全部色彩至少不要超过两种,不然就会显得杂乱无章。

(3) 尺寸。

套裙在整体造型上的变化,主要表现在它的长短与宽窄两个方面。套裙一般要求上衣不宜过长,下裙不宜过短。通常,套裙之中的上衣最短可以齐腰,而裙子最长则可以达到小腿的中部。裙子下摆恰好抵达着装者小腿肚子上的最丰满处,乃是最为标准、最为理想的裙长。以宽窄肥瘦而论,套裙之中的上衣分为紧身式与松身式两种。一般来说,紧身式上衣显得较为传统,松身式上衣则看起来更加时髦一些。另外,上衣的袖长以恰恰盖住着装者的手腕为好;上衣或裙子均不可过于肥大或过于紧身。

(4) 穿着到位。

在正式场合穿着套裙时,上衣的领子要完全翻好,且衣扣必须全部系上。不要当着他人的面随便将上衣脱下,也不要将上衣披在身上或者搭在身上。裙子要穿得端端正正、上下对齐,着装者应将衬衫下摆掖入衬裙裙腰与套裙裙腰之间,切不可将其掖入衬裙裙腰之内。另外,着装者还需要根据自身的年龄、体型、气质、职业等特点选择适宜的套裙款式。比如:体型较胖的女性可以穿一般款式,颜色可以略深些;肤色较深的人不适宜穿蓝色、绿色或黑色的套裙。国际上通常认为袜子是内衣的一部分,因此,绝不可露出袜边。为了避免这种尴尬,职场女性要么穿长到大腿的长筒袜,要么不穿袜子,但就是不能穿那种半长不短的丝袜。

(5) 妆饰。

套裙上不宜添加过多的点缀。一般来说,职场女性不宜穿着以贴布、绣花、花边、金线、彩条、扣链、亮片、珍珠、皮革等进行点缀或装饰的套裙。在穿着套裙时,职场女性既不可以不化妆,又不可以化浓妆,且不允许佩戴有可能过度张扬自己的首饰。

(6) 搭配。

衬衫应轻薄柔软,色彩与外套相协调。内衣的轮廓最好不要从外面显露出来。衬裙应为白色或肉色,不宜有任何图案。衬裙裙腰不能高于套裙裙腰而暴露于外。与套裙配套的鞋子宜为皮鞋,并以棕色或黑色牛皮鞋为佳。袜子也不能随意乱穿,所穿的袜子可以是尼龙丝袜或羊毛袜。另外,千万不要将打底裤、九分裤等裤装当成袜子来穿。

2. 男士职场着装原则

(1) 三色原则。

三色原则一直以来都是男士着装礼仪中重点强调的内容,主要是指男士身上的色系不应超过 3 种,很接近的色彩应视为同一种。

(2) 有领原则。

有领原则,是指正装必须是有领的,无领的服装不能成为正装。男士正装中的领通常体现为有领衬衫。

(3) 纽扣原则。

纽扣原则,是指在绝大部分情况下,正装应当是纽扣式的服装,拉链式的服装通常不能成为正装，某些比较庄重的夹克事实上也不能成为正装。

（4）皮带原则。

皮带原则，是指男士的长裤必须是系皮带的，通过弹性松紧穿着的运动裤不能成为正装，牛仔裤自然也不算。即便是西裤，如果不系腰带就能穿着，那也说明这条西裤腰围不适合作为正装穿着。

（5）皮鞋原则。

皮鞋原则，是指正装离不开皮鞋，运动鞋、布鞋和拖鞋是不能成为正装的。最为经典的正装皮鞋是系带式的，不过随着潮流的改变，方便实用的无带皮鞋也逐渐成为主流。

（三）仪态规范

仪态，是指人的姿态、举止和风度，即一个人的表情、行为、动作，也包括人的体态语。它反映一个人的性格、心理、感情、素养和气质。一个人即使拥有出众的相貌、时髦的衣着，但如果没有相应的行为美，就会破坏了自己的形象。我们的姿态举止就应该体现秀雅合适的行为美，要站有站相、坐有坐相、行有行相。

1. 站姿——要有稳定感

最容易表现体态特征的是人处于站立时的姿势。社交场合中的站姿，要求做到“站有站相”，注意站姿的优美和典雅（如图 1-1 所示）。

女性的站姿应是亭亭玉立、文静优雅，男性的站姿应是刚劲挺拔、稳健大方。

正确的站立姿势应该端正、庄重，具有稳定性。站立时的人，从正面看去，应以鼻子为点与地面作垂直状，人体在垂直线的两侧对称，表情自然明朗。

图 1-1　男女站姿

温馨提示

秘书人员站姿小贴士

秘书人员要坚决避免出现以下三种不雅站姿。

1. 上身:歪着脖子、斜着肩或一肩高一肩低、弓背、挺着腹、撅臀或身体依靠其他物体等。

2. 手脚:两腿弯曲、叉开很大以及在一般情境中双手叉腰、双臂抱在胸前、两手插在口袋里等。

3. 动作:搔头抓痒,摆弄衣带、发辫,咬指甲等。

2. 坐姿——讲究稳重感

坐姿是人际交往中最重要的人体姿态,它反映的信息非常丰富。优美的坐姿是端正、优雅、自然、大方。

入座时,要走到座位的前面再转身,然后右脚向后退半步,再轻稳地坐下,收右脚。

入座后,上体自然坐直,双肩平正放松,立腰、挺胸,两手放在双膝上或两手交叉半握拳放在腿上,亦可两臂微屈,掌心向下,放在桌上。两腿自然弯曲,双脚平落地上,男士的双膝稍稍分开,女士的双膝必须靠紧,两脚平行,臀部坐在椅子的中央(男士可以坐满椅子,背轻靠椅背)。双目平视,嘴唇微闭,微收下颌,面带笑容。起立时,右脚向后退半步,而后直立站起,收右脚(如图 1-2、图 1-3 所示)。

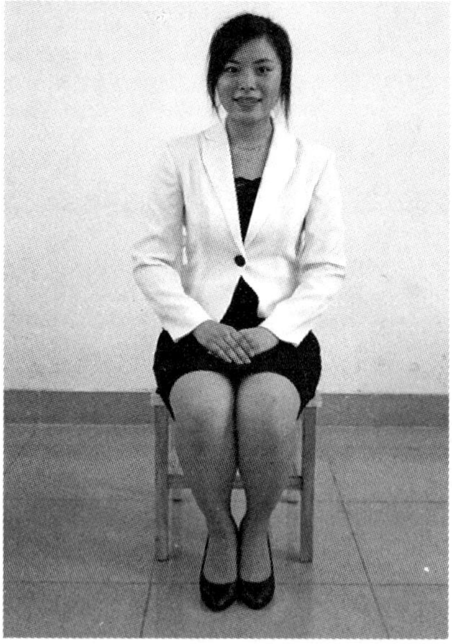

图 1-2　女士坐姿

图 1-3　男士坐姿

温馨提示

秘书人员坐姿小贴士

秘书人员要坚决避免出现以下五种不雅坐姿：

1. 就座时前倾后仰或是歪歪扭扭，脊背弯曲，头过于前倾，耸肩；
2. 两腿过于叉开或长长地伸出去，萎靡不振地瘫坐在椅子上；
3. 坐下后随意挪动椅子，在正式场合跷二郎腿时摇腿；
4. 为了表示谦虚，故意坐在椅子边上，身体萎缩前倾地与人交谈；
5. 大腿并拢，小腿分开，或双手放在臀下，腿脚不停地抖动。

3. 走姿——展现精神风貌

行走是人们在日常生活中的主要动作。从一个人的走姿我们就可以看出其精神状态是奋发进取或是失意懒散，以及是否受人欢迎等，它最能体现出一个人的精神面貌。

在生活中有的人精心打扮穿着入时，如果走姿不美，就会逊色三分；而有的人尽管服装样式简单，优美的走姿却使其显得气度不凡。

标准的走姿要求是：行走时上身挺直，双肩平稳，目光平视，下颌微收，面带微笑；手臂伸直放松，手指自然弯曲，摆动时，以肩关节为轴，上臂带动前臂，向前、向后自然摆动；身体稍向前倾，提髋屈大腿，带动小腿向前迈。

温馨提示

秘书人员走姿小贴士

秘书人员要坚决避免出现以下六种不雅走姿：

1. 内八字和外八字；
2. 弯腰驼背，歪肩晃膀；
3. 走路时大甩手，扭腰摆臀，大摇大摆，左顾右盼；
4. 双腿过于弯曲或走曲线；
5. 步子太大或太小，不要脚蹭地面、双手插在裤兜或后脚拖在地面上行走；
6. 男士的走姿一步一挪或八字步迈开，会给人以萎靡不振的感觉。

4. 蹲姿——注意优雅

蹲姿一般以交叉式蹲姿和高低式蹲姿两种为宜。

(1) 交叉式蹲姿。

在下蹲时，右脚在前，左脚在后，右小腿基本垂直于地面，全脚着地，左腿在后与右腿交叉重叠，左膝由后面伸向右侧，左脚跟抬起，脚掌着地，两腿前后靠紧，合力支撑身体。臀部向下，上身稍前倾(如图 1-4 所示)。

(2) 高低式蹲姿。

在下蹲时，右脚在前，左脚稍后，两腿靠紧往下蹲。右脚全脚着地，小腿基本垂直于地面，左脚脚跟提起，脚掌着地。左膝低于右膝，左膝内侧靠于右小腿内侧，形成右膝高左膝低的姿势，臀部向下，基本上靠一只腿支撑身体(如图 1-5 所示)。

图 1-4　交叉式蹲姿

图 1-5　高低式蹲姿

温馨提示

秘书人员蹲姿小贴士

下蹲时一定要注意不要有弯腰、臀部向后撅起的动作；切忌两腿叉开，两腿展开平衡下蹲，以及下蹲时露出内衣裤等不雅的动作，以免影响自己的姿态美。因此，当要捡起落在地上的东西或拿取低处物品的时候，不能有只弯上身、翘臀部的动作，而是首先走到要捡或拿的东西旁边，再使用正确的蹲姿，将东西拿起。

三、实训任务

余安妮重新学习了礼仪教材上的一些有关自我形象的要求，又从相关职场视频中汲取了不少的经验。回头想想身边的同学们其实问题真得很多，不光男生普遍不注意自己的着装、外形，很多女生的着装也是随心所欲，不是太过草率，就是不分场合。

余安妮若有所思地点点头："难怪班主任说很多同学临到毕业其实根本没有准备好。单从外形上说，就与一个职场达人相距甚远。"

（一）实训任务一：评估

根据以下表格认知自我，确认自我形象。

1. 女性

头发	(1) 头发是否凌乱？ (2) 发式是否过于复杂？ (3) 头发是否很脏？有无头屑？ (4) 丝带和发夹的样式、颜色是否太过华丽？ (5) 长发有无拢起？ (6) 刘海儿是否过长？
化妆	(1) 是否浓妆艳抹？ (2) 香水是否过浓？气味是否奇怪？ (3) 妆容看起来是否健康？
指甲	(1) 指甲是否太长？ (2) 指甲内是否有污垢？ (3) 指甲油的颜色是否太过鲜艳？
服装	(1) 服装的样式与颜色是否太花哨？ (2) 服装是否清洁？服装上是否有头屑、头发或污渍？ (3) 上下装、内外装是否搭配？ (4) 服装是否过于暴露？ (5) 扣子有无脱落？下摆是否掉下来？ (6) 裙子的长度是否适当？ (7) 衬衫和背心的扣子是否扣错？
丝袜	(1) 束紧的部分是否太松？ (2) 丝袜是否有破损？ (3) 颜色是否过于鲜艳？
鞋子	(1) 鞋子的颜色和样式是否太过华丽？ (2) 鞋子是否清洁？ (3) 鞋跟是否过高？鞋子是否合脚？

2. 男性

脸	胡子是否刮了？
头发	(1) 头发是否太长？ (2) 鬓角、刘海儿是否太长？ (3) 头发是否凌乱？ (4) 头发是否很脏？有无头屑？
指甲	(1) 指甲是否太长？ (2) 指甲内是否有污垢？

续表

西装	(1) 西装是否清洁？ (2) 西装有无头屑、线头、污垢？ (3) 西装有无破裂之处？ (4) 扣子是否扣错或掉了？ (5) 标牌是否摘掉？ (6) 西装是否符合时令？ (7) 西装是否很皱？ (8) 裤子是否过长或者过短？
衬衫	(1) 衬衫的颜色和样式是否过于华丽？ (2) 领子和袖口是否有污渍？ (3) 衬衫有无破裂或弄皱的地方？ (4) 衬衫与西装搭配得是否得当？
领带	(1) 领带是否与西装、衬衫搭配得当？ (2) 领带是否清洁？ (3) 领带是否打得不正？ (4) 领带是否过长或者过短？
鞋子	(1) 是否穿了皮鞋？(正式西装不能与运动鞋搭配) (2) 鞋子是否打油措亮？ (3) 鞋子的颜色与样式是否得当？
袜子	(1) 袜子的颜色与样式是否太花哨？ (2) 袜子有无臭味？ (3) 袜子的顶端是否松开？

(二) 实训任务二：展示

调整好自我形象之后，轮流上台进行仪表、仪态展示并根据以下表格进行比对。

1. 点评他人

我心中的典范形象及其特点	
我心中的差评形象及其特点	

2. 自我评价

他人眼中的自己	
自我评价	

四、实训评价

评分标准 项目达标要求	实训情况	问题总结	解决方法	自我评定	教师评定
仪容仪表整洁大方					
服饰搭配合适					
仪态端正优雅					

任务二　秘书及相关岗位的简历制作

一、案例导入

临近毕业，同学们都感觉到求职的压力很大。小吴和余安妮是同一个社团的同学，他和余安妮一样是个应届毕业生。有一天，小吴看到某家大公司招聘工程师，应聘条件上写明需要的最低学历是本科。为了获得这家大公司的面试机会，小吴给该公司的人力资源部发了一份简历，上面写明自己为本科学历。在面试之后，面试官已决定让小吴来公司上班，却在接到人事部的电话后放弃录取他。因为公司的人力资源部经过调查后发现，小吴的学历是假造的。余安妮得知这件事后感慨良多："在求职中诚信很重要，但是怎样的简历才能吸引人力资源经理并且得到面试的机会呢？我想应聘像阳光公司这样大型企业的行政秘书一职应该怎样制作简历呢？"

虽然余安妮也制作了一份简历，但左看右看都觉得不满意，但又不知道应该怎样去修改，哪些内容应该写，哪些内容没有必要写，这事真是很为难。这时，余安妮想起自己的班主任老师的一句话："学会站在企业的角度去考虑问题，你才会更像一个企业人。"是呀，如果我是一个人力资源经理，我会关注哪些方面呢？想到这个问题，余安妮一下子觉得自己清楚了很多。

二、必备知识

（一）简历的基本内容及制作要求

1. 标准简历的基本内容

（1）基本情况。

基本情况包括求职者的姓名、性别、出生日期、婚姻状况、联系方式等信息。求职者的姓名、地址和联系方式应写在简历的顶端，以方便招聘方能在第一时间联系到自己。

(2) 求职目标。

紧随姓名、地址和联系方式之后的便是求职者的求职目标。求职目标的填写要简明扼要,要清楚表明求职者应聘的职位、薪水、福利或其他要求。

(3) 教育背景。

教育背景,是指求职者按时间顺序列出求学经历(从初中开始至最高学历),就读的学校、专业,学习的主要课程,所参加的各种技能培训。在填写教育背景时,求职者应当把最近获得的学位或最高学历写在前面,一般方法是写清学校的名称、专业及毕业时间。假如求职者目前仍在校就读,就应写上将按计划毕业的时间。另外,求职者还应将与所应聘的职位相关的主要课程或自己所获得的荣誉在简历中一一体现出来。

(4) 实习/工作经历。

实习/工作经历,是指求职者按时间顺序列出自己参加实习/工作至今所有的就业记录,包括公司/单位名称、职务、就任时间及离任时间。需要注意的是,这部分内容是简历的精髓部分,应突出求职者所任职位的工作职责、工作性质等。

(5) 其他内容。

其他内容包括求职者的个人特长和爱好、其他技能、所参加的专业团体、所出版的作品、证明人等其他需要说明的内容。

当然,求职者的宗教信仰、种族、身高、体重、血型、健康状况、家庭信息及家庭地址等信息是不需要全部写进简历中。一方面是为了避免个人详细信息的泄露,另一方面企业招聘除非部分特殊岗位的需求,以上信息也不是企业必须要知道的。

2. 简历制作的基本要求

(1) 简洁明了。

一份简历,企业的人力资源经理会花多少时间来阅读呢?目前,从大量的事实反映,人力资源经理初次浏览一份简历的时间平均不超过 1 分钟。因此,尽管简历的分类有很多,既有详细型简历又有简约型简历,但是求职者还是应该选择内容精练的简约式简历,值得注意的是,这种"简"是简约而不简单。

(2) 先主后次。

先主后次,是指求职者在简历中把主要的内容放在前面,次要的内容放后面。如工作经验、应聘职位、待遇要求等写在前面,而自我介绍、兴趣爱好等写后面。

(3) 语言得体。

语言得体,是指求职者在撰写简历时不要使用长句,一般都用短句或短语,在描述相关技能的时候最好使用专业词汇,这样可以让人力资源经理的印象更加深刻。

(4) 内容要全。

内容要全,是指简历中该有的内容都得有,如个人信息、工作意向、工作经验、教育背景、证书信息、技能信息、兴趣爱好等。

(5) 要有针对性。

要有针对性,是指简历中的求职意向要与工作经验里描述的岗位相匹配或者相接近。此外,技能、特长等信息最好也符合或者接近应聘要求。

（二）“黄金简历”的制作技巧

“黄金简历”的制作，既要重“简”，又有求“全”，这样才能吸引住人力资源经理的眼球。

1. 简约不简单

（1）简在“关键词”。

对于一份简历，人力资源经理采用的阅读方式显然是扫描式浏览，而不是深究式浏览。那么，人力资源经理在扫描什么呢？主要还是关键词。这些关键词可以体现出求职者的优势，因此求职者可以用加粗和放大字号等方式突出关键词，但是要注意的是不要使用斜体以及下画线这样的表达方式，这会让人力资源经理阅读起来觉得很费力。

（2）简在“行为动词”。

简历中的文字是单调、枯燥的，但是多使用行为动词就能让人感觉求职者在平时的生活和工作中是积极主动的，求职者本人也是充满活力的。哪些行为动词可以在简历中经常使用呢？如反映求职者的管理能力的有“详细制定”“安排”“维持”“协助”等词语，反映求职者的个人组织能力的有“评估”“筹建”“策划”“谈判”等词语。

（3）简在数字。

一份简历如果全是文字也不好，显得有些呆板，而多用数字说明问题显然能收到较好的效果。如在描述社会实践活动经历方面，求职者除了写“协助公司作了市场调查”这样的文字信息以外，最好在其后再补充一些数字信息，这样更有说服力，如“组织10人发出3000份调查问卷，并有效回收90%的问卷”。

（4）简在客观的态度。

在阅读求职者的简历时，人力资源经理更希望求职者是站在真实、客观、公正的立场上来评价自己，因此求职者在简历中要少使用“本人”“我”“笔者”等一类的词语。这样会让人力资源经理对求职者产生自以为是的感觉。此外，求职者还应注重在简历中多使用本行业的专业术语，这会让人力资源经理产生好感。

2. “全”心更“全”意

（1）个人信息相对“全”。

不少求职者在个人信息表述方面都有着这样的心态，希望把自己所有的相关资料都表述出来，这显然是一种错误的观念，求职者最重要的还是要针对岗位需求提供个人的基本信息，在表述方面做到简洁、清晰和有效。那么，求职者要表述的个人信息有哪些呢？

首先，姓名自然必须要有的。在中文名字设计方面，建议使用楷体字并加粗，个别生僻字还需要加注拼音。除此之外，联系电话、地址和电子邮箱这几项信息是必须要有的。

至于政治面貌、身高、体重、籍贯等信息，则要视具体情况而定，并不是每份工作都需要这些信息。如身高信息，如果求职者对自己的身高感到满意，那可以填写出来；相反，如果求职者对于自己的身高并不是很满意的话，则要避免填写出来，要懂得“扬长避短”的道理。

（2）求职目标定位“全”。

求职目标要具有针对性，岗位与教育背景、技能、工作经历以及求职者自身的性格要相匹配。如求职者的求职目标可以直接清晰、明确地表述为“文秘及相关行政事务工作”，而不是含糊地说出一些如“给我一个岗位，还你一份惊喜”这样与求职目标无关痛痒的话。

(3) 教育背景内涵“全”。

在教育背景方面，除了毕业院校和求职者本人的学历以外，专业核心课程也要写出，并且最好突出求职者的成绩及排名。如果获得了奖学金，最好在标明奖学金级别的同时，还可以在其后标注一些内容，如“国家级奖学金”(全校仅有的 10 名学生获得)。

(4) 实习/工作经历包罗“全”。

如果求职者没有全职工作经历，在简历中应该要注意体现出与目标职位相匹配的综合素质和潜力。如果求职者有多个实践/工作经历，可以用倒叙结构来陈述，最重要的还是工作的结果和成就；自己从中学到了哪些技能，又获得了哪些素质的提高。就求职者来说，团队能力、组织能力、沟通能力、表达能力和文字写作能力如果能体现出来那就最好了。如求职者不能简单地在社会实践栏中这样表述“2016 年 7—9 月，××血压计公司做市场调查员”，而应该包罗得更全面一点。

(5) 奖励情况、证书技能匹配“全”。

无论是获奖情况还是证书技能，都要讲究一个与目标职位相匹配的原则，也就是说宁缺毋滥。对求职工作最有用和与之最直接的能力要全部保留，而那些无关的奖励和证书技能则不必过多表现。如求职者在应聘企业 PMC(Product Material Control，生产及物料控制)文员岗位的时候，“有英语四级证书和全国计算机等级考试一级证书”这样的直接表述显然是不合适的，求职者应该在证书之后体现出相应的能力指标，举例如下：

① 英语：CET-4(610 分)，具有较强的英语听、说、读、写能力，曾在 20××年广交会上担任翻译工作。

② 全国计算机等级考试一级证书。能熟练操作 Office 等办公软件，能用 Word 制作企业常用文书，用 Excel 建立企业信息数据库，用 PPT 进行产品策划和演示。

3. “有的放矢”

求职者要站在人力资源经理的角度来制作自己的简历。简历中描述的内容与企业招聘广告中的要求吻合度越高就越有可能获得面试的机会。如岗位要求中的“能承受工作压力”代表可能该职位的工作量会很大，会有经常加班的情况。求职者如果能在简历中表述出能接受加班来完成工作的心态，将会在人力资源经理的心里中有加分；再如，针对“具备基本的英语书面和口语交流的能力”这一要求，求职者应在简历中补充口语证书或是相关语言认证证书，这将使求职者的简历排在人力资源经理考虑的前几位；当出现“具有一定的文字功底和文字推广策划运作能力”这一要求时，求职者需要在简历的附件中加上个人的原创文章和推广策划书。

求职者要摆脱“必须有简历背景和简历封面”的误区，也不要在简历中附带没有意义的附件。通常企业的电子邮箱不能接收超过 3MB 的附件，否则求职者的简历会被直接弹回。同时，附件的字节越大，人力资源经理打开它所需的时间也会越久，这将不利于人力资源经理对简历的阅读。

同样，如果不是特别要求，求职者最好不要直接附上照片。因为，这并不会提高求职者的面试概率。如果求职者上传的照片能给简历加分，就要尽量保证上传的是清晰的照片。

既然制作“黄金简历”必须紧扣招聘要求，那么求职者首先要学会分析应聘岗位的职位描述，这样在投递简历的时候才能有的放矢并且提高面试邀约率。

（三）秘书的职位描述

职位描述是企业的招聘信息中最为重要的内容，也是求职者最为关注的部分。通过职位描述，求职者可以了解目标职位的基本信息，分析判断自己是否对其感兴趣，自己是否合适这个职位。因此，求职者在应聘之前需要了解工作内容并判断自己能否胜任，职位描述在其中起着至关重要的作用。

职位描述的内容包含岗位职责和任职要求两个方面。

岗位职责，是指反映一个岗位要求员工完成的工作内容以及应当承担的责任范围。

任职要求，是指完成该职位工作内容所要求的最低任职资格和在此基础上能够具备的理想条件。它由行为能力与素质要求两部分组成。其中，行为能力包括任职人员的知识、技能和经验等，素质要求则是指任职人员的个性、兴趣偏好、价值观、人生观等。

1. 秘书的称谓及种类

社会上对秘书人员的各种称谓有打字员、文秘、内勤、文书、文员、办公室主任、××主管（培训主管和业务主管）、××助理（人事助理和执行助理）等。这些都是秘书类工作，求职者在搜索招聘广告的时候要学会设置关键词。

秘书的种类可以分为参谋型、文字型、办事型、技术型、公共关系型、财经型、综合型、法律型和涉外型等九类；还有就是行政类、助理类、人事类、公关类、业务类。按照所从事的工作内容划分，秘书人员可以分为文字秘书、机要秘书、信访秘书、通讯秘书、事务秘书、生活秘书等。

2. 秘书的岗位职责

虽然秘书人员的种类和等级有许多，但是秘书工作大致是围绕以下五个方面的内容展开的。

(1) 日常事务办理。

日常事务办理，是指秘书人员的工作涉及办公室环境管理、印章等用品管理、常用设备管理、办公室日常事务处理、来访接待、安排服务、日程管理等。

(2) 文书工作。

文书工作，是指秘书人员的工作涉及文件撰拟、修改、印制、校对、装订、寄发等发文工作；登记、分拣、拟办、传阅、办理等收文工作；整理、立卷、归档、保管、使用等文书档案的处理工作。

(3) 会议管理。

会议管理，是指秘书人员的工作涉及会前的筹备工作，会议期间的事务服务，会后的落实、整理和信息反馈工作等。

(4) 信息工作。

信息工作，是指秘书人员的工作涉及各种相关信息的收集、处理、传递、存储、提供、利用、反馈等。

(5) 参谋辅佐。

参谋辅佐，是指秘书人员的工作涉及为领导者的决策出谋献策，提供参考方案和有关依据，督促、检查领导者交办、批办事项的落实情况，发现决策实施中的不足与偏差，并及时反馈。

3. 秘书的任职要求

秘书工作的复杂性、多样性和秘书活动的丰富性、广泛性，需要秘书人员具有多种能力。相应地，对应高等级秘书岗位的要求也会有所提高。

(1) 写作能力。

这里具体是指公文和事务应用文的写作能力。秘书人员要写好公文和应用文，应具有语法、修辞、逻辑知识，应掌握大量的词汇和不同的句式，应具有公文和应用文文体知识，应掌握常用汉字和简化字，应掌握标点符号的用法，并通过长期实践，将这些知识综合起来转化为写作能力。秘书人员还要练习书法，虽不必成为书法家，但要求把字写得端正、匀称、流利。

(2) 口头表达能力。

秘书人员不仅要会写文章，还要具备较强的口头表达能力。秘书人员要会说一口标准而且流利的普通话(某些秘书人员还需要掌握方言或者外语)，说话要口齿清晰、不紧不慢、有条有理。秘书人员要多思考，说话前要善于打腹稿，不要信口开河、滔滔不绝，也不能沉默寡言，问一句答一句。

(3) 听知能力。

秘书人员要善于耐心倾听和正确理解别人的发言，要能从别人冗长、反复的发言中找出要领，或是从众口交加、激烈的争论中抓住重点，还要能转化为清晰、简明的语言且加以复述。

(4) 阅读概括能力。

秘书人员要善于阅读，既要善于精读，又要善于快读和泛读。

(5) 社交活动能力。

现代社会中的秘书人员不再整天坐在办公室里整理文件或伏案写作，而是经常要参加各种社会活动，外出联系工作，调查情况，收集信息，进行协调，参加各种会议、会谈或宴会，甚至参加外事活动。秘书人员必须具有一定的社会活动能力，懂得各种场合的礼仪、礼节，善于待人接物，善于处理复杂的人际关系。

(6) 协调能力。

秘书人员要善于发现企业与企业之间、部门与部门之间工作上的矛盾和不平衡；要善于发现领导者与领导者之间、领导者与员工之间、员工与员工之间的误解和不合，并及时进行沟通、协调。

(7) 观察分析能力。

秘书人员在工作中要于观察，善于发现“死角”，及时提请领导者加以注意，要善于做拾遗补阙的工作；不仅要善于发现问题，而且还要善于分析问题，提出解决问题的办法供领导者选用、实施。

(8) 应变能力。

秘书人员要有遇急不慌、临危不惧、处事冷静的应变能力，处理问题既要符合原则，又要具有一定的机动性和灵活性。

(9) 使用先进的办公设备的能力。

诸如电话机、录音机、扩音机、照相机、录像机、复印机、打字机、电子计算机、传真机、网络通信设备等。凡是办公室拥有的办公设备，秘书人员都应学会使用。

(10) 预测能力。

有经验并富有创造精神的秘书人员应培养和锻炼自己的预测能力，这有助于进行主动服务和预防工作出现差错。

三、实训任务

最近，为了求职，余安妮一直在翻看各种招聘广告，她对公司秘书这一岗位的定位、职责、工作范围和工作要求渐渐有了一个清晰的概念。

这一天，她看到这样一则招聘广告：

(1) 公司行业：批发/零售。

(2) 公司性质：W 公司(民营公司)。

(3) 公司规模：500～1000 人。

职位信息：

(1) 更新日期：20××年××月××日

(2) 工作地点：广州。

(3) 招聘人数：1 人。

(4) 学历：大专。

(5) 薪水范围：8000～10 000 元/月。

职位描述：

(1) 协助总经理撰写公司年度经营计划。

① 根据公司的经营目标，协助总经理撰写年度经营计划，并根据内外环境的变化进行调整。

② 协助总经理监督、控制经营计划的实施过程。

(2) 将各部门需报送总经理审批的文件进行编号，同时报送总经理进行审批。

(3) 协助总经理起草日常公文、报告等相关文书资料，撰写销售分析报告；协调与各部门的关系，促进相关工作的推进等。

(4) 总经理日常行程的协调、安排。

(5) 接待来访的客户、来函等情况处理。

(6) 负责总经理会务的组织安排、会议纪要的编写，并对决议事项进行催办、查办和落实。

(7) 协助总经理起草公司年度、月度工作总结，备忘录，规章制度等，起草总经理讲话稿。

岗位要求：

(1) 具有较强的沟通能力，优秀的文字写作能力、商务谈判能力、组织协调能力。
(2) 精通财务管理、金融、集团运作及相关法律等方面的知识。
(3) 掌握 Office 办公软件，能熟练进行文档、表格、图形、数字等处理。
(4) 3 年以上同等职位管理经验。

（一）实训任务一：撰写

小组成员一起讨论，然后请根据 W 公司总经理秘书的招聘广告撰写该公司“前台文员”招聘广告。通过模拟情景训练，能够根据秘书职位的特点撰写职位描述及岗位要求。

（二）实训任务二：交流

根据任务一中的“前台文员”招聘广告撰写求职简历，并在班上互相交流。

四、实训评价

实训任务一：评估表

小组编号		完成时间		小组成员	
标准分值	考核项目			得分	备注
20	任务实施和操作的讨论				
10	整体招聘广告的完整性				
40	前台文员职位描述				
30	前台文员岗位要求				

实训任务二：评估表

姓名		完成时间		所属成员	
标准分值	考核项目		小组给分	教师给分	建议
10	简历总体印象				
10	格式正确恰当				
10	内容完整				
30	符合招聘要求				
30	突出个人特点及能力				
10	创新创意				

任务三　秘书及相关岗位面试技巧

一、案例导入

余安妮按照所学习的有关个人形象方面的知识，经过一番认真的打扮，并在同宿舍小姐妹的评头论足中，终于给自己塑造了一个完美的造型，带着准备好的简历出发了。到了人才市场，在阳光公司的招聘展位前，她努力克制着自己的紧张情绪，递上了自己的简历。阳光公司负责招聘的是人力资源部人事专员郭泰安，他的一举一动显得老成持重。

余安妮礼貌地说："您好！我想应聘行政秘书这个职位，这是我的简历。"

郭泰安接过简历："好的。我先看下。(5 秒钟后)嗯，这份简历写得不错。(又过了 1 分钟)你的专业非常符合我们的要求，个人素质也挺好。请先做下笔试题吧。"

余安妮赶紧点点头："好的。"

郭泰安递给余安妮一份笔试题，余安妮拿着笔试题来到旁边的空座位上进行作答。

过了一会儿，余安妮说："您好！我的笔试题已经完成了。"

郭泰安接过余安妮的笔试题："好的，我先看一下。"

余安妮点点头："好的。"

郭泰安突然提了一个问题："对了，还有一个问题，余安妮，你长得很漂亮，但是我发现你的嘴唇左边有颗黑痣，不是那么好看，你觉得这颗黑痣会影响你的面试成绩吗?"

余安妮听了这个问题，不禁愣住了，不过她还是稳住自己的心情回答道："如果今天各位面试老师是为了选美而来的话，我想我不合适。但是如果你们是为公司选才而来的话，我想我是很合适的，因为我充分相信自己是个人才。"

听完后郭泰安的嘴角露出一丝微笑。

三天后，余安妮接到一个陌生的电话："请问是余安妮小姐吗?"

余安妮问："是我，您是?"

"我这里是阳光公司人力资源部，我很高兴地通知你，你已经通过我公司的初试，请于本月 12 号上午 10:00 来公司进行复试。请问你还有什么问题吗?"对方回答说。

"啊！真的！没……没问题了。"这真有点意外，余安妮放下电话，好像还在做梦。她按捺住自己既兴奋又紧张的心情："复试时我还要注意什么问题呢？还是看看别人是怎么做的吧。"

余安妮找出以前收藏的一段有关面试技巧的视频，一边看一边琢磨自己应该怎样表现。看了几遍之后她又打电话问了几位从事公司文秘工作的师姐，心里才慢慢有了把握。

12 号的早上，阳光灿烂，余安妮的心情也特别好，兴奋多过了紧张。带好前一天就准备好的面试材料，她正式迈出了步入职场的第一步。早上 9:50，余安妮提前 10 分钟来到阳光公司。

阳光公司的大堂装饰得高端大气，想到今后可能就要在这样的环境里工作，她的小心脏又开始怦怦狂跳。她首先来到前台，负责前台接待工作的田芸听说她是来复试的，指示她上二楼 204 室找人力资源部的人事专员郭泰安。

郭泰安微笑着对余安妮说："欢迎你，余安妮，我是人事专员郭泰安。上次招聘我们见过，现在我们去小会议室吧。"

余安妮说："好的。"

两人到了小会议室，公司行政部经理何雨竹已经在等着她了。给双方介绍之后，郭泰安就关上门离开了。

何雨竹，天秤座的气质美女，公司的资深秘书，她的言语极具亲和力，但做起事来又十分严格，力求完美。在她的面前余安妮不紧张是不可能的，但毕竟自己进行了充分的准备，而且在学校里好歹也经历过一些面试的场面，她努力让自己保持微笑。

余安妮的神情让何雨竹觉得很可爱，于是尽量用轻松的语调说："来吧，请你先介绍一下自己。”

余安妮马上开始介绍自己：“好的，我叫余安妮，毕业于A科学技术大学文秘专业的，我所学过的专业课程包括马克思主义哲学、形势与政策……”

“这些就不用具体说了。”何雨竹打断她。“你在学校期间有过哪些社会经历呢？”

余安妮继续说：“我一直很重视社会经验的积累，在学校里我加入了秘书事务所，经过严格的专业训练。我曾经帮助一家房地产公司发过传单，在一家手机店做过促销，做过几次大型活动的礼仪接待人员。另外，每个假期我都会去企业做兼职，为自己赚些学费。”

何雨竹说：“那么，你觉得这些活动给你带来了什么帮助？”

“嗯，秘书事务所教会了我怎么做一个专业的秘书，也教会了我不要轻视每件具体的工作，哪怕是发传单，我都认真对待，所以我每次都会比别人发得更快，效果也更好；手机促销让我学会了去观察不同的客户，用他们习惯的方式与他们进行沟通，并用最短的时间了解他们的需要；做兼职让我知道从事每份工作都不容易，并且学会珍惜每次工作的机会。”余安妮这时已经完全放松，把自己平时的积累都展示出来。

何雨竹轻轻地点着头，这个小姑娘所展示的心态和能力让她觉得很满意：“好吧，今天的面试就到这里，如果有消息我们会通知你的。谢谢你！”

二、必备知识

（一）面试的种类

面试是一种经过组织者精心设计，在特定场景下，以面试官对应聘者的面对面交谈和观察为主要方式，由表及里地测评应聘者的知识、能力和经验等有关素质的一种考试活动。

1. 结构化面试、非结构化面试和半结构化面试

根据面试的标准或程度来划分，面试可以分为结构化面试、非结构化面试和半结构化面试。

(1)结构化面试。

结构化面试即规范化面试，是指依照预先确定好的题目、程序和标准进行面试，要求做到程序的结构化、题目的结构化和评分标准的结构化。

(2)非结构化面试。

非结构化面试，是指在面试中事先没有固定的框架结构，也不使用有确定答案的固定问题的面试。

(3)半结构化面试。

半结构化面试是介于结构化面试与非结构化面试之间的一种面试形式。

2. 单独面试(序列化面试)和小组面试(同时化面试)

根据面试实施的方式来划分，面试可以分为单独面试(序列化面试)和小组面试(同时化面试)。

(1)单独面试(序列化面试)。

单独面试(序列化面试)，是指面试官与每一位应聘者单独交谈的面试形式。

(2)小组面试(同时化面试)。

小组面试(同时化面试),是指面试官同时对若干个应聘者进行面试的形式。

3. 一次性面试和分阶段面试

根据面试实施的进程来划分,面试可以分为一次性面试和分阶段面试。

(1)一次性面试。

一次性面试,是指用人单位将应聘者集中在一起一次性完成的面试。

(2)分阶段面试。

分阶段面试,是指用人单元位分几次对应聘者进行的面试。

(二) 面试的基本礼仪

1. 提前到达面试地点

应聘者一旦和用人单位约好了面试时间,一定要提前5～10分钟到达面试地点,以表示自己的诚意,给对方以信任感,同时也可以调整自己的心态,作一些简单的仪表准备,以免仓促上阵。为了做到这一点,应聘者一定要牢记面试的时间和地点,有条件的话可以提前去一趟面试地点,以免因一时找不到地方或途中延误而迟到。

2. 身处面试场合时要礼貌大方

应聘者进入面试地点时,如果门是关着的,应聘者应先敲门,得到面试官的允许后再进去。应聘者要注意开关门的动作要轻,姿态以从容、自然为好。应聘者与面试官见面时要主动打招呼问好,称呼应当得体。在面试官没有示意应聘者坐下时,应聘者切勿急于落座。若面试官示意应聘者坐下,应聘者坐下时应说声“谢谢”,并且在坐下后保持良好的体态,切忌大大咧咧、左顾右盼、满不在乎,以免引起面试官的反感。应聘者离去时应询问面试官“您还有什么要问的吗”,得到面试官的允许后应该微笑起立、道谢并说声“再见”。

3. 对用人单位的问题要逐一回答。

面试官在向应聘者介绍情况时,应聘者一定要认真聆听。为了表示自己已经听懂并感兴趣,应聘者可以在适当的时候点头示意或适当提问、答话。回答面试官的问题时,应聘者的口齿要清晰,声音要适度,答话要简练、完整。一般情况下应聘者不要打断面试官的问话或抢问抢答,否则会给人急躁、鲁莽、不礼貌的印象。问话完毕,听不懂时应聘者可以要求面试官进行重复。当不能回答某一问题时,应聘者应如实告诉面试官,含糊其辞和胡吹乱侃会导致面试失败。对重复的问题应聘者也要有耐心,不要表现出不耐烦。

4. 不要有这些小动作

(1)手。

这个部位最易出问题,如应聘者的双手总是忙个不停,做些玩弄领带、挖鼻子、抚弄头发、掰关节、玩弄面试官递过来的名片等动作。这些都是不礼貌的行为。

(2)脚。

应聘者的脚神经质般不停地晃动、前伸、翘起等,不仅人为地制造紧张气氛,而且显得应聘者心不在焉。这是相当不礼貌的行为。

(3)背。

应聘者哈着腰、弓着背，这样会显得应聘者缺乏自信心。

(4)眼。

应聘者或惊慌失措，或躲躲闪闪，该正视时却目光游移不定，给人一种缺乏自信的感觉，极易使面试官产生反感。另外，若死盯着面试官的话，又难免给面试官造成压迫感，这样也是不对的。

(5)脸。

或呆滞死板，或冷漠无生气等，应聘者如此这样的表情是无法打动面试官的。一张活泼动人的脸对于应聘者来说是很重要的。

总之，在面试时，应聘者一定要改掉以上这些坏习惯，并自始至终保持彬彬有礼、不卑不亢、大方得体、生动活泼的言谈举止，这样不仅可以大大提升应聘者的个人形象，而且往往使其获得成功的机会大增。

（三）面试的基本问题

1. 关于个人方面的问题

(1) 请介绍一下你自己。

在面试前，用人单位大多已看过应聘者的自荐材料，对一些基本情况都有所了解，因此，应聘者在进行自我介绍时要简洁，重点突出自己应聘用人单位的动机和具备什么样的素质可以满足用人单位的要求。

(2) 你有什么优点和缺点？

应聘者要充分地介绍自己的优点，但最好少用形容词，而要用能够反映自己的优点的事实来说话。应聘者在介绍自己的缺点时可以从大学生普遍存在的弱点方面进行介绍，如缺少社会经验等。有一些缺点(如曾经受过处分)，也应如实介绍，同时可以多谈一些现在的认识和后来改正的情况。

2. 关于学业、经历方面的问题

(1) 你对自己的学习成绩满意吗？

有的应聘者的学习成绩比较好，这样的问题就很好回答。但是对于那些学习成绩不太好的应聘者来说则可以表明自己的态度，并给予一个合适的理由，但不能找客观原因，如“老师教得不好”，这样会显得应聘者是一个推卸责任的人，同时最好突出一个自己好的方面，以免让用人单位觉得你一无是处。

(2) 你如何评价自己的大学生活？

大学期间是职业生涯的准备期，应聘者可以强调自己的学习、工作、生活态度和取得的成绩，以及大学生活对自己的影响。另外也可以简要提一些自己努力不够的地方。

(3) 你担任过什么职务或参加过什么活动？

应聘者可以介绍一下自己的实习经历、社会调查、社团活动、勤工俭学等方面的情况以及取得的成绩。另外，应聘者最好介绍一下自己在这些活动中取得的实际工作经验对自己今后工作的重要性，它能说明应聘者是一个善于学习的人。

3. 关于用人单位方面的问题

(1) 你了解我们单位吗?

只要应聘者提前做些准备工作,从多种途径收集用人单位的信息,这样的问题就比较容易回答。如果应聘者答非所问或根本不知道怎么回答,场面可能会很尴尬。

(2) 你了解我们所招聘的岗位吗?

应聘者针对这样的问题可以从岗位职责和对应聘者的要求两个方面谈起,很多应聘者在这样的问题面前显得手足无措,其实只要详细阅读用人单位的招聘信息就可以了。

(3) 你为什么应聘我们单位?

应聘者可以从用人单位在行业中的地位,自己的兴趣、能力和日后的发展前景等角度回答这样的问题。

(4) 你是否应聘过其他的单位?

一般来说,用人单位都能理解应聘者同时应聘几家单位的事实,因此应聘者可以如实地回答,但最好能说明自己选择的次序。

4. 关于职业方面的问题

(1) 你找工作最重要的考虑因素是什么?

应聘者可以结合自己正在应聘的工作,侧重谈自己的兴趣、自己对于取得事业上的成就的渴望、施展自己的才能的可能性、未来的发展前景等方面来回答这样的问题。

(2) 你认为自己适合什么样的工作?

针对这样的问题,应聘者可以结合自己的长处或者专业背景来回答。也许用人单位是结合未来的工作安排来提问的,也许用人单位只是一般性地了解应聘者对自己的评价,因此应聘者不要说不知道,也不要说什么都行。

(3) 你是如何规划自己的职业生涯的?

应聘者在求职前一定要对这样的问题有所考虑,因为这样的问题不仅在面试时可能被问到,而且对这个问题的思考有助于为应聘者个人树立目标。

5. 其他方面的问题

(1) 假设某种情况你会怎样做?

面试官可能会就某方面工作让应聘者来具体回答实施步骤或者解决方案。如假设应聘者应聘的岗位是行政秘书,面试官可能会提问关于会议超员的问题等(准备了 10 个人的会议室,但是却有 13 个人前来开会,请问应该如何处理)。

(2) 知识性的问题。

在面试时,面试官很可能会问到与专业知识相关的问题,甚至直接出道题目让应聘者解答。应聘者只有在平时打好专业基础才能迎刃而解。

(3) 你有什么问题需要提出?

一般来说,在面试接近尾声时,面试官会示意应聘者可以向其提问。这时应聘者可以就如果被用人单位录用后可能会接受的培训、工作的主要职责等问题向面试官进行提问。

三、实训任务

回到学校的宿舍，余安妮还是觉得有点似梦似真，今天的面试经历让她还处于极度兴奋当中。现在回想起来，余安妮觉得自己当时真是紧张得要命，不过最后自己居然能够从容地应对过来。看来平时在学校里的积累太重要了，如果自己只是一味地死读书，估计今天的面试就够呛了。

见余安妮回来，几个舍友一下子围了上来，七嘴八舌地问："这家公司怎么样？""面试官为难你了吗？""面试时你是什么心情？"……

余安妮掩饰不住自己的得意："还好啦，算是顺利过关。不过，姐妹们，我告诉你们，从现在起一定要多加训练，多来几次模拟面试，把困难想多一点，要不然到现场只有紧张的份了。"

（一）实训任务一：模拟

在任务二"秘书及相关岗位的简历制作"的实训任务一中，小组成员已经制作好 W 公司"前台文员"的求职简历，接下来分组进行模拟面试。

模拟面试设以下角色：一名面试组织人员；一名主考官；多名面试官；应聘者。

各组面试官根据应聘者的简历、应聘职位进行提问，并根据应聘者的表现进行打分。最终选出一位最佳应聘者。

（二）实训任务二：点评

根据模拟面试的情况，先由同学代表进行互评，再由老师进行统一的点评。

四、实训评价

面试评估表

应聘人员姓名：　　　　　　申请职位：　　　　　　面试日期：

项目	评价	项目	评价
仪表仪容/精神	□优秀 □良好 □符合 □不符合	沟通能力	□优秀 □良好 □符合 □不符合
语言表达能力	□优秀 □良好 □符合 □不符合	逻辑条理性	□优秀 □良好 □符合 □不符合
态度	□优秀 □良好 □符合 □不符合	情绪控制能力	□优秀 □良好 □符合 □不符合
应变能力	□优秀 □良好 □符合 □不符合	企业文化认可	□优秀 □良好 □符合 □不符合
学历资格	□优秀 □良好 □符合 □不符合	岗位资格	□优秀 □良好 □符合 □不符合
经验	□优秀 □良好 □符合 □不符合	专业知识	□优秀 □良好 □符合 □不符合
综合素质	□优秀 □良好 □符合 □不符合	背景调查	
个性特征测试			
应聘人员待遇要求： 试用期薪资(税前)： 转正后薪资(税前)：		(　　)合适，建议领导复试； (　　)不合适，原因： 主试人签名：　　　　日期：	

任务四　秘书岗位职业生涯规划

一、案例导入

几天以后，当余安妮又一次接到阳光公司的电话，通知她去办理入职手续时，她的心情已经平静了许多，面试的经历让她觉得自己一下子成熟了。而再次走进阳光公司的大堂时，她也不再是那个怯生生的学生，而是觉得自己已经像是一个白领了。

郭泰安："余安妮，你的资料都带齐了吧？"

余安妮："带齐了，都在这里。不过我还没有毕业，所以没有离职证明，目前也没有毕业证和学位证，所以我把学生证带来了。"

郭泰安："好的，没关系。我先查验一下……一寸免冠照片 3 张，身份证原件和复印件 2 份，学生证原件 1 份，四、六级证书各 1 份，体检证明 1 份。好的，没有问题了，这里是劳动合同、保密协议和职位说明书，请你先仔细阅读一下，如果没有问题就可以签字了。"

余安妮："好的，我先看一下。"

余安妮依次查看以上 3 份文件。

余安妮："嗯，郭专员，我已经签完字了。"

郭泰安："好的，我先查看下……好的，没问题了。这是你的工牌，主要用作考勤、门禁和行政消费，千万要注意保管好。"

余安妮："多谢您，郭专员。"

郭泰安："不用客气，你的入职手续已经办理完成了，后面我们会帮你办理社保卡、医保卡和工资卡，办理完毕后我会给你通知的。现在我带你去行政部办公室吧。"

余安妮："好的，谢谢您。"

两人来到行政部办公室。

郭泰安："雨竹姐，安妮办好入职业手续了，回头我带她到公司各处看看。"

何雨竹："好的，安妮，欢迎加入我们的团队。"

余安妮："雨竹姐，您好！很高兴能和您一起工作。"

郭泰安："雨竹姐、安妮你们聊，我就先回去了。"

何雨竹、余安妮："好的，谢谢您。"

何雨竹："这是你的办公卡位，办公用品稍后会有人带你领取，这张表里有你的办公电话、电脑密码和邮箱账户的信息，最主要的是你的培训计划。还有这张岗位说明书你也要看看。"

阳光公司行政秘书岗位说明书

岗位名称	公司行政秘书	所在部门	公司各部门办公室
直接上级	部门经理和主管	直接下级	/
工作职责： 1. 接听电话，向电话询问者提供信息，记录留言，转接电话； 2. 收发与回复日常邮件； 3. 撰写会议通知、会议纪要、日常信件和工作报告； 4. 会谈、会务安排； 5. 将信件、文件和其他记录归档； 6. 统计、备份信件和其他文档； 7. 安排商务旅行，做好预订工作； 8. 接待访客； 9. 采购、分发和控制办公用品； 10. 分发钱款，进行简单的账务管理。			
任职要求： 1. 大专及以上学历，主修文秘及相关专业； 2. 熟悉办公室行政工作，有相关工作经验； 3. 熟练使用办公自动化设备，包括计算机、打印机、传真机、复印机等； 4. 有良好的文字表达能力，有一定的英语基础，具备较强的听说能力； 5. 认真负责，积极主动地执行交办工作； 6. 工作效率高，条理性强，有团队合作精神； 7. 保密意识强。			
检查与考核： 1. 本岗位由公司人力资源部统一进行考核； 2. 部门经理负责检查其日常工作； 3. 考核结果纳入本人绩效考核范围。			

余安妮："好的，我了解了。"

何雨竹："后面有什么工作上的问题，你都可以随时来找我，今天你的主要工作就是熟悉公司的环境和规章制度，明天开始人力资源部将会为你安排入职培训。刚才你已经知道了前台、人力资源部和咱们行政部，我带你看看公司其他的部门吧。"

余安妮："好的。"

何雨竹："相信你已经了解过了，咱们公司的业务范围非常广泛。公司的组织架构包括总经理办公室和副总经理办公室，下面是研发部、市场开拓部、销售部、技术部、公关部、宣传部、生产部、财务部、行政部、人力资源部、信息部等。公司所有的部门都应该互相配合，这样才能保证公司的正常运转。"

接着何雨竹带着余安妮参观了阳光公司。

参观完公司后，余安妮思考着一个问题："这么大的公司，今后我将何以立足？职业生涯开始了，我得好好规划一下啊！"

二、必备知识

（一）职业生涯规划

职业生涯规划是秘书从业人员对职业生涯乃至人生进行持续、系统的计划的过程。一个完整的职业生涯规划由职业定位、目标设定和通道设计三个要素构成。

秘书职业生涯规划，是指秘书从业人员在对自我能力素质和性格特征进行全面剖析的基础上对所从事的职业进行全面认识，树立自我发展目标，有针对性地制订合理的自我职业发展中长期计划的职业管理行为。

在职业生涯规划中，职业确定以后，向哪一条路线发展，秘书从业人员必须作出抉择，以便使自己的学习、工作以及各种行动措施沿着自己的职业生涯路线或预定的方向前进。通常，职业生涯路线的选择必须考虑以下三个问题：

（1）我想往哪一条路线发展；

（2）我能往哪一条路线发展；

（3）我可以往哪一条路线发展？

回答上述三个问题，是秘书从业人员对“知己”“知彼”有关情况进行综合分析并加以利用的过程，以此确定自己最佳的职业生涯路线。

第一个问题是秘书从业人员通过对自己的价值、理想、成就动机和兴趣的分析来确定自己的目标取向。

第二个问题是秘书从业人员通过对自己的性格、特长、经历、学历以及专业的分析来确定自己的能力取向。

第三个问题是秘书从业人员通过对自己所处的社会环境、经济环境、政治环境、组织环境分析来确定自己的机会取向。

（二）职业生涯规划的制定

职业生涯规划的制定步骤概括起来主要有以下六个方面。

1. 自我分析

自我分析就是秘书从业人员要全面地了解自己。一个有效的职业生涯规划必须是秘书从业人员在客观、充分地熟悉自身条件与相关环境的基础上进行的。秘书从业人员要审视自己、了解自己，做好自我评估，包括自己的爱好、特长、性格、学识、技能、智商、情商、思维方式等，即要弄清自己想干什么、能干什么，在众多的职业面前选择最适合自己的。秘书从业人员可以采用很多的测评工具进行自我分析，如 MBTI 职业性格测试、卡特尔 16PF 性格测试、霍兰德职业性向、艾克森人格等测评工具，还可以进一步做相关的智商、情商、能力测评等，以便尽可能深入地了解自己。秘书从业人员特别不要忘记让自己的同事和家庭成员甚至是挚交好友来评价自己，给自己一些意见，这些意见往往很中肯的。此外，秘书从业人员进行自我分析还可以借助 SWOT 工具。

2. 确立目标

确立目标是制定职业生涯规划的关键。通常，目标有短期目标、中期目标、长期目标和人生终极目标之分。长远目标需要个人经过长期艰苦的努力和不懈奋斗才有可能实现，确立长远目标时要立足现实、慎重选择、全面考虑，使之既有现实性又有前瞻性。短期目标更具体，对人的影响也更直接，同时也是长远目标的组成部分。人生终极目标则是一个人对自己最终职业状态的期望，刚刚进入职场时规划出一个基本的方向即可。

3. 环境分析

秘书从业人员在进行职业生涯规划时要充分了解与熟悉相关的环境，评估环境因素对自己的职业生涯发展的影响，分析环境条件的特点、发展、变化情况，把握环境因素的优势与限制，了解本专业、本行业的地位、形势以及发展趋势。

4. 职业定位

职业定位就是秘书从业人员要为职业目标与自己的潜能以及主客观条件谋求最佳匹配。良好的职业定位是以秘书从业人员自己的最佳才能、最优性格、最大爱好、最有利的环境等信息为依据的。在职业定位的过程中，秘书从业人员要考虑性格与职业的匹配、爱好与职业的匹配、特长与职业的匹配、专业与职业的匹配等。职业锚可以帮助秘书从业人员做好职业定位，因此，秘书从业人员分析和确定自己的职业锚很关键。同时，职业定位应注重：

（1）依据客观现实，考虑个人与社会、单位的关系；

（2）比较鉴别，比较职业的条件、要求、性质与自身条件的匹配情况，选择条件更合适、更符合自己的特长、爱好，经过努力能很快胜任、有发展前途的职业；

（3）扬长避短，看主要方面，不要追求十全十美的职业；

（4）审时度势，及时调整，要根据情况的变化及时调整择业目标，不能一成不变。

5. 实施策略

实施策略就是秘书从业人员要制订实现职业生涯目标的行动方案，要有具体的行为措施来保证。没有行动，职业目标就是一种梦想。秘书从业人员要制订周详的行动方案，更要注重去落实行动方案。按照规划的短期目标、中期目标、长期目标执行阶段性的行动方案，再将阶段性的行动方案细化到日常可操作的层面。

6. 评估与反馈

职业生涯规划要在实施中去检验效果，因此，秘书从业人员要及时地诊断职业生涯规划各个环节出现的问题，找出相应的对策，对规划进行调整与完善。整个规划流程中正确的自我评价是最为基础、最为核心的环节，这一环节做不好或出现偏差，就会导致整个职业生涯规划各个环节出现问题。

（三）秘书的职业发展

秘书人员是每个组织都需要的人才，目前各行各业对秘书人员的要求也在不断提高，拥有高学历的高级秘书正逐渐成为人才市场上的紧俏资源。秘书人员的职业发展方向大致有以下五个方面。

1. 行政类

即秘书人员直接过渡升任为行政管理主任、办公室主任、综合管理部主任等职位，这些案例常见于政府部门、大型企业等。

2. 助理类

即秘书人员通过努力发展成为董事长助理、总经理助理等领导助理。

3. 人事类

即秘书人员可以发展为人力资源经理、人力资源主管、人力资源总监。

4. 公关类

即秘书人员可以从主要负责接待、协调工作入手过渡升任为公关经理、客户经理，这种案例在餐饮业比较常见。

5. 业务类

即秘书人员如果平时跟着上司着手的业务工作较多，可以进一步发展成为商务主管、业务经理等。

三、实训任务

上班的头几天，余安妮一直处于兴奋和好奇之中。她坐在宽敞明亮的办公室里有时甚至不敢相信这一切都是真的。几天前，自己还坐在教室里，努力做一个学霸，觉得工作、职场、公司……这些都遥不可及，在一家大公司里做白领简直是做梦，现在居然已经梦想成真了。不过她努力提醒自己，这只是开始，自己的职场生涯还长着呢。但是，一名秘书能够有什么样的发展，未来会有怎样的晋升机会，她好像还一无所知。

这天，余安妮在电子邮箱里整理电子邮件，一篇班主任老师分享的文章吸引了她。

职业规划师：文秘工作的五种发展前景

在企业中，秘书属于服务性、支持性岗位，想要做出成绩，谋得更大的发展，没那么简单。根据企业规模、层级、工作内容的不同，秘书的定位和发展大有不同。针对五大类秘书在职业生涯发展上的不同情况，专家团队给出了个性化建议。

1. 项目管理型——能力牛人

发展指数：★★★★

被替代指数：★

点评：这种类型秘书的能力强，专业度高，深得老板的信任和认可。

发展建议：有能力可慢慢独当一面，担任分公司的总经理、副总经理等。但身为秘书的你，岗位相对比较特殊，靠老板很近的时候，也许离同事就远了，难免让人产生距离感和不信任感，这样状态会对你以后的工作不利。在各种重大项目的磨炼中提升管理能力的同时，也要注意处理好人际关系，广聚人缘，为将来晋升到更高层面的管理职位奠定基础。

2. 管家型——内务大总管

发展指数：★★★

被替代指数：★★

点评：对整个企业的发展、业务流程和存在的问题都了如指掌，甚至对身边的每个同事的能力都心中有数，所以老板放心把企业内的事务交给你打理。

发展建议：这种类型秘书的协调能力比较强，能兼顾全局，可以努力成为企业管理层的一员。一般企业的内部事务主要是行政和人事两大板块，看你的工作能力更偏重于哪一个方面，不断在工作中积累经验、加强学习，主动寻找对自己的发展有利的机会，朝行政总监或人事总监的方向迈进。此外，处理好人际关系也同样重要，不能对同事居高临下，这样以后大家会孤立你，做起管理工作来就是难上加难。

3．文书型——码字狂人

发展指数：★★★

被替代指数：★★★

点评：这种类型秘书笔杆子上的功夫就是靠日积月累写稿子练出来的，这样的秘书工作时间长了，出来都是文笔很好的码字狂人，他们文采飞扬，是企业里的“笔杆子”。

发展建议：文书型的秘书多在国有企业和事业单位里工作。一般在国有企业或事业单位里会有宣传部，可以考虑往宣传部这样的部门发展。如果想要换换环境，也可以往专业的文案、策划方向发展。

4．保姆型——贴身随从

发展指数：★★

被替代指数：★★★

点评：帮老板处理私事或家事的秘书多在私营企业工作。也有一些是外企高层的贴身秘书，有的甚至还兼职司机，跟在老板的身边，在工作的同时还要料理他的生活。

发展建议：这种类型秘书有能力，但核心竞争力往往比较弱。每天处理一堆琐事，心里必定有不痛快。不安于现状的话，就要有意识地在工作岗位上多发掘学习和积累经验的机会，积极发展人脉关系，为自己的将来谋划出路。这种类型秘书较适合往后勤工作方面发展。

5．打杂型——无所不做的“万金油”

发展指数：★★

被替代指数：★★★★

点评：这种类型秘书的工作没有重心，专业度很低，被替代性非常高。

发展建议：这种类型秘书要做好职业定位。如果你现在正在这样的岗位上工作，那么应立即开始深入了解自己的兴趣和能力，重新审视自己的职业定位。与其像“万金油”一样，不如专攻某个方向，集中提升自己的核心竞争力。

核心竞争力是职业人生存的利器，是体现个人商业价值的重要依据。无论你在哪家企业任职，也不管该企业是否知名，做着什么样的工作，想要成为这个领域或岗位上不可替代的达人，就必须知道自己未来的发展方向和职业目标，并不断地积累和提升自己的综合能力，才能化解被替代的风险。

（一）实训任务一：撰写

阅读以上材料，根据个人的情况为自己撰写一份职业生涯规划表，交由小组及教师评阅。

（二）实训任务二：交流

老师在征得同学的同意后，选择优秀的职业生涯规划表在班上进行交流，并根据自我分析、确立目标、环境分析、职业定位和实施策略等几个方面进行点评。

四、实训评价

评分标准 / 项目达标要求	实训情况	问题总结	解决方法	小组评定	教师评定
自我分析					
确立目标					
环境分析					
职业定位					
实施策略					

项目二

办公室环境的设计与管理

办公空间是供机关、团体和企事业单位办理行政事务和从事各类业务活动的场所。整洁有序、安全健康、富有人文气息的办公室环境，是提高工作效率、展现组织形象的重要途径，秘书人员应该重视对办公室环境的建设、维护和管理。

知识点

1. 了解办公室环境构成的基本要素。
2. 掌握办公模式的类型。
3. 掌握办公室布局的基本原则。

技能点

1. 能进行办公室布局的设计。
2. 能进行办公环境的管理与维护。
3. 能进行办公室环境的美化设计。

任务一　个人办公空间的整理

一、案例导入

阳光公司是一家世界500强大型企业，主要经营电子类产品，实力强劲，发展势头迅猛。公司位于Z市的黄金地段，外观装潢大气华美。余安妮在面试时就对公司的环境十分喜爱，也正是公司这种富于文化气息的工作环境让余安妮坚定了来公司发展的信心。

行政部经理何雨竹通过这几天与余安妮的交流，对余安妮的聪明好学特别满意，余安妮也十分仰慕何雨竹的端庄和精明强悍的作风，诚恳地表示希望能够多向何雨竹请教。两人在一开始就对彼此留下了良好的印象，何雨竹因此特意抽出时间来亲自安排余安妮第一天来公司上班的有关事宜。

行政部独立占据了一间办公室，一边是明亮的窗户，阳光斜斜地射入，靠墙摆放了一排文件柜，柜顶上每隔一段距离摆放着水养绿植，看上去十分养眼。员工的座位面对门口，分为两排，每排纵向摆放4张办公桌，在挡板上有用中英文写着员工姓名的姓名牌。行政部经理何雨竹的座位位于办公室后部，用玻璃墙幕围出一个大约有20平方米的空间，玻璃隔断上挂着窗帘，拉起来就是一个封闭的办公室。在靠近门口的地方，摆放着一体机、碎纸机、打印机等办公设备，墙角有一棵发财树，墙壁上的空调发出了细微的声音，阵阵凉风迎面而来，整个办公室显得清爽、干净，让刚从外面走进来的余安妮感到十分舒服。

何雨竹微笑着将余安妮带到门口的一张办公桌前说："这里是你的座位，希望你能与大家和睦相处，成为集体中的一分子。今天你先把以后工作需要的东西准备一下。你刚来这里，先分担一部分陈雅儿的工作，稍后陈雅儿会告诉你的。有什么问题多向大家请教。""谢谢雨竹姐，我一定好好向大家学习。"余安妮恳切地说，何雨竹点点头走了。

行政部经理助理陈雅儿是一个看上去比余安妮略大的女孩，一头披肩秀发，白皙的皮肤，得体的淡妆，看上去聪明利落。陈雅儿很友好地对余安妮微笑着说："雨竹姐吩咐说让你先学着来人的接待工作、办公室的环境检查，我先带你两天，然后你就可以接手了。""嗯，这些会不会很难?"余安妮问陈雅儿。"不会很难的，但是要细心。雨竹姐说过你是个很聪明的女孩，相信你很快就能上手了。"陈雅儿说完，余安妮甜甜一笑说："希望如此。"

余安妮在陈雅儿的帮助下，领取到了各种办公用品，并一一摆放到办公桌上。刚开始工作，文件没几页，东西也不多，办公桌看上去还真是很清爽，左边放着电话，隔板处放着小型打印机，面前放着电脑，左手靠着隔板处摆放着文件盒，准备以后分门别类地放文件资料，小文具也都放到了收纳盒中。不过这样是不是太简朴了些? 余安妮想了想，对了，自己的包里有个小的玩具毛绒公仔，圆圆胖胖的小企鹅十分可爱，将它摆放到桌子上一定能增加情趣。另外，余安妮将自己的照片拿出来，放到相框中摆放到桌子上，这样也可以提醒自己要不断地努力。

余安妮正想着，陈雅儿过来看了看说："真不错，办公用品摆放得很合理。"陈雅儿伸手拿起小企鹅说："不过这个放在办公室里不太合适啊。"

"怎么啦，这个小公仔一直陪着我呢。"从中学到大学它一直都是余安妮的宠物，余安妮一副萌萌的样子。

陈雅儿轻轻笑了："这一来显得你太幼稚，会影响别人对你的印象，二来与整个办公室的风格不协调。"

余安妮还是有些不明白地问陈雅儿："哦，这个不太合适吗？那我想放张我的照片做个装饰可以吗？我觉得办公室里的色彩太单调了。"

"嗯，最好不要，私人物品最好别出现在办公桌上的。如果你想进行装饰的话，最好摆放些具有公司元素的物品。公司也有这些小摆设，回头我给你一些。另外，每年公司的公关宣传中也会有这些方面的设计比赛，你有天分的话可以参加，公司有奖品、奖金，价值不菲呢。"陈雅儿对余安妮说。

"谢谢雅儿姐，还有什么需要注意的，请您教给我，免得我以后在工作中出错。"余安妮说。

"我看你做得很好了。这些资料是公司有关办公环境的一些制度规定，你看看，照着做就好了。有什么问题再说，好吗？"陈雅儿回答道。

"好的，我一定认真学习。"余安妮从陈雅儿的手里接过资料后开始阅读。

二、必备知识

（一）办公环境的构成要素

办公环境的构成主要包括硬件和软件两个部分。

硬件主要是由企业统一提供的客观条件组成，如办公空间的大小、光线、温度、装修、办公设备、办公家具等。软件主要是由工作环境中的企业文化、工作人员素质及工作氛围构成。

1. 办公空间

要想保证办公室工作人员有足够的办公空间，就要从节约空间成本以及人体健康的角度考虑，办公室工作人员的个人办公空间不要少于1.5平方米，以不超过10平方米为佳。办公条件好的企业，个人办公空间可以在3～10平方米；办公条件一般的企业，办公空间要控制在1.5～8平方米，同时还必须保证有合适的办公设备安放的位置，以及工作人员在操作办公设备时所必需的足够空间。

2. 光线

办公室工作多以室内为主，因此要注意光线的适宜，光线既不能过强又不能过暗，以保证办公室工作人员的视力健康。办公室光线应该以自然光源为主，但不能直射到人的脸部或者办公设备上。如果光线过强，则需在窗户上安装百叶窗或者窗帘进行调节；如果光线过暗，则需要添加人造光源做照明辅助。人照光源最好使用顶灯或者壁灯，光线宜从办公室工作人员的斜后上方投射而入。

3．温度

办公室的温度要保证适宜，一般情况下，应以男士穿着西装不会出汗，女士穿着裙装不冷为佳。大多数办公室的温度一般调整在20～25℃。在会客室和会议室，因为具有不常使用和使用时人群相对集中的特点，温度可以略微低些，但一般来说不能低于16℃。目前，在绿色环保的大环境下，某些企业为了进行企业文化建设，要求办公室工作人员在夏季或者冬季将温度适当地提高或者降低一些，这样既不会影响办公室工作人员的感受，同时又可以节能减排，提高员工的节能意识，履行企业的社会责任。

4．空气环境

办公室的空气环境主要由空气的温度、流通、湿度与清洁四个基本因素组成。空气环境的好坏会直接影响办公室工作人员的身体健康以及心理状况，因此办公室要做到勤通风、可遮阳、可调节湿度、保证良好的卫生状况，在条件允许的情况下应该添置相关设备（如空调和加湿器等），也可以种植一些绿色植物，这样既可以净化空气，又可以愉悦身心。

5．声音环境

办公室工作人员的工作应该保证不受声音的打扰，要保持肃静、安宁。企业可以通过在办公室内铺置地毯以降低走动产生的噪声，安装隔音设备以防止外部噪声的干扰，集中摆放办公设备以屏蔽工作设备产生的噪声，制定规章制度以减少交谈频率，改变办公空间设计以减少相互干扰等方式来减少办公噪声。

软环境主要是由办公室工作人员的素质、行为形成的，包括办公室文化、办公室人员素质、办公室人际关系等因素。因此，企业要大力加强文化建设，注重办公室工作人员素质的提高，加强办公室规章制度的建设，强化办公室行为管理，从而营造良好的企业文化氛围。

（二）个人办公环境的要求

个人办公环境主要是指特定办公室工作人员的工作地点、设备和用品等。办公室工作人员个人的办公空间，不仅代表员工个人的形象，而且也整体反映了企业的管理水平和制度建设。因此，企业必须制定个人办公环境建设的基本标准，以保证制度化管理能够顺利实施。

（1）办公室工作人员要保持办公台面、地面、墙壁、家具以及所使用办公设备的清洁，保持会客室和会议室的清洁，保持办公公共区域的清洁。

（2）办公室工作人员要保持办公桌面的整齐有序，办公文件和办公用具要分类摆放，办公设备要摆放到适合工作的地方。零碎用品要使用收纳盒归置，不能摆放个人色彩很鲜明的东西。

（3）办公设备和办公用品要定期进行清洁和消毒处理。

（4）每次工作完毕后，办公室工作人员要对工作中使用的办公用品进行及时整理，要及时、安全、恰当地处理剩余物品，要保证工作现场恢复到开始状态。

（5）办公室工作人员要定期对办公设备和办公用品进行安全状态检查，要保证电线的安全、整齐，防止出现破损，插头松动、漏电等现象，要保证办公设备能够正常使用，要保证办公用品的充足储备等。

(6) 办公室工作人员在离开办公座位前，应保证办公设备处于待用或者关闭状态，保证办公资料处于安全状态。下班离开前，办公室工作人员要认真检查电脑、电灯、空调、饮水机等办公设备设施等是否关闭，关闭电源，检查抽屉、门窗是否上锁。

温馨提示

办公室易患的“现代职业病”

公司白领久居办公室，缺乏运动、长时间面对电脑屏幕等，都会给健康带来隐患，容易患上办公室的“现代职业病”。

1. 电脑眼

白领女性用眼过度、近距离用眼，睫状肌不间断工作，可能导致睫状肌痉挛，从而出现眼胀、眼酸，记忆力、注意力下降，反射性头痛，严重时还会出现恶心、呕吐，临床上称之为“视疲劳”。

应对：大部分人喜欢使用润眼类眼药水，不舒服了就点一点，但眼药水使用过多也会有副作用，不如来学学护眼小妙招。

采用任何舒服的坐姿或站姿，放松双肩，竖直背部。双手手臂与肩同高。右臂平伸，右手握拳，拇指向上竖起。左臂从关节处弯曲，左手大拇指指向鼻梁处。保持颈部不动，双眼视线看右手大拇指，再移回到左手大拇指。练习 10～20 次后休息。

2. 屏幕脸

白领女性每天喝都要和电脑打交道，有的甚至超过 8 个小时，长时间的电脑辐射会造成脸色暗黄、眼睛浮肿、黑眼圈等问题。除此之外，办公室里的打印机、微波炉等都是带有辐射的电器，长时间接触对于身体健康有一定的影响。

应对：每天喝一杯酸奶。酸奶里含有各种益生菌、蛋白质、矿物质和多种维生素，可以提升皮肤表皮的含水量，实现长效美白。酸奶中富含的维生素 B 可以有效抵御辐射的伤害，减轻辐射损伤，抑制辐射后淋巴细胞数目下降，从而修复由于辐射而产生的皮肤暗黄等问题。

3. 白骨颈

每个职场“白骨精”都有一根职场“白骨颈”。错误的姿势和工作压力，让颈部肌肉间的筋膜渐渐黏附在周围的组织上，造成肌肉僵化，而僵化就是老化的开始，颈椎也因无法获得适当的支持而难以正常运作。

应对：每天做有氧及健身运动，最好平均各 30 分钟。有氧及健身运动能帮助人维持心肺功能，锻炼大块肌肉群，拉伸并温和调整关节、肌肉、血管与五脏六腑。

4. 鼠标手

每天重复打字和移动鼠标，因长期密集、反复和过度的活动，导致腕部或手指僵硬、麻痹、肿胀、疼痛、痉挛及无力感，就是患上了腕管综合征，即鼠标手。女性患上鼠标手的可能性是男性的 5 倍，电脑族一定要当心。

应对：远离鼠标手，连续使用电脑的时间不要过长，要保持正确的坐姿，最好使用腕垫来缓解疲劳。此外，每次使用鼠标1个小时后，做做手腕运动——平身双臂，握拳后以手臂为轴心，向内旋转拳头，连续保持转动的姿势15～20秒钟，然后反方向继续进行一次。

5. 办公臀

臀部和腰（腹）部都是脂肪比较容易堆积的部位，久坐缺乏锻炼的人，其脂肪的堆积速度要比经常运动的人快很多，更容易形成“办公臀”。这样不仅会影响美观，而且还容易使人患肥胖症、代谢综合征、心脑血管疾病，还会引起腰椎、关节问题等。

应对：臀部脂肪很难减掉，所以要严格控制糖的摄入，喝够水、多吃鱼可以提高臀部皮肤的弹性。平时多爬爬楼梯，做做后踢腿，都能将臀部肌肉调动起来，沐浴前按摩臀部也可以促进血液循环，最重要的还是帮助臀部肌肉放松，缓解紧绷感，可以防止因久坐导致的臀部疼痛。

三、实训任务

余安妮很快就进入工作状态。阳光公司的管理制度十分完善，各种规章制度规范齐全，而且要求员工都要遵守。如果员工违反了公司的规章制度，或者进行经济处罚，或者记录在案，或者由主管进行批评处理。

余安妮的工作渐渐得多起来了，她的办公桌再也无法像刚进入办公室时那样整洁。作为工作人员，余安妮办公桌上的文件开始不断地进行流转，笔、尺子、剪刀、小夹子、便笺纸、方便贴等办公用品也随时都要用到。在以前上学的过程中，余安妮养成一个不太好的习惯，就是一忙乱就想吃东西，有点零食放到嘴里，似乎就不觉得那么忙碌和单调了。所以，余安妮的办公桌上总是会有一些果皮纸屑，有时候还会有薯片残渣。平常她也会有些不好意思，但一忙起来就顾不上那么多了，按照余安妮的说法，这属于工作中的“加油”范畴。

这天，余安妮一上班，陈雅儿就交给她一项任务：给以往与公司有过联系的一些客户打电话，邀请他们前来参加公司的一个活动。这些客户资料是从多次工作过程中积累和筛选下来的，陈雅儿给余安妮电话号码时分了好几个文件。余安妮听清楚联络内容后开始一一拨打电话。

电话打过去，有人接听电话并且联系成功的，余安妮就在一张纸上记录下来；有的电话没人接听，余安妮就将其资料记录到另一张纸上；有的人说暂时定不下来，等能决定的时候再联系的，余安妮就在第三张纸上标明了“再联系”的字样。打电话的时候余安妮需要不停地与对方说明通话缘由，不一会儿就觉得口干舌燥的，于是不时地向嘴里放点东西来缓解缓解。

何雨竹从她的办公室出来路过余安妮这里，看了看余安妮说：“很忙啊，余安妮，只是这桌子……”

余安妮赶忙站起来打招呼，低头一看，陈雅儿给她的文件横七竖八地堆了一桌子，电脑被推到一边，歪斜地面对着自己，记录用纸上面有刚才剥下来的糖果包装纸，因为看不清楚电话号码而拆除装订用的拆钉器滚在一边，地面上还飘落了几张没来得及拣起来的内页……

“不好意思，雨竹姐，我真忙晕了，都没看到这么乱，我这就赶紧收拾。”余安妮手忙脚乱地收拾着。

何雨竹语重心长地对余安妮说："安妮，工作的时候资料要随时放好，这样不分类的乱放，估计你自己也不太清楚哪些是用过的，哪些是没用过的，岂不是要一再重复检查？再说，上班的时候吃东西，不仅会影响你的工作形象，而且这些零食碎屑在办公室里极易招来蚂蚁、蟑螂等小虫子，是会影响环境的。我在那头看到的就是你办公桌上歪斜的电脑和堆放的这些文件，你一会儿翻这张纸，一会儿翻那张纸，忙得不亦乐乎，其实处理这些事情，先把程序、材料理顺了，就不会这么乱了。"

"好，我知道了。"余安妮听了何雨竹的指导，开始整理办公桌。

（一）实训任务一：画图

（1）请列出一般办公室工作人员经常使用的办公用品和办公设备，并画出这些办公用品和办公设备摆放的示意图。

（2）请按照示意图进行办公桌面的清洁和整理。

（二）实训任务二：讨论

（1）分小组讨论，列出办公环境中的要素，并对这些要素的重要性加以说明。

（2）说出个人办公环境整理的要点。

（三）实训任务三：汇报

分小组将上述工作结果制作成PPT，进行汇报。

四、实训评价

评分标准 项目达标要求	实训情况	问题总结	解决方法	自我评定	教师评定
办公用品齐全，摆放位置合理，图形清晰					
办公桌面清洁整理符合要求					
办公环境要素说明完整而正确					
办公环境整理要点说明完整而正确					
PPT制作风格简洁，表达清晰准确					

任务二　办公室空间的管理

一、案例导入

进入公司已经有一年多了，余安妮发生了很大的变化，在她的身上已经看不到年轻人的青涩，取而代之的是日渐成熟的干练，以及对工作的热情。她的工作也发生了改变，原来一般客户的接待工作、辅助工作已经由新来的员工接替，余安妮开始负责办公室日常的行政事务，每天忙得不可开交。

作为最早投资中国的欧洲集团，到明年5月份，阳光公司在中国已经成立30周年，需要举办一个大型的庆祝活动。同时，随着业务的不断扩大，公司人员不断增多，办公空间也日益不足，因此公司决定进行一次大的装修，这个工作主要由行政部来负责。

行政部为此召开了会议，希望大家积极地提出建议并进行讨论。作为公司的行政总监，李洛寒出席了这次会议。李洛寒在会议开始的时候就提出了讨论主旨，要求大家对公司的装修提出设想和建议，要考虑节约成本，同时也要能够展现出企业的人文关怀，提升企业形象。

大家逐一进行发言，余安妮仔细聆听着，同时也在脑海中迅速地修改自己的方案。就在这时，何雨竹探身与旁边的李洛寒低声说了几句，李洛寒突然点名说："余安妮，针对这次装修，你有什么想法，也可以提一下。"

"我？"余安妮既兴奋又紧张，虽然她作了大量的调查与准备工作，但她一直奉行低调做人、谨慎做事的原则，觉得公司装修这么大的事情，涉及资金巨大，肯定轮不到自己一个新手置喙。但既然今天被点名了，本着学习的态度，献丑就献丑吧。余安妮马上坐直了身体说："好吧，我有一点不成熟的意见，请各位前辈指教。"

余安妮郑重地说："公司目前的装修是5年前的设计风格，这次装修新的设计风格应该会变化不小，大部分隔断需要重做，因此布线和天花板上的机电消防什么的都要重新做；家具大都已经使用8年，早过了折旧年限；而交换机系统已经使用10年，更是大大超过了供应商建议的使用年限，不动它还好，一动系统就很可能出问题——所以，家具和交换机都需要更新。公司现在的面积是4500平方米，再签租约，一般是2～3年的租期，根据我的理解，公司在中国的业务呈明显上升趋势，最近公司人员也增加了不少，考虑未来2～3年的走势，比较可能的做法是在现有面积上的基础多加10%的面积，就是总面积会达到5000平方米左右。

公司现在的位置在市中心，寸土寸金，写字楼的租金十分昂贵。而且我也打听过，我们这座写字楼以及附近写字楼里的公司基本没有打算搬迁的。这样我们如果打算绝对扩大办公空间是有一些难度的。如果要相对扩大办公空间，一个方法是减少现有工作人员的办公空间"，说到这里，余安妮仔细观察了一下李洛寒与大家，李洛寒不露声色，周围的同事则有不赞同的表情。

另一个方法就是引进新的办公模式，为公司节省空间。当然这样需要给这些人员配备办公设备，不过相对于租金来说，还是很划算的。但总的来说需要花费多少，因为我对各种设备的价格和工程造价还不是很熟悉，所以我还不能给出数字。"说到这里，余安妮的脸红了。

"嗯，不错"，李洛寒与何雨竹交换了一下目光："看来安妮还是作了些准备的。安妮，请你针对公司的装修写个方案，交给我看看。"李洛寒作了总结性发言，会议结束。

会后，何雨竹对余安妮进行了肯定，尤其对她能够提出新的设想进行了表扬，本着锻炼新人的精神，将方案起草的工作交给了余安妮，并交给了她一大批公司装修的历史资料，要求她认真借鉴，能够设计出适用的方案。余安妮很愉快地接受了。

二、必备知识

随着环境保护的要求逐步提高，城市交通日益拥挤，办公场所费用的飞涨，以及电子技术的革命性发展，传统的办公模式正在发生改变。以往人们集中到企业所在地进行事务处理，朝九晚五的工作模式对一些企业和相关人员来说已经不再适用。为了适应新的形势的要求，出现了新的办公模式。

（一）办公模式的类型以及管理方法

1. 办公模式的类型

（1）家居办公。

家居办公也称 SOHO(Small Office Home Office)。现代社会经济的高速发展，带来了大都市交通拥挤、地价飞涨、环境污染等问题，为了节省办公空间，降低管理成本，缓解交通压力，减少上班途中的时间浪费，越来越多的企业选择将一些人安排在家里工作。如一些研发部门的科技人员或者不需要直接面对客户，与客户的联络主要通过电子通信设备就可以进行正常工作的人员。

（2）远程办公。

远程办公分为“远程”和“办公”两个部分，是指通过现代互联网技术，实现在家办公、异地办公、移动办公等远程办公模式。这种工作模式消除了远程工作的距离限制，每天到工作地点通勤被电子通信联系所取代。因此，远程工作者也被称作游牧工作者或网络通勤者。

从传统的集中办公到远程办公，是低碳经济发展的要求所致。采用这种办公模式，可以使企业拥有最好的竞争力——更低的办公室租金、更健康的员工、更积极向上的氛围。远程办公需要企业为进行远程工作的员工配备必要的电子通信设备，同时要改变传统的企业管理模式。

（3）虚拟办公室。

这种工作模式不同于传统的工作模式那样需要办公桌椅、文件柜、办公用品等实物准备，而是通过电脑以及对电脑的操作实现了这类工作人员的全部工作。他们可以在办公室办公，可以在家办公，也可以远程办公。

（4）临时办公室。

由于在家工作、远程办公、弹性时间工作以及兼职工作人员没有或者不需要在企业有固定的办公桌，来到企业工作处理工作事务时需要临时安排空闲的工作位置办公。这类工作人员的文件和信息存储于计算机中，书面文件可以存放在固定位置由专人进行管理。当他们到企业工作时可以领用，然后使用空闲的工作位置和办公设备进行办公。

（5）弹性时间工作。

目前，弹性时间工作模式已经被引入许多的企业，它是一种提供灵活工作时间的方式，能够更好地激励员工的工作积极性。这种工作模式虽然很受员工的欢迎，但在适用性上受到限制，一些需要与客户进行沟通的部门和人员，如服务型、职能型的部门，不适合采用这种工作模式。

这种工作模式下的企业员工,在得到企业的许可后,可以自主选择一天的上班时间和下班时间,其工作时间累计计算,但必须要达到企业规定的工时标准。企业采用这种工作模式,要注意协调工作人员的上班时间,以保证有足够的人力完成工作任务。在节假日、周末期间还需要特别注意避免出现无人现象。

(6) 兼职工作。

兼职工作面对的是有多种技能的工作人员,如果一位工作人员同时拥有多项工作技能,那么他可以在同一家企业内将这些工作技能都以收费或合同的方式提供给雇佣方,也可以将这些技能提供给不同的企业,形成一位工作人员在同一家企业担负几项工作或者同时为不同的企业服务的局面,这样可以人尽其才,最大限度地发挥人才的效用。

(7) 合同工作。

人力资本的高涨促使企业尽力以聘用最少量固定工作人员的方式来减少费用。企业特定的工作量通过聘用承包人和顾问来完成。这些工作人员可以在企业内部工作或者在企业外部他们自己的地方工作。合同制的工作人员包括:以自由职业为基础工作的个人;在自由顾问组工作的个人;由合同企业聘用的个人。

(8) 交叉工作。

交叉工作是由两个工作人员分担全部时间的工作,他们一起工作,共同管理这个工作并完成任务。两人在工作中需要有部分时间是重叠的,用以交换信息和更新进展。

2. 新的办公模式需要新的管理手段

新的办公模式对企业管理提出了更高的要求,给工作人员更多的自由空间,以适应新时代个性化发展的需求,但相应的产生了工作人员之间沟通少、交流不畅,管理者无法及时掌握工作进度,工作较易出现不连续、断片的现象。同时,企业需要为这些工作人员提供计算机等电子工作设备,在办公资源的管理和设备维护上又增加了一些负担。另外,薪酬的制定、考勤的监督、企业文化建设等都出现了新的要求,这些问题都促使企业管理者必须更新思维、与时俱进,制定出新的管理办法。但是,从总体上来说,新的办公模式可以降低成本、节省空间,减少城市交通拥挤,激发工作人员的积极性,更好地吸引人才,增强企业的竞争力,具有一定的经济效益和社会效益。

为了更好地加强对工作人员、工作进度的控制和监督,企业管理人员可以通过记录日志、网络监督等方式进行管理。在实施新的办公模式前,企业需要先制定相应的管理措施以及与新的办公模式相匹配的薪酬标准。

(二) 合理进行办公室布局

1. 办公室布局的种类

(1) 开放式办公室。

不同于传统办公室按照部门职能组成相对封闭空间的做法,开放式办公室宜于采用大的空间,包含单个工作位置的组合,每一个工作位置通常包括:办公桌;纸张和文具的存放空间;文件的存放空间;椅子;电话;计算机。工作位置之间可以用屏风或轻便的、易于移动的隔断隔开，用来区分不同的工作组群。这种形式的办公室布局不设个人专用办公室，不设传统的领导者座位，而是凭承担的工作任务所需要的场地来确定工作人员的位置。

(2) 封闭式办公室。

封闭式办公室是按照办公职能设置分隔式的若干个相对独立办公室的做法。其设计原则主要是考虑常规办公室业务活动的各种因素、相关业务处理的连续性和系统性。

开放式办公室和封闭式办公室的优点和缺点参见表 2-1。

表 2-1　两种办公室类型的优缺点

办公室类型	优点	缺点
开放式办公室	1. 灵活多变，工作位置可以随需要改变 2. 节省费用，降低成本，可以在相同的面积内容纳更多的员工 3. 易于员工间沟通、交流 4. 易于监督，便于管理者进行督查 5. 可以进行集中化服务，共享办公设备	1. 难于保密 2. 噪声较大，员工的工作易受干扰 3. 员工无私人的空间，无法保护隐私
封闭式办公室	1. 比较安全，易于保密 2. 易于员工集中注意力，从事细致或者专业工作 3. 易于保证隐私，员工有独立的空间	1. 费用高，墙、门、走廊灯占用空间且需要进行装修 2. 难于监督员工的工作 3. 员工交流困难，易感到孤独

2. 设计办公室布局的工作程序

(1) 分析不同部门的业务特点对于办公条件的需要。

不同部门的业务特点不同，因此对办公空间、办公室所处的位置、办公设备和办公家具的数量、办公室布局都有不同的要求，一些特殊的部门甚至对办公室的光线、湿度、温度等都会有硬性规定，在位置、大小乃至办公设备购置上都会出现特殊需要。在设计办公室布局的时候，企业需要针对这些方面逐一进行考虑，以便各部门能够方便地进行工作。

(2) 设计平面图。

企业要指定专人或者委托相关机构或人员根据自己的需要设计平面图，包括灯光、办公家具和办公设备的摆放，工作人员的位置，装修等各方面的要求，并征询使用部门的意见，根据相关意见进行修改，完善办公室功能。

(3) 选择办公家具、设施、装修、装饰。

按照办公室设计时对不同人员的工作定位，分配各工作人员的办公位置和办公空间，根据工作需要和场地条件，选择布置办公家具、购买办公设备，进行装饰。

办公家具的购买需要注意三个原则：一是适用原则，即办公桌的大小、高低、功能设计必须适宜工作人员的工作需要和健康需要；二是配套原则，即办公家具应大小、色泽、质地相同，看上去协调美观，并能促进工作人员的相互平等感；三是经济原则，即在选购办公家具时，必须考虑原有的还可以使用的办公家具和办公设备，两者之间应该配套，既保证办公室的美观大方，又可以节省办公成本。

不同的办公室根据其业务的不同，在进行装饰的时候应该有所差异。办公室装饰应该具备行业特征，使外来者可以感受到工作人员的专业化，以及良好的工作氛围。办公室的装修还应该充分考虑工作人员以及客户的心理，通过各种装修元素的使用，营造一个和谐的、使人身心愉快的办公环境。

3. 设计办公结构和办公室布局需要考虑的因素

（1）员工的人数。一般来说，员工的人数越多，需要的空间就越大，需要的办公家具和办公设备也就越多，布置所要求的协调性越高，配套要考虑的因素就更复杂，费用也会相应地增加。

（2）购买或者租用的办公场所的面积、位置以及费用。一般来说，办公场所的面积越大，位置越靠近市中心，价格就越昂贵。对于企业而言，大面积的靠近市中心的办公场所，是吸引人才、塑造企业形象、彰显企业实力的元素之一，但是昂贵的价格也是企业需要重点考虑的因素。因此，企业在设计办公结构的时候，应仔细权衡两者之间的轻重，选择对企业长期发展有利的方面。

（3）机构的建制、办公空间的分类。即按照企业业务的需要，确定企业应该建立多少个部门，每个部门的工作性质如何、人员多少、不同部门之间按照工作流程彼此衔接的顺序先后，以及联系的多少，以此来确定每个部门的办公空间应该多大、位置如何安排、办公场所的格局如何规划。

（4）企业经营的性质和内容。由于不同部门的业务工作特点不同，因此每个部门在办公场所所处的位置、需要的办公布局种类、办公家具和办公设备不同，都要根据其工作特点进行充分考虑并妥善安排。

（5）部门间的工作联系。在设计办公结构和办公室布局时，企业要充分考虑各部门间的工作联系，以此来确定各部门所处办公空间中的位置，以便使工作流程可以顺畅有效地进行，减少或者避免不必要的重复和浪费，减少工作人员不必要的走动，减少文件传送的次数，缩短文件传送的路径，以提高工作效率、降低工作强度。

（6）安排好公用区域，充分考虑安全健康的办公环境的需要，要保持消防通道的畅通，以及办公通道的宽敞、直行，不能为了节省办公空间或者减少管理工作而造成安全隐患。

（7）办公空间的设计要有变化的余地和空间，设计上要讲究灵活性。当机构建制和部门工作内容发生改变时，企业可以根据工作需要对办公空间进行迅速有效的小范围改造，以便马上投入使用，避免因工期长、范围大的办公场所施工所造成的对企业正常运作的干扰。

（三）合理布置办公室

1. 办公室布置三大原则

办公室布置不是简单的办公家具和办公设备的摆放、工作人员的位置的安排，除了考虑办公设备的共享性、工作人员行动的方便性以外，还要充分考虑工作人员在办公室期间的舒适性、工作人员的沟通和监督，以及领导者的管理。办公室布置需要遵循以下三大原则。

（1）有利于沟通。

办公室作为一个工作系统，工作人员之间必须保持充分的沟通，这样才能保证信息的及时传递、流转，工作的各程序才能衔接顺畅，同时，彼此之间充分的沟通也能培养工作人员的集体意识，加强大家的团队角色感，感受到工作中的快乐和成功，从而提高工作效率。

（2）便于监督。

为了节省办公空间，降低办公成本，目前各企业较多地采用开放式的办公格局。这种办公格局带来的弊端之一是工作人员之间易受打扰。因此，办公室的布局要有利于工作人员的自我监督和内部监督。工作人员之间通过相互的督促检查，纠正个人的缺点，学习他人的优点，相互提醒，可以把工作中的失误降到最低。

（3）协调，舒适。

协调，是指办公室的布置和工作人员之间要配合得当，办公室的布置要能够体现部门业务工作的特点。舒适，是指工作人员在布置合理的办公场所工作时，身体各部分没有不适感或者不适感会降到最小。协调是舒适的前提，只有协调，才会舒适。

协调包括物质环境和工作要求的舒适。物质环境的舒适主要是指办公室的设计与装修，如办公室办公设备的空间分布、办公室墙壁的颜色、办公室的光线、办公室的装饰等与工作人员的心理、工作特点和工作性质相协调。工作要求的舒适，是指工作安排分工的协调；工作人员之间的协调，其中包括上下级工作的协调、工作人员个体之间关系的协调。

2. 办公室布置的具体要求

（1）办公桌的排列应该按照直线对称原则和工作程序的顺序，以最接近直线为佳，防止出现逆流与交叉现象。同室工作人员应面朝同一个方向办公，以避免面面相对造成的相互干扰。工作人员的办公桌摆放不能背对门口，这样会造成由于不了解室外情况而无法及时发现危险的现象，并且会由于观察不够而形成对来访者的怠慢，从而影响接待工作的顺利展开。

（2）各座位间的通道要方便工作人员出入，防止出现通道狭窄造成工作人员出入困难或者干扰他人工作的现象。工作位置要以事就人，而不是以人就事。

（3）领导者的座位要位于员工的后方，以便监督。若有必要，可以为领导者设置玻璃隔间，当需要时可以通过帘幕形成领导者的私人空间，避免因领导者接洽工作、接待客户、与个别工作人员进行沟通而造成对其他工作人员工作的干扰。

（4）光线最好采用自然光线，当自然光线不足的时候可以采用人照光源进行照明。光线应该来自左后上方，如果光线过强，则应采用窗帘等装修手段隔断强光，以保护工作人员的视力健康。有条件的企业在使用人照光源的时候，应避免嵌入式的直接照明方式，多采用间接式照明灯具，这样可以形成良好的视觉背景，有效地降低灯具本身的炫光问题，从一定程度上改善大空间内为数众多的计算机屏幕光幕反弹的问题，从而改善桌面的照明舒适度。

（5）共享的办公设备应放置在离使用者平均距离大致相当的地方。一些有放射性或者粉尘性污染的办公设备，最好放置在离工作位置较远，靠近门口或者窗口处，必要的时候在其旁边可以放置绿色植物，以保障工作人员的健康。但是，办公设备不可以放在阳光直射或者狭窄的地方，因为这样不利于设备的保养和维护。

3. 办公室布置的程序

（1）考察各部门的业务工作内容和工作性质，明确部门工作人员的工作职责和工作中的关系，以此确定每个工作人员的工作位置。

(2) 按照工作人员的数量以及办公所需空间，设定其空间大小，并进行记录。

(3) 根据工作需要，选配适宜的办公家具、桌椅、办公设备等，并列表详细分配到人。

(4) 绘制办公室座位图和办公设备安放的位置图，征询意见获得同意后按图布置。

(5) 对共享的办公设备按照不影响工作和保障工作人员健康的要求提出摆放的合理建议。

(6) 对办公室消防以及安全等方面的工作提出合理化建议。

(7) 根据企业的管理规定确定是否张贴有关办公室管理的规章制度。

(四) 保证健康、安全的办公环境

健康、安全的办公环境是企业文化建设的物质基础，是保障企业工作人员身体健康，对企业充满了信任与归属感的必要前提之一。健康、安全的办公环境需要有关方面的专业技术人员进行精心打造，同时也需要专业工作人员对此进行科学的管理。办公环境的管理必须落实责任到人，要建立行之有效的办公室安全工作管理条例，及时发现和消除办公环境中存在的安全隐患，保证工作人员全身心地投入工作之中。

温馨提示

办公环境中常见的隐患

1. 建筑和装修隐患，如地、墙、天花板、门、窗中的隐患。
2. 室内光线、温度、湿度、通风、噪声、安全通道的隐患。
3. 办公家具方面的隐患。
4. 办公设备以及操作不规范造成的隐患。
5. 工作中疏忽大意或者不按照规定操作造成的隐患。
6. 火灾或消防隐患。
7. 电线拖曳交缠、排插滥用、电线负荷过大造成的安全隐患。
8. 办公室工作管理中存在漏洞造成的隐患。
9. 工作人员行为不当造成的隐患。

秘书人员要按照有关规定以及企业管理的要求，加强办公室安全的管理，明确管理范围，掌握管理方法，按照办公室安全管理的程序认真履行办公室安全管理职责，保证营造健康、安全的办公环境。

(1) 确定专人负责，明确安全检查周期，定期对办公环境和办公设备进行安全方面的检查。

(2) 发现隐患，在自己的职权范围可以处理的，必须立即排除，并填写相关文书。

(3) 发现隐患，超出自己的职权范围时，必须立即向相关人员报告，提出处理建议，并跟进直到解决。

(4) 在处理了安全隐患之后，要填写《办公隐患记录及处理表》(参见表 2-2)和《设备故障记录处理表》(参见表 2-3)。前者记录办公环境和办公设备，以及工作人员的行为失当造成的隐患；后者记录办公设备运行中出现的故障。

表 2-2　办公隐患记录及处理表

序号	时间	地点	隐患表现	隐患原因	可能的危害及后果	发现人	处理人	处理措施

表 2-3　设备故障记录处理表

序号	时间	地点	设备名称	使用部门及人员	故障表现	故障原因	处理人	处理措施

三、实训任务

（一）实训一

余安妮最近很忙。何雨竹要她尝试着制订公司办公室装修的设计方案，余安妮知道其实这是何雨竹给她的一次锻炼机会。因为一开始进行设计，余安妮就感觉到压力很大，很多方面无从下手，与何雨竹讨论自己的构思时总会发现有漏洞。不过好在何雨竹总会给她指点，她也本着锻炼的原则不时地到档案室翻阅相关资料，向设计专家学习，一直在磕磕绊绊地思考着、设计着。

今天一上班，何雨竹就把余安妮叫到自己的办公室，问余安妮说："怎么样，最近有关办公室格局的布置，有没有什么心得啊？"

余安妮说："确实有一些，雨竹姐，我发现这中间的学问大着呢。光那个产品设计部应该放到哪个区域，是做开放式的，还是半开放式的，每个人的位置放到哪里，我已经考虑好几天了。看来，我需要学习的东西太多了。这个设计方案我就当个练习作品，估计做得不太好。"

"别太心急了，你很不错了，有自己的想法，还肯学习。这样吧，"，何雨竹拿过来一个文件夹递给余安妮说："公司的销售部最近要去G市参加中国出口商品交易会，时间大约一周，需要在那里租用一个大约160平方米的展位，销售部经理带着他的秘书和他们部门的两人前去，你给他们设计一下办公格局吧，要考虑其中销售资料的存放、与客户的谈判、资料的印刷、产品的展示等方面。你要尽量考虑全面些，有什么问题同大家讨论一下。"

"好的。我试试看。"余安妮接过了资料。

1. 实训任务一：画图

（1）设计销售部在中国出口商品交易会中的办公格局，并画出布置图。

（2）提出办公家具和办公设备的摆放位置建议，并画图说明。

2. 实训任务二：讨论

（1）分小组讨论，提出需要租用的办公设备和办公家具的建议，并列表说明。

（2）分小组讨论，提出如何保障办公环境的安全建议。

（二）实训二

余安妮把为销售部在中国出口商品交易会上的办公格局设计交给了何雨竹，何雨竹就其中的一些问题与余安妮进行了讨论，提出了修改意见，销售部经理也对设计进行了意见反馈，经过双方几次商讨后，设计图终于完成，连同设备和家具租用、摆放建议一起交付给销售部人员带走，以便他们布置现场。

今天上班打开电脑，余安妮发现办公平桌上有一封何雨竹传送过来的文件，她打开一看是一份备忘录，内容如下：

备忘录

发自：行政部经理何雨竹

发至：余安妮

日期：2016-04-17

内容：拟制新的办公模式方案

最近公司人员增加较快，公司的办公空间相对紧张。由于工作需要，研发部要求招聘3～5名新的工作人员，市场开拓部计划将销售点开设到郊县，因此也要招聘新的工作人员。为了节省办公空间，节约办公成本，行政部和人力资源部经过商讨，可采纳新的办公模式。鉴于你上次提出了这个设想，要求你针对公司现有情况拟制方案，并能就新办公模式的管理工作提出建议。

请尽快完成此项工作任务，谢谢！

1. 实训任务一：讨论

(1) 请分析此项工作任务的内容，并列表说明。

(2) 请根据任务要求，提出相应的建议。

2. 任务二：撰写

请以备忘录的形式将此项工作的完成状况向上级进行汇报。

（三）实训三

经过一段时间的自我约束、自我管理，同时也在何雨竹、陈雅儿等上司和同事的帮助下，余安妮终于克服了原来养成的随手乱放物品、喜欢吃零食的坏习惯，办公桌面整理得干净整洁，办公用品摆放得整齐有序，还时不时会自觉地去清洁共用的办公设备，在办公公用区域遇到一些问题也会马上处理和解决。她的这种成长被何雨竹看到眼里，何雨竹觉得十分欣喜，感叹余安妮的变化真大。

阳光公司一向崇尚人性化管理，高度重视员工的身体健康和精神愉快，对于办公环境的安全和健康管理从不忽视。公司人员多，事务复杂，工作节奏快，因此难免会出现一些问题。何雨竹一直告诫余安妮要高度重视这些存在的隐患，如果不及时加以处理，可能会酿成大的事故。余安妮对这种说法深以为然。

今天到了余安妮检查公司办公环境的时间了，在上班期间，余安妮在公司四处巡查了一遍，发现了一些问题，记录如下：

(1) 研发部有一名非本公司工作人员，经询问是访客，但没有佩戴访问牌；

(2) 档案管理员小刘踩到转椅上从档案柜中拿材料，差点摔倒；

(3) 公司复印室的工作人员不在岗，而且复印机旁没有操作说明；

(4) 市场开拓部左边窗户上的百叶窗坏了，无法拉下来，阳光直射到第二号办公卡位上；

(5) 三楼卫生间洗手的水龙头漏水；

(6) 信息部今天添置了几部电脑和一台多功能复印机，包装纸盒堆放到了过道上，影响他人走路；

(7) 公司3号会客室今天有访客，空调无法制冷，只好临时调整到了2号会客室；

(8) 公司办公楼前的道路上正在施工，没有设立标志牌；

(9) 信息部地面有拖曳的电线，插座横躺在地面上，电线纠缠成团；

(10) 销售部数部电话摆在相邻的工作卡位的隔板上。

余安妮将这些情况记录到纸上前去向何雨竹汇报，何雨竹看了看说："这么凌乱的一堆记录，哪些你处理了，哪些你处理不了要找谁，你觉得应该如何处理，你也可以提出自己的意见和建议。你就直接这样给我，好像是告诉我说哪里有事情需要我去做一样，你觉得这样合适吗？"

何雨竹这么一说，余安妮一下子就意识到自己的汇报方式确实不对，于是不好意思地说："对不起，雨竹姐，是我错了，我这就去处理一下。"

1. 实训任务一：讨论

如何用正确的方式将这些资料呈送给上司。

2. 任务二：汇报

就这些存在的问题提出相关的措施和建议，并在班上进行汇报。

四、实训评价

实训一：实训评估表

评分标准 项目达标要求	实训情况	问题总结	解决方法	自我评定	教师评定
办公格局选择正确，办公卡位设计合理，办公空间分配得当					
租用办公设备以及办公家具的建议能够满足工作需要					
办公家具和办公设备的摆放建议合理，有利于工作展开					
保障办公环境的安全建议合理、可行					

实训二:实训评估表

项目达标要求 \ 评分标准	实训情况	问题总结	解决方法	自我评定	教师评定
对任务内容的分析正确、完整					
拟制的新的办公模式方案具有针对性,有理论根据,正确					
能提出对新的办公模式的管理建议,提出的方案可行					
备忘录的形式正确,内容完整,格式规范					

实训三:实训评估表

项目达标要求 \ 评分标准	实训情况	问题总结	解决方法	自我评定	教师评定
问题分类正确,选择的表格正确					
表格设计合理,内容齐全					
措施建议准确、到位					

任务三 办公环境的美化

一、案例导入

这一年来余安妮生活得十分忙碌,也十分充实。去年,她接受了何雨竹交给她的阳光公司装修方案的策划,虽然最后她的方案由于还不够完善没有被最终采用,但是她在策划的过程中翻阅了公司装修的历史资料,也参考借鉴了不少大公司装修的经验,加深了自己对办公室环境设计和管理的知识储备。同时,余安妮提出来的新的办公模式的设想得到了公司的采纳,她拟订的装修方案中的一些想法也得到了行政总监李洛寒的肯定。得到他人的肯定,余安妮十分兴奋,工作起来更有干劲了。

去年年底,阳光公司在宁波成立了分公司,何雨竹需要暂时离开总公司去宁波分公司工作一段时间,陈雅儿任新的行政部副经理,暂时接手何雨竹的工作。鉴于余安妮一直以来的良好表现和较强的学习能力,公司决定任命余安妮担任行政部经理助理,同时她的薪水也上升了30%。在入职谈话中,公司的人力资源经理明确地对余安妮提出要求,说她的责任与薪水是一起上升的,要求她今后不仅要做好自己的工作,还要对行政部乃至整个阳光公司的工作都有所关注。因此,余安妮告诫自己必须具备全局观点。

春节过后，李洛寒将陈雅儿与余安妮叫到办公室，与她们谈起公司成立 30 周年庆典的工作安排。在 30 周年庆典中，欧洲总公司的上司计划前来参加。公司刚装修过，整体看上去令人振奋，但是有一些细节方面还不够完善。李洛寒要求陈雅儿与余安妮考虑一下公司办公室的美化问题，怎样能够将办公室从舒适提升到具有文化层次感，让员工在其中都感受到公司的人文精神和人文关怀，并且能够让欧洲总部前来的人看到公司的中国特点。

陈雅儿同余安妮听取了李洛寒的指示后，回到了办公室。两人深知这个任务十分艰巨，按照李洛寒的要求，办公室的美化就不能简单地挂两幅画、装点几盆绿色植物和花卉就可以解决。而且公司刚装修过，大家刚从忙乱的装修状态中解放出来，如果她们再打算大规模地行动，首先是公司的高层领导不会答应，其次是大家也会不满意。怎样才能避开这些问题完成上司的要求呢？

陈雅儿与余安妮讨论了一下，认为只有她们两人关门想办法是不科学的，应该听取大家的意见。于是，陈雅儿就召集了办公室会议，传达了李洛寒的指示，要求大家都认真考虑应该从哪些方面着手。大家七嘴八舌地开始讨论。有的同事说可以参观一下其他公司的美化成果，有的同事说可以听取装修公司的意见，也有的同事说不一定要所有的办公室都进行美化，既然主要是为了迎接欧洲总部的人员，何不在他们重点驻足和考察之处作出布置。这些意见余安妮都记录了下来。

陈雅儿看了会议记录，思考之后她决定多管齐下。陈雅儿安排余安妮火速联系 Z 市的一些外资公司，安排好时间去参观它们的装修与美化。另外，她还安排另一位同事与本市著名的设计公司取得联系，询问对方可以给出的美化建议；她还安排人查询有关资料，将欧洲总部的装修风格进行归纳说明，并对公司主要管理人员的办公室、会议室、会客室、员工休息室以及茶水间等处的装修情况进行观察。

接受任务后，余安妮将自己工作一年以来逐步积累下来的工作通讯录打开，按照上面的资料筛选可以作为考察对象的公司，与它们取得了联系，并按照安排好的时间开始了丰富多彩的公司考察之旅。

十几天过去了，余安妮考察得筋疲力尽，同时也逐渐形成了自己有关办公室美化的设想雏形。她利用晚上的时间进行加工整理并形成文字，交给了陈雅儿。

二、必备知识

办公室是企业文化的物质载体，应该努力体现企业的物质文化和精神文化，反映企业的特色和形象，对置身其中的工作人员产生积极的影响，所以，对办公室进行经济又实用的美化是非常必要的。

（一）办公环境美化的目的

办公环境的美化，主要包括办公室美化和工作人员共享空间（如休息室、茶水间、健身房、通道、厅堂等）的美化。美化的目的在于宣传企业文化，体现人文关怀，使工作人员心情舒畅，提高办公效率。另外，对外可以塑造企业形象，展现企业情怀，更好地促进企业间的合作交流。

（二）办公环境美化的内容

1. 地面的美化

简单的地面装修是安全、健康的办公室环境的基本要求，在此基础上，通过地面的装饰来营造视觉效果，达到办公室工作人员之间以及来访客户与企业心理上的共鸣；或者通过地毯等的铺设，形成行走时的舒适感、视觉的层次感、环境的静谧感，这些都属于地面美化的方式。

为了减少办公环境的安全隐患，企业应该在楼梯台阶上粘贴或者涂染显眼的标记或者文字，以防止办公室工作人员行走时踏空。这些标记要保证在不同台阶上位置的一致性，从而形成直线，并保证色彩一致性，从而形成视觉上的连续，文字上则要以简短和有提示意义为主。

在一些具有特殊性质业务的企业，如广告公司、设计公司、游戏公司等，为了能够在接洽时就给客户留下自己业务能力强的感性印象，彰显企业的实力，宣传企业的业务，在地面装修上还可以强调酷炫感，在视觉上对客户形成冲击，以加深客户的印象，为双方的合作奠定良好的基础。

2. 墙壁的美化

（1）墙壁的色调。

墙壁的美化主要是通过色彩、图案乃至装饰进行的，目的在于给身处其中的办公室工作人员和来访客户以心理上的影响，营造出良好的工作氛围，从而达到提高工作效率的目的。

不同的办公场合对墙壁美化的要求是不同的。在办公室中，为了使办公室工作人员能够心情平静地对待工作中可能出现的问题，按照工作程序完成工作任务，彼此间理性地对待意见分歧，通过探讨达成共识，办公室墙壁的色彩应以冷色调为主，这样可以消除办公室工作人员的急躁情绪，避免工作损失，加强团队合作。

有一些办公室(如经理办公室)，因为工作人员的工作压力大，为了释放压力，保持精神上的健康，可以采用中性色调。有一些办公室，由于企业办公室布局等多方面的原因，可能兼有对外接待的功能，所以可以在接待区域对墙壁部分做特别色调的处理。

在会客室中，为了使客户产生认同感，消除因彼此陌生可能造成的沟通上的障碍，表现出企业以诚待人的特点，墙壁宜采用暖色调。

员工休息室、茶水间是办公室工作人员休闲放松的地方，企业设置这些场所是为了缓解员工因连续工作所产生的紧张感。会议室是办公室工作人员集思广益、进行沟通和讨论的场所，办公室工作人员在此面对面地进行意见的交流、交换看法。因此，办公室工作人员在这些场所时的情绪应比在办公室中更为放松，但又不能完全松懈而造成工作的不连续，因此这些工作场所的墙壁色调应该以中性色调为主，以营造一种宽松的气氛。

企业大厅的墙壁色彩一般采用醒目的色调，以此来提醒人们已经到达工作区域。如果企业有自己的标识，大厅的墙壁色彩往往与标识的颜色色系一致，以形成颜色的识别。另外，在墙壁的中央要镌刻或者悬挂企业的标识，以加深人们对企业的认识，增强企业员工对企业的归属感和客户对企业的认同感。

(2) 墙壁的装饰。

无论是开放式布局还是封闭式布局，办公室的墙壁都是一个需要加以重视和美化的区域。对于处于办公场所的工作人员来说，办公室墙壁是一天工作当中放眼所及最常接触的地方，因此很多企业常常利用墙壁作为宣传栏，对企业文化、企业理念进行大力宣传。

在企业高层的办公室，为了维护领导者的形象，进行对外宣传，往往在墙壁上装饰有地图，包括世界地图、全国地图、本市地图等，以体现领导者心胸博大。此外，为了表现领导者所具有的文化素养和人文底蕴，在领导者的办公室墙壁上常常还会悬挂各种字画来进行装饰。另外，为了表示时间观念，还可以在墙壁上悬挂钟表。如果企业的规模较大，领导者对外交往的规格高，还可以其将与重要人物的合影等图片悬挂在墙壁上，以体现企业的地位和领导者的重要性。

会客室墙壁的美化，可以使用荣誉锦旗、奖状以及企业历年发展的图片资料。这些资料可以在接待客户的时候使其产生信任感和认同感，有利于企业业务的发展和企业形象的塑造。

休息室、茶水间、健身房等场所的墙壁，除了配备与这些场合相匹配的图片和文字资料以外，还可以将企业的宣传资料放到这里，如企业的目标、理念，企业的代表人物，企业的公关活动资料等，这些都有利于员工对企业集体感的认识，可以形成潜移默化的熏陶。

在办公室，还可以将企业的文化理念、操作规则制作成文字、漫画等形式悬挂到墙壁上，这样可以使这些宣传深入人心，同时也淡化了办公室冷色调的墙壁色彩造成的单调感。

3. 利用植物进行美化

办公环境的美化，除了一些固定在墙壁、地面的装修与装饰以外，还可以使用植物等具有生长性的元素进行美化。这些可活动的、有变化的美化元素，可以带来灵动感和生机，以此减少办公室工作人员在工作中的压力。

(1) 植物。

办公室美化的植物分为绿色植物和花卉。一般来说，绿色植物除了可以净化办公室的空气、有益视力健康以外，还被认为有防止辐射等保护作用。其实，绿色植物也是办公室美化的重要元素，在办公室整体的冷色调中，在忙碌的工作中，植物的绿色会带给人良好的心理慰藉。因此，近年来利用绿色植物美化环境已经成为企业的惯例。

绿色植物要选择具有观赏性、生命力顽强、不需要细致护理的植物，如绿萝、发财树、金钱树、竹子等植物，尤其是一些可以水养的植物，更由于其小巧、美观、没有泥土等优点受到办公室工作人员的青睐。

为了增加工作场合的色彩，美化办公环境还可以使用一些花卉。尤其是在会议室、会客室、员工休息室以及经理室等场所，花卉的使用可以增加人们视觉上的美感，从而进一步放松心情，以达到气氛上的和谐、心理上的舒适。花卉一般采用色彩典雅、花期长、不需要精心护理的品种(如蝴蝶兰等)。为了避免一些文化上的歧义，企业的花卉装饰除了摆放花坛以外，一般较少使用菊花。在一些特定地区，还要避免某些由于谐音可能产生误解的花卉，如在广东地区，人们认为“梅”与“霉”同音，因此在商务活动乃至节日庆典中，一般不会选择梅花作为美化的花卉。为了办公室工作人员的安全健康，一些花朵艳丽但是生有细微小刺的花卉一般不在企业的选择范畴内(如月季等)。

有的企业为了外观上形成好的视觉印象,向外界展示自己良好的工作环境和生机勃勃的气象,常会在企业的办公区域外部进行花卉的装饰,如摆放各种鲜花的造型、形成花坛,或者种植常年开花的植物以调节气氛。这些装饰都需要注重颜色和花期的选择,一般情况下,炫目、对比强烈的花卉常常成为首选,而花期长、花朵茂密的植物也能够很好地达成目的(如勒杜鹃、紫薇、木槿花等)。

有些企业为了减少花卉购买成本和管理工作量会采用一些绢花,虽然外观达到了效果,但是在心理影响上、美化的效果上要稍逊一筹。尤其对于一些需要展示实力的企业来说,这种方式不值得提倡。

(2) 动物。

植物固然可以给人们带来视觉上的享受,但是单调枯燥的办公室环境更需要活动的元素进行点缀,而观赏鱼养殖可以带来很好的效果。办公环境美化中,在玻璃器皿内游动的色彩缤纷的观赏鱼,可以丰富办公室的色彩,调节办公室的工作节奏。尤其在中国文化中,游动的鱼与灵动的水象征不息的生机,因此很多企业都采用了这种美化方式,这也是中国文化理念在办公环境中的一种体现。

由于动物养殖相对于植物养护来说要复杂一些,因此引入观赏鱼来美化办公环境还是有一些困难的。目前,一些大企业可能会在大厅入口处养殖大型的观赏鱼,在总经理办公室养殖一些热带观赏鱼类。在办公室范围内,有一些办公室工作人员会养殖少量体积较小的彩色观赏鱼,有的办公室工作人员还会将水养植物与热带鱼放到一起形成一个小的生态圈,这样既美化了环境,又体现了其构思巧妙、整体思维的特点。除此之外,目前在办公公共区域,用动物养殖美化环境的做法还没达到普及推广的程度。

三、实训任务

近年来,阳光公司的业务量大增,市场不断扩大,员工的工作压力和工作强度也随之增大,员工的身体健康和心理健康也成为公司领导日益重视的问题。就连余安妮这样入职不久的员工也常常会感到腰酸背痛,因此,陈雅儿代表行政部向公司提出建议,建议每天工作之余,增加一段喝茶的时间,这样既可以让大家放松一下,又可以让大家互相交流:一来通过活动活络筋骨,减少肩周炎、颈椎病等职业病发作的机会;二来让大家多点交流,也是制造和谐的办公环境的必要方法。

阳光公司的领导采纳了陈雅儿的建议,并且对这个建议进行了深化。近年来公司的形象不断提升,公司投入了大量的成本建设企业文化,但在整个办公环境的建设上面还处于相对落后的阶段,因此,公司责成行政部联合公关部、宣传部一起对公司的办公室,包括会客室、会议室、经理办公室等进行美化,并且开辟员工休息室,进行装修以及建设,并且要一步到位。

接受了这个任务后,陈雅儿代表行政部会同公关部、宣传部的工作人员开始了公司办公室美化。

（一）实训任务一：讨论

分组讨论，就员工休息室、会客室、会议室、经理办公室等的建设提出切实可行的方案，要求有基本设备、家具以及美化元素。

（二）实训任务二：画图

选择其中一个方案，用画图的方式表现出来。

（三）实训任务三：汇报

将以上方案建议做成PPT进行汇报。

四、实训评价

评分标准 项目达标要求	实训情况	问题总结	解决方法	自我评定	教师评定
员工休息室设备齐全，家具选择得体、合理，美化元素适用					
会客室的美化有展示企业形象的作用，美化元素选择得当					
会议室的美化有宣传企业文化理念的作用，宣传方式得当，提出的建议切实可行					
经理办公室的美化元素适合办公室的特点、功用，提出的建议切实可行					
PPT展示简洁、生动、说服力强，说明清晰、准确					

项目三

秘书文档管理

文档管理，是指对机关、企事业单位在日常管理活动中形成的各种文件材料的制作、办理、归档以及归档后的管理工作。文件及其转化成的档案是一个单位工作活动的重要记录，是本单位不可缺少的依据、凭证和参考，做好文档管理能够为本单位各项工作的顺利进行提供保证。

知识点

1. 发文处理的程序和方法。
2. 收文处理的程序和方法。
3. 文书档案归档工作的要求。

技能点

1. 能根据需要完成企业一般文件的收文处理和发文处理。
2. 能协助有关部门组织本单位的档案归档工作，完成文书档案归档的程序。
3. 熟悉档案的利用方式，能够迅速准确地找到所需档案。

任务一　收文处理程序

一、案例导入

余安妮正在办公桌前忙碌着，公司前台秘书田芸送来一份文件，说是欣雅公司送来的，要交给行政部副经理陈雅儿，正好陈雅儿不在，请余安妮转交一下。余安妮一边答应，一边随手把文件放在办公桌上一堆文件的上面，因为这天的工作比较多，她就把这件事给忘记了。

两天以后，陈雅儿找到余安妮问道："欣雅公司的一份文件说是前天就送来了，怎么到现在还没到我手里，田芸说给你了？"余安妮这才猛然想起，"那份文件？等会，我找找……"当她终于从一堆文件中把那份文件找出来时，陈雅儿已经满脸愠色："你就这样接收文件吗？公司的收文处理程序你没有看明白吗？"

"看明白了，不过我觉得这个跟我没有什么关系。"余安妮小声地说。

陈雅儿严厉地说："这样，从今天起，行政部的收文工作就交给你，所有的文件都由你签收、登记，再发到各部门或领导的手上。你有什么问题吗？"

"啊！我？……好吧。"余安妮想到这些程序、流程、规则、要求就有点头大，这跟她不喜欢受约束的个性大相径庭，陈雅儿居然把这个事情交给她，她只能硬着头皮来熟悉收文处理程序了。

余安妮重新把公司的收文处理程序看过几遍，才发现这么复杂，这时余安妮又想起班主任老师的一句话"规则这个事就是这样，虽然人人都很烦它，但没有它还真不行。"

二、必备知识

（一）收文处理程序

收文处理程序一般包括签收登记、审核、拟办、批办、承办、催办、签注等程序。以下就收文处理程序的主要环节进行介绍。

1. 签收登记

文件的签收登记是管理文件的一种必要措施，是文书处理工作的一项重要制度，执行要严格，手续要清楚。具体是由收发人员在对方要求的发文登记本上签字；在收到的文件左上方空白处盖收文章，并填写收文时间和顺序号等；在收文登记簿上进行登记，登记的项目有顺序号、收文日期、来文机关、来文文号、机密等级、标题、签收人、备注等，登记顺序一般按年、月、日流水登记。

2. 审核

收到下级机关上报的需要办理的公文，秘书部门应当进行审核，审核的重点是：是否应当由本机关办理；是否符合行文规则；是否符合国家法律、规范等。

3. 拟办

秘书部门在收到登记后的文件时，按文件内容和办理要求，提出建议、提示，应送给谁或哪一个部门办理等意见，以供参考。

4. 批办

批办就是由本单位的领导者对文件应由谁或哪一个部门办理及如何处理等写出批示意见。

5. 承办

承办，是指具体科室或人员按领导者批示的意见和文件本身的要求进行具体办理的过程。

6. 催办

催办，是指秘书部门对文件的承办进行检查和督促。

7. 签注

签注，就是由承办人在文件处理单上注明该文件的办理情况或结果。

（二）收文处理的注意事项

收文处理虽然不是一件很复杂的工作，但如果秘书人员不细心办理，不按规章制度进行，也容易出现问题，甚至会影响企业日常工作的正常进行。收文处理需要注意的事项如下。

1. 及时

收文处理整个过程都应该强调及时，及时登记，及时传阅，及时交办，不拖拉、不积压，文件传阅后要及时回收。

2. 准确

第一，收文登记要准确，来文单位、文件标题、来文时间都应该准确无误。

第二，拆封时要进行核对，看看有没有错送或漏送的情况。

第三，要准确地分清文种，因为不同的文种在重要程度和处理时效上会有一些区别。

第四，要分清是属阅文还是属办文，如果是阅文，只是让领导者过目，需组织传阅；如果是属办文，需要具体的部门办理，则需要准确送达，并进行催办。

3. 照章

收文处理应照章处理，注意文件的归口和阅览范围，严禁随意扩散文件中的内容；要注意处理的程序，一般先由办公室领导提出拟办意见，然后根据意见进行处理；组织传阅时除了要注意阅文的先后顺序以外，还要强调文件到阅文人的手中后不能自行横传。

4. 填单

单位收文之后，秘书人员应填写好文件呈批传阅单或称收文处理单（参见表 3-1）附在文件上，然后按其中的栏目找到相关责任人完成拟办、分发、传阅、批示、办理、注办等环节。

表 3-1　文件呈批传阅单

<table>
<tr><td colspan="2">来文单位</td><td colspan="3"></td><td colspan="2">文件标题</td><td colspan="3"></td></tr>
<tr><td>件数</td><td></td><td>份数</td><td colspan="2"></td><td>文件
字号</td><td></td><td colspan="2">分发阅办
处理意见</td><td></td></tr>
<tr><td colspan="2">办公室领导
拟办处理意见</td><td colspan="8"></td></tr>
<tr><td>领
导
批
示</td><td colspan="9"></td></tr>
<tr><td rowspan="2">传阅
签名</td><td colspan="3"></td><td colspan="2"></td><td colspan="2"></td><td colspan="2"></td></tr>
<tr><td colspan="3"></td><td colspan="2"></td><td colspan="2"></td><td colspan="2"></td></tr>
<tr><td colspan="2">处理结果</td><td colspan="8"></td></tr>
</table>

三、实训任务

经过几周的实践，余安妮对阳光公司的收文处理程序已经非常熟悉了，除了一些拿不准的文件需要找陈雅儿请教一下该往哪个部门或哪位领导那里送以外，其他的文件她都处理得很妥当。陈雅儿虽然对她的要求比较严格，但其实内心还是很喜欢这个灵活并有责任心的下属。

这天，陈雅儿把余安妮叫到办公室："公司行政总监李洛寒发现公司的收文处理工作还存在一些问题，比如有些文件收了没有登记，最后找不到；有些文件被员工收了居然带回家；还有些文件送错了部门，耽误了工作，所以他要求我们行政部拿出一个'公司收文处理办法'，你收集一些资料和公司出现的问题，拿出一个初稿来。"

（一）实训任务一：收集资料

（1）在网络上收集收文处理程序的相关资料，并进行整理。
（2）调查一些企业的收文处理现状，了解有没有收文处理的制度或要求。

（二）实训任务二：讨论

根据所收集的资料，总结收文处理环节中容易出现的问题，并讨论解决办法。

（三）实训任务三：撰写

在总结上述资料的前提下，参考一些公司的收文处理制度，完成自己小组的收文处理制度。

（四）实训任务四：汇报

组长将以上的准备工作进行汇总，向老师汇报，并在班上相互交流。

（五）实训任务五：归档

将上述材料整理好以后，集中交给一名组员进行归档保存。归档的材料要按照档案管理的规范要求进行整理。如果有条件的话可以建立电子文件归档系统。

四、实训评价

评分标准 / 项目达标要求	实训情况	问题总结	解决方法	自我评定	教师评定
收集的资料是否齐全					
能否找到比较典型的现实问题					
制度是否能解决收文中出现的问题					
制度的语言是否规范，格式是否完整					
小组介绍清楚，内容完整					

任务二　发文处理程序

一、案例导入

“余安妮，赶快把这份文件打印 20 份，然后盖上公司的公章，我们部门下周有个产品推广会，这是通知各有关单位的，印好后再按这些地址帮我们发出去。”市场开拓部经理高辉拿着一份文件来到行政部。

余安妮看见文件上什么处理标记都没有，就问：“这份文件领导审批过了吗？”

“哎呀，时间紧，有些程序事后再补吧。”高辉着急地回答。

“这恐怕不行，盖章、发文都得填表、审批。”余安妮说。

“怎么回事呀，找你办点事怎么这么麻烦。”高辉显然有些不高兴。

余安妮小心翼翼地说：“高经理，您别生气，公司是有规定的，没办法。您先填一下这张《发文处理单》，我再拿给陈经理看看，由她找李洛寒总监签字，您看行吗？”

“等你把程序走完，我的会还开得成吗？”高辉提高了声音。

陈雅儿闻声走了出来，她接过高辉手上的文件看了看：“您这事还真有些急，但是公司的规定也不能违背，这样，余安妮你把这份文件按加急件办理。”说着她在文件上面写了几个字后交给余安妮，回头对高辉说：“放心吧，不会耽误你的事的。”

二、必备知识

（一）发文处理程序

发文处理程序一般包括拟稿、核稿、签发、复核、缮印和校对、用印、登记、分发、归档等环节。

1. 拟稿

拟稿，是指撰拟公文文稿，是根据领导者的交拟意见或批办意见起草文件的工作。

2. 核稿

核稿，是指办公部门或负责拟稿的业务部门的领导者对撰稿进行审查。

3. 签发

签发，是指单位主管领导对审核过的公文文稿进行最后审定并签署印发。签发时，领导者要写明意见并签名，同时还要写上日期。

4. 复核

复核，是指公文在正式印制前，秘书部门对其进行复查审核，主要包括审核处理程序、附件材料、文件格式等方面。

5. 缮印和校对

按规定手续经过签发的文件即可缮印，秘书人员并对印好的文稿进行校对，避免出现差错。

6. 用印

用印，是指在需要加盖印章的文件上盖上单位的公章或领导者的印章。

7. 登记

登记，是指在文件用印封发之前，对文件的主要内容进行登记检查的环节。

8. 分发

分发，是指将文件按收文对象的不同分派给不同的单位或部门。

9. 归档

归档，是指将处理完毕的文件作为档案保存起来，以备今后工作的查考。

（二）发文处理的注意事项

1. 拟稿

拟稿是发文处理的第一道程序，是关系文件质量的基础工作，秘书人员必须十分认真细致。所拟文稿应该内容完整、条理清楚、格式正确，相关的附件齐全，版式不能有任何偏差。

2. 核稿

核稿一般由办公室分管文字的负责人在草稿未送主管领导审批之前，依据公文的基本要求，对草稿的体式、内容等进行全面的审核。核稿不仅要对文件的内容把关，还要对文件的格式、版式等各方面进行把关。

3. 签发

签发是单位领导对文稿的最后审批，文件草稿经领导者签发后，即成为最后的定稿，文件据此生效。文件签发单（参见表 3-2）上因有领导者的签发意见，所以也应同文件正本一起归档保存。

表 3-2 ________公司文件签发单

<table>
<tr><td colspan="4">文号：发〔　　〕号</td></tr>
<tr><td colspan="2">签发：</td><td colspan="2">核稿：</td></tr>
<tr><td>负责部门</td><td>负责人</td><td>拟稿人</td><td>拟稿日期</td></tr>
<tr><td></td><td></td><td></td><td>年　月　日</td></tr>
<tr><td colspan="4">标题：</td></tr>
<tr><td colspan="4">附件：</td></tr>
<tr><td colspan="4">主题词：</td></tr>
<tr><td colspan="4">主送：</td></tr>
<tr><td colspan="4">抄送：</td></tr>
<tr><td>打字</td><td></td><td>校对</td><td></td></tr>
<tr><td>日期</td><td>年　月　日</td><td>印数</td><td>份</td></tr>
</table>

4. 编号

文稿经单位领导签发后，要进行编号登记，以防止发文混乱。编号应按照公文格式新规定的方法来编排，一般包括发文代字、发文年号和该年度发文序号三个部分组成，如××字〔××××〕第×号。

5. 缮印

缮印即对经单位领导签发后的文稿进行印制，在缮印的过程中，必须做到：

(1) 必须以经单位领导签发后的定稿为依据，忠于原稿，不得随意改动，确需改动的要报经签发人批准；

(2) 注意排版艺术，版面的安排要美观大方，令人赏心悦目；

(3) 注意保密，文印人员不得让别人随便翻阅文稿，对印制的底板、清样、废页也要管理好，以防止泄密。

6. 校对

校对是文件制发过程中的一个重要环节，也是秘书人员的一项重要工作职责，这项工作完成的好坏直接关系文件处理的速度和准确性。秘书人员要认真校对，以保证不出错漏；要坚持三校制度：一校由起草者进行；二校由核稿人员进行；三校最好由部门负责人进行。在校对时，秘书人员要以文件定稿为基准，进行认真仔细的校对，连标点符号也要认真校对，以把住文件制发的最后一关。

7. 用印

用印是在制成的公文上加盖单位印章，这是公文生效取信的凭证。秘书人员在用印时要做到端正、清晰、位置恰当，即所谓“上不压正文，下要骑年盖月”。

8. 分发

在发放文件时，秘书人员必须建立发文登记簿，严格履行收文人签字手续，以保证文件发放不出差错。

9. 归档

归档是发文处理工作的最后一道程序，即秘书人员将制成的文件连同文稿一起，按正文在上、定稿在下的顺序收集起来，年终按文书档案管理的要求整理归档。本单位的发文最好要将文件的正本、定稿以及文件签发一同归档保存。

三、实训任务

商务旅游是近年来发展最快的旅游项目之一，给我国旅游业的发展带来了新的契机。但是，目前中国的商务旅游发展意识淡薄。阳光公司在对我国商务旅游进行分析的基础上，提出我国商务旅游发展的战略选择，关键在于准确定位，培养具有创新能力的商务旅游人才。为此，阳光公司郑总等一行七人准备到上海考察商务旅游的资源、项目以及合作渠道。

上海弘大旅游公司经营商务旅游业务多年，主要针对经常往来于世界各地洽谈业务、举办展览会等活动的客户，承办他们的订房、订票甚至预订展位等服务，对商务旅游有一定的从业经验。弘大旅游公司的赵伟总经理认为商务旅游是以经商为目的，把商业经营与旅行、观光结合起来的一种旅游形式，其过程是商务旅游者花钱购买旅游、服务和商品的综合消费过程。中国的商务旅游市场分为由从事商业活动的消费者所形成的一般商务旅游市场、由政府公务人员商务旅游形成的政务旅游市场、科研人员和高校教师的形成学术旅游市场及其他商务旅游市场等。

现在，这两家公司经过前期沟通，愿意进一步分析我国的商务旅游市场，找出其优势和劣势，发现其外部机遇和挑战，共同开发我国的商务旅游市场，把握机遇，迎接挑战。

（一）实训任务一：模拟发文程序

（1）将全班同学分成若干个小组，组数以双数为宜，两组为一对。

（2）其中一组成员分别扮演阳光公司的总裁、行政总监、行政部经理、秘书人员等角色，另一组成员扮演弘大旅游公司的总裁、行政总监、行政部经理、秘书人员等角色。

（3）先完成发文阶段程序，每组的秘书人员负责起草文件，文员负责打印校对，再由办公室主任进行审核，行政总监进行复核，总裁进行签发。

（4）将定稿打印成正本，要求文件各部分齐全，格式规范，表达准确，编辑打印工整。

（二）实训任务二：模拟收文程序

（1）互为对方公司的小组相互交换文件，进入收文处理阶段。由小组成员根据自己的角色分别进行签收、登记，并提出拟办意见，再交总裁批办。

（2）最后将本组的定稿和正本，以及其他组的来文归档保存。

四、实训评价

实训评价

评分标准 项目达标要求	实训情况	问题总结	解决方法	自我评定	教师评定
文件签发单项目齐全,格式安排得当					
人员分工合理,每个人都清楚自己的角色和工作任务					
组织发文处理程序高效、有序					
文件内容合理,结构完整					
文件签发单项目齐全,每个人都根据自己的角色填好相应的内容					
归档文件齐全完整,整理有序					

文书处理流程如图 3-1 所示。

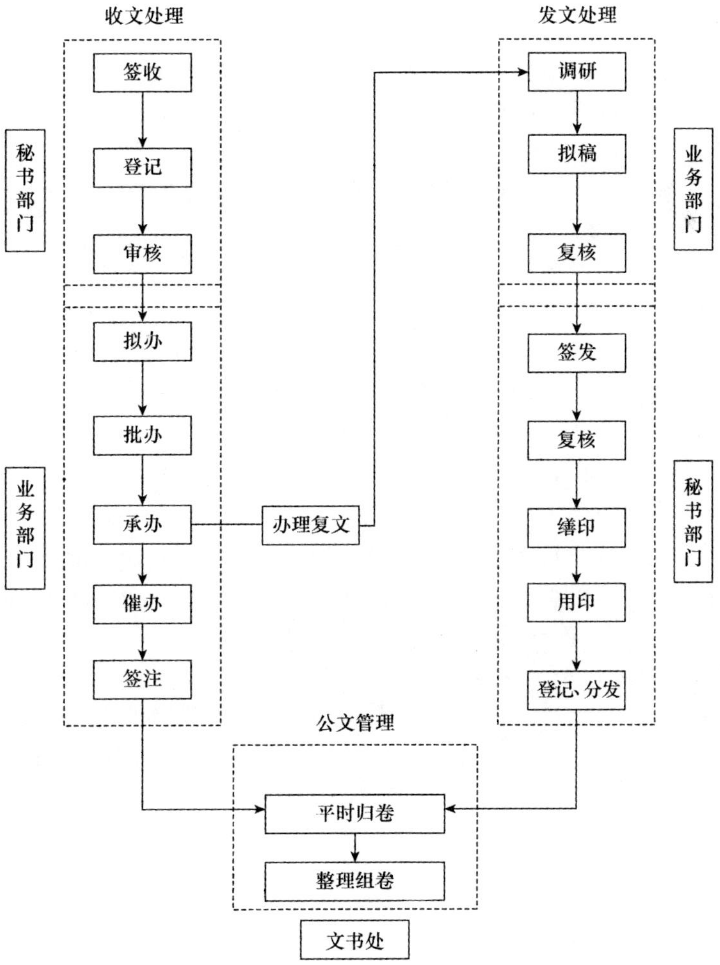

图 3-1 文书处理流程

任务三　文件归档

一、案例导入

为了准备本周的营销工作会议，行政总监李洛寒要求行政部准备好近几年来阳光公司销售情况的统计资料，以及去年公司的整体营销方案。当陈雅儿把这个任务交给余安妮时，她的第一反应就是"我哪里会有这些资料"。

陈雅儿："我知道你没有，但你想想公司哪里会有呢？"

余安妮："不会都在我们行政部吧？"

陈雅儿："如果这些资料都在行政部，那我这个经理就真成档案管理员了。这些资料处理完以后，其中重要的都会经过归档程序，集中保存在公司的档案室。"

余安妮："对了，应该都在档案室里。"

陈雅儿："你今天下午就去查查这些资料。"

公司的档案室虽说是归口公司行政部，但平时没有专人负责管理，每年都是由何雨竹安排陈雅儿组织一些文员进行归档和整理工作，并不十分规范。

为了查找这些资料，余安妮在充满防虫药味道的档案室关了一个下午，直到下班才算找全。回到办公室她一边整理这些资料，一边努力回忆自己在大学里学的"档案工作实务"课程，发现和现实差太多了。

把资料交给陈雅儿的时候，余安妮随口说了一句："公司的档案真得好乱啊。"

"是呀。"陈雅儿一边看着资料，一边无奈地说："这几年一直没有专人负责，我又太忙，不可能管得那么具体。因为找文件的效率太低，李洛寒总监已经批评过几次了，没办法。"

余安妮试探着说："我记得原来上学时'档案工作实务'课程说过，把归档工作做好了，就会省很多事情。"

"哦？"陈雅儿放下资料，看着她："有什么想法你直接说吧。"

余安妮继续说："您看，这些档案文件都是各部门交上来的，如果都集中到行政部来整理，那我们的工作量太大，而且效率也不高，能不能由公司制定个归档制度，让各部门的秘书人员各自在规定的时间里整理好本年的文件，然后再交上来，我们集中编号就行了。"

陈雅儿说："你这个主意不错。这样，你先列几条出来，把一些细节再考虑一下，我改一改后交老总审批，就按这个办法来试行一下。"

这几句话让余安妮觉得很开心，没想到自己的专业知识还真用上了，她又想起班主任老师的话："别小看自己的专业，老板请你，就是希望你用自己的专业知识帮他解决问题。"

二、必备知识

（一）归档的含义与意义

1. 归档的含义

归档就是各机关、团体、企业单位的文书处理部门在文件办理完毕后，按照有关规定，对其中有查考保存价值的文件，按照它们在形成过程中的自然规律和特点，进行分类、排列、编目使之有序化，并向档案室或档案人员移交的过程。

2. 归档的意义

归档是文件向档案转化的标志，是文书处理的终点、档案管理的起点。

（二）归档范围

根据国家档案局颁发的《机关文件材料归档范围和文书档案保管期限规定》及国家档案局、国务院国有资产监督管理委员会印发的《国有企业文件材料归档办法》的规定，凡属归档范围的文件材料，必须按有关规定向本单位负责档案工作的部门移交，实行集中统一管理，任何个人不得据为己有或拒绝归档。下面分别介绍机关文书材料与企业文书材料的归档范围。

1. 机关文件材料的归档范围与不归档的范围

(1) 机关文件材料的归档范围。

一般来说，本机关形成的文件材料是归档的主体和核心。本机关制发的文件(即发文)，也是归档的收集重点。依据国家档案局颁发的《机关文件材料归档范围和文书档案保管期限规定》，机关文件材料的归档范围如下：

① 反映本机关主要职能活动和基本历史面貌的，对本机关工作、国家建设和历史研究具有利用价值的文件材料；

② 机关工作活动中形成的在维护国家、集体和公民权益等方面具有凭证价值的文件材料；

③ 本机关需要贯彻执行的上级机关、同级机关的文件材料，下级机关报送的重要文件材料；

④ 其他对本机关工作具有查考价值的文件材料。

以上归档范围的文件材料，主要有以下四个方面的来源和内容。

① 本机关形成的文件材料，包括：本级召开的党的代表大会，人民代表大会，政治协商会议，工会、共青团、妇联代表大会的文件材料；本级党委、人大、政协、纪检会、共青团、工会、妇联的常委会、执委会、主席团、全体委员会会议、政府常务会、办公会议的文件材料；本机关党组(党委、党支部)会议和行政办公会议的纪要、记录；本机关召开工作会议、专题会议的文件材料；本机关联合主办、协办召开会议的文件材料；本机关承办国际性会议、大型展览会、博览会的文件材料；本机关制发的各种业务文件、请示、批复、工作计划、总结等文件材料；本机关编写的大事记、组织沿革、简报、情况反映、规章制度；本机关机构编制、干部人事、党、团、纪检、工会、保卫、信访工作形成的文件材料；本机关事务管理工作形成的文件材料等。

② 上级机关制发的文件材料，包括：上级机关制发的属于本机关主管业务的文件材料；上级机关制发的属于非本机关主管业务但要贯彻执行的文件材料；上级机关制发的关于本机关机构设置、领导人任免、人员编制等文件材料。

③ 同级机关制发的非本机关主管业务但要贯彻执行的文件材料。

④ 下级机关报送的报告、计划、总结、统计材料。

(2) 机关文件材料不归档的范围。

依据国家档案局《机关文件材料归档范围和文书档案保管期限规定》,机关文件材料不归档的范围如下：

① 上级机关的文件材料中,普发性不需本机关办理的文件材料,任免、奖惩非本机关工作人员的文件材料,供工作参考的抄件等;

② 本机关文件材料中的重份文件,无查考利用价值的事务性、临时性文件,一般性文件的历次修改稿、各次校对稿,无特殊保存价值的信封,不需办理的一般性人民来信、电话记录,机关内部互相抄送的文件材料,本机关负责人兼任外单位职务形成的与本机关无关的文件材料,有关工作参考的文件材料;

③ 同级机关的文件材料中,不需贯彻执行的文件材料,不需办理的抄送文件材料;

④ 下级机关的文件材料中,供参阅的简报、情况反映,抄报或越级抄报的文件材料。

2. 企业文件材料的归档范围

企业文件材料的归档范围包括企业在筹备、成立、经营、管理及产权变动过程中形成的具有保存价值的文件材料。其中,属于文书档案归档范围的是党群工作、行政管理工作、经营管理工作和生产技术管理等四个方面管理性的文件材料。

(1) 党群工作形成的文件材料。

这类材料包括：党务综合性工作、党员代表大会或党组织其他有关会议;党组织建设、党员和党员干部管理、党纪监察工作、重要政治活动或事件;宣传及思想政治工作、企业文化和精神文明建设、统战工作;职工代表大会、工会工作、共青团工作、女工工作;专业学会、协会工作,群众团体活动等。

(2) 行政管理工作形成的文件材料。

这类材料包括：企业筹备期的可行性研究、申请、批准,企业章程;企业领导班子(包括董事会、股东会、监事会和经理层)构成及变更、企业内部机构及变更;企业领导班子的活动;综合性行政事务,企业事务公开,文秘、机要、保密、信访工作,印鉴的管理;法律事务,纪检监察,公证工作;审计工作;职工人事管理,劳动合同管理,劳动工资和社会保险,职务任免,职称评聘;职工教育与培训工作;医疗卫生工作;后勤福利,住房管理;公安保卫,综合治理,防范自然灾害;外事工作等。

(3) 经营管理工作形成的文件材料。

这类材料包括：企业改革,经营战略决策;计划管理,责任制管理,各种统计报表,企业综合性统计分析;资产管理,房地产管理,资本运作,对外投资,股权管理,多种经营管理,产权变动、清产核资;属企业所有的知识产权和商业秘密及其管理;企业信用管理,形象宣传;商务合同正本及与合同有关的补充材料,有关的资信调查等;财务管理,资金管理,成本价格管理,会计管理;物资采购、保存、供应和流通;经营业务管理,服务质量管理;境外项目管理;招投标项目管理等。

(4) 生产技术管理工作形成的文件材料。

这类材料包括：生产准备、生产组织、调度工作;质量管理、质量检测和质量控制工作;能源管理;企业管理现代化和信息化建设,科技管理;生产安全,消防工作,交通管理;环境保护、检测与控制；计量工作；标准化工作；档案、图书、情报工作等。

（三）归档方法

1. 严格登记

归档可以采用计算机登记或收（发）文登记簿登记。登记的内容包括来文的文件题名、责任者、密级、收文编号、收文时间等。

2. 平时归类

秘书人员在公文办理完毕后，要及时把文件归入有关类目，就是文件的平时归类工作。做好平时归类工作，有利于文件收集的齐全完整；有利于提高档案的整理质量；有利于公文的查找利用和安全保密；有利于提高文书管理水平和行政工作效率。

秘书人员在归类时要编制好平时归类的类目。平时归类的类目是在年初公文还没有形成以前，根据本单位工作活动和文件形成的规律，对一年内可能产生的文件按照归档要求和方法预拟的分类方案。常用的分类方法有两种：一是按问题分类，即按文件内容所反映的问题分类；二是按组织机构分类，即按单位内的组织机构分类，有几个机构就设几个类，机构的名称就是类的名称。

确定了文书的归类类目之后，秘书人员在公文办理完毕后，要及时把文件归入有关类目。

3. 及时检查

对于已经归类的文件，秘书人员还要注意及时进行检查，防止有漏分或错分的情况，特别要注意将不同保存期限的文件分别进行归类，避免给以后的工作带来麻烦。

4. 注意“账外”文件的收集

所谓“账”，是指收（发）文登记簿。“账外”文件，就是未经收（发）文登记的文件，主要包括：外出开会或参加活动带回来的文件，重点收集对象是单位领导；直接送到承办部门的文件，重点收集对象是业务科室；内部文件，如规章制度、会议记录、图表、名册、书刊、会议材料等，重点收集对象是单位的综合部门。

（四）归档时间

对于一般的公文通常是按年度接收归档，即在第二年的上半年，将上一年形成的文件经整理后，办理交接归档手续。另外，根据单位的具体情况也可以随办随档，即将办理完的文件即时归档，但由此可能造成期限不准确、无法人为排序、同一事由文件过于分散、件号随机等问题。

针对以上情况，秘书人员可以分两步进行：平时录入、整理，但暂不定件号；次年集中统一编制件号。

（五）归档要求

概括地说，文书档案的归档要求是齐全完整、系统科学、优质精练、及时迅速、手续完备。

(1) 归档的文件种类、份数以及每份文件的份数均应齐全完整。有文件发文稿纸、文件处理单的,应与文件正本、定稿一并归档。已破损的文件应予修整,字迹模糊或易褪色的文件应予复制。

(2) 遵循文件形成的规律,保持文件之间的有机联系,区分不同价值,便于保管和利用。

(3) 归档文件应为原件,联合召开会议、联合行文所形成的文件材料原件应由主办方归档,其他单位则以复制件或副本归档。

(4) 归档文件使用的书写材料、纸张、装订材料等应符合档案保护的要求。例如:字迹材料要符合耐久性的要求;文件尺寸大于 A4 规格的,要按 A4 规格进行折叠或裁剪,小于 A4 规格的要进行托裱;会生锈的金属物,归档时都必须去掉,用线或对纸张无损害的材料装订。

(5) 认真履行归档手续。文书处理部门或业务部门向档案部门移交档案时,交接双方应根据案卷目录详细清点,经过认真核对后,若确认无误,双方即可履行签字手续,并将案卷目录中的一份由档案部门签字后,交还移交单位妥善保存。在必要时,移交单位必须编写归档文件简要说明,交接双方还应填写交接清单或移交清单。

温馨提示

影响档案文件寿命的自然因素

1. 温度。在特定的温度下其他有害因素会加速反应,霉菌、害虫会加速繁殖。
2. 湿度。湿度为霉菌、害虫提供了必要的生长条件,破坏纸张的纤维结构。
3. 有害气体。主要是污染空气的酸碱气体会直接腐蚀档案载体。
4. 有害光线。阳光中的紫外光会破坏纸张和其他载体的结构,加速老化过程。
5. 霉菌。霉菌能腐蚀档案载体,产生色素,污染纸张。
6. 害虫。害虫会咬坏档案,使损失无法挽回。
7. 老鼠。老鼠会咬坏档案及装具,传播有害物质。
8. 火灾。火灾会给档案文件带来毁灭性损失,且无法估量。
9. 灰尘。灰尘会夹带有害物质,同时加速档案文件的机械磨损。
10. 磁场。磁场对现代的磁记录档案影响较大,会直接磁化载体,使信息消失。

三、实训任务

为了完成阳光公司的文件归档制度,余安妮在公司的档案室待了好几天,把公司过去几年的文件一一进行归类、总结,又依据国家档案局的一些规范性文件,终于起草好了一份《阳光公司文件归档制度》,但她的心里并没有底,于是上网联系上以前的班主任老师,并向他请教。班主任老师首先肯定了余安妮能够学以致用,同时也告诉她,对于公司来说,一份简单的文件归档制度操作起来不是很方便,如果能把"公司文件归档范围、公司文件保管期限表和公司文件分类大纲"合在一起,拿出一份"三合一制度",各部门操作起来就可以对照进行,这样会非常方便。然后班主任老师又详细给她讲了讲“三合一制度”的一些注意事项，并提供了几份其他公司的范例。余安妮大喜，依照这些例子很快就完成了《阳光公司文件归档三合一制度》，文件草稿送到李洛寒那里后，李洛寒看到这份包含公司文件归档范围、文件保管期限表和文件分类大纲的文件草稿非常满意，很快就提交公司办公会进行讨论。大家又提出了一些修改意见，随后就以公司的名义拿出一份试行稿发给各个部门，征求各部门的意见。

虽然文件上没有提余安妮一个字，但她的心里还是高兴的，毕竟自己的成果得到了领导的肯定。她专门打电话给班主任老师致谢，班主任老师听了也很开心。

为了检验《阳光公司文件归档三合一制度（试行稿）》的有效性，阳光公司决定首先从行政部开始试行，工作还是由余安妮牵头，带领其他几位员工对去年的文件进行归档。接到这个任务后余安妮就一直在思索，怎样才能让大家尽快熟悉文件并完成文件的归档呢？如果把理论和规定再讲一遍，大家可能还是不会做，于是她准备把30多份公司历年的不同文件让大家来个现场判断。

（一）实训任务一：归档

（1）教师事先准备好30多份文件，这些文件既包括需要归档的重要文件，又包括重份文件、外单位文件、临时性文件和事务性文件。

（2）在实训课上，让每位同学在一定的时间内判断这些文件是否应该归档，并将归档文件和不归档文件分开。

（二）实训任务二：点评

（1）如果班级人数较多，也可以两位同学一起进行训练，并先进行自评。

（2）教师根据分类的情况进行评分，并作出点评。

四、实训评价

评分标准 项目达标要求	实训情况	问题总结	解决方法	自我评定	教师评定
熟悉机关归档文件和不归档文件的范围					
能按照归档文件和不归档文件的标准对文件进行区别，不同文件的界限清楚					
能够明确哪些属于与本单位的主要职能活动有关的文件					
能够明确哪些属于能反映本单位基本历史面貌的文件					
能够剔出重份文件和简单的事务性文件					

任务四　归档文件的整理

一、案例导入

行政部文件归档制度试行工作的效果相当不错，正好又到一年的归档季，阳光公司正式颁布了《阳光公司文件归档三合一制度》，要求各部门今后的文件归档工作必须按制度进行。

这天，李洛寒把陈雅儿和余安妮一起叫到他的办公室："今天叫你们来主要是商量一下公司档案工作的规范化。上次你们拿出来的'三合一制度'反应不错，但是大多数办公室文员都没有这个意识，也缺少这方面的训练。我想由行政部牵头举办一次'公司归档工作培训'，让余安妮给大家讲一讲。"

"我吗？"余安妮心想自己虽然制作了《阳光公司文件归档三合一制度》，从中也学到了很多东西，但要给全公司的秘书进行培训她还是没有把握。

"陈雅儿，你帮助余安妮把这个培训做好。"李洛寒的指示很清楚。

走出李洛寒的办公室，陈雅儿见余安妮面露难色，就鼓励她说："没事的，公司内部培训都是自己人，好好准备一下，把制度上的一些条款变成实际就好，再说一次培训也不可能解决所有的问题，只是让大家慢慢建立起归档的意识，以后工作就好开展了。"

"好的。"余安妮很感谢领导给自己这样的锻炼机会，决定好好准备一下。

根据阳光公司的实际情况，除了准备归档制度相关内容以外，余安妮还准备重点讲一讲单件文件归档的整理方法。

二、必备知识

（一）单件归档的指导思想和基本方法

目前，归档文件的整理方法有两种：立卷和单件归档。立卷的整理方法形成并适用于手工管理时代，是传统的归档文件整理方法，"案卷"既是基本管理单位，又是档案管理理论的重要基础，但在计算机管理环境下没有案卷也能查找到文件。

本着"简化整理，深化检索，提高效率，方便利用"的指导思想，2000 年国家档案局颁发了《归档文件整理规则》，提出以自然件为归档单位，逐件整理归档的归档方法。

为了方便检索和有效提供利用，单件归档方法的前提是使用电子计算机和国家档案局推荐的优秀档案管理软件。这种方法的适用范围，目前原则上用于文书档案，其他门类的档案仍按原方法整理。文书档案中原已立卷的也不需要按新方法重新整理。

单件归档的基本方法是：顺其自然，单件归档。即顺应文件形成时的本来状况，以自然件为归档单位，逐件整理归档。

（二）单件归档方法的利与弊

立卷的整理方法，形成并适用于手工管理，其实质是对文件材料实行案卷级管理。与其相比，单件归档的整理方法形成并适用于计算机管理，实质上是从案卷级管理深入到了文件级管理，在实现文件条目计算机管理（必须可以提供多种途径、多种方式、全方位的检索）的基础上，还可以更进一步，实现全文管理，从而为文档一体化管理提供了有利条件。

单件归档方法的优势主要体现在：适应办公自动化、文档一体化趋势；化整为零，可以减少文件积压；减少了工作量，如免去了组卷、打页号、拟案卷标题、写卷皮、编案卷目录、编目录号等环节，提高了效率；便于利用和保密；便于档案馆提高进馆质量，减少重复件。

单件归档方法也有其不利的一面，主要是对计算机的依赖性很大，必须注意数据安全，文件易散失。

（三）单件归档的整理方法

1. 收集

收集的要求仍然是齐全完整，收集的范围仍然是收文、发文和内部文件。

2. 区分年度

单件归档原则上按形成年度归档，所以要注意区分年度。一系列内容有联系的文件，应尽可能待文件处理完毕后，将相关文件集中在同一年度归档。时间跨度特别长的文件，可以分别在形成的当年即行归档。

3. 分类

单件归档的分类一般采用“年度—机构—保管期限”和“年度—保管期限”两种分类形式。其中，机构的含义是指本单位内设机构，并非文件发文单位。

以上两种分类形式在应用中要根据工作实际正确选用。如地级市以下的一般立档单位都不适宜按机构分类。因此，除了特殊情况以外，各立档单位可以实行“年度—保管期限”的分类形式。

由于以“件”为单位确定期限，所以允许同一事由或同一问题的文件分散在不同期限。

4. 文件排序

秘书人员先将归档文件材料按 3 个保管期限分开，不同的期限再分别排序。同一期限内，原则上按时间先后排序即可。

为了便于归档文件的集中调阅及特殊情况下的手工检索，一般要将同一个保管期限的文件材料，按照“机构—时间”先后排列，要尽可能将关系密切的（如同一次活动、同一项工作、同一个会议形成的）文件材料排列在一起，并尽可能按照职能、问题、关系、责任者、文号等特征有规律地进行排列；同一文件的不同稿本，正本在前，定稿在后；不同文字的文本，原文本在前，译文本在后。要使文件实体的排列尽可能有规律，以防备特殊情况下的不时之需。

5. 以“件”装订

归档文件应按件装订。所谓“件”，一般是以每份文件为一件，文件正本与定稿为一件，正文与附件为一件，原件与复制件为一件，报表、名册、图册等一册(本)为一件，转发文与被转发文为一件。有价值的文件处理单应予保留，并与被处理文件作为一件。请示与批复要分别为一件，不能视为一件。在装订时，正本在前，定稿在后；正文在前，附件在后；原件在前，复制件在后；转发文在前，被转发文在后；原文在前，译文在后。

归档文件应去除可能生锈的金属物，重新装订。永久、30 年档案可以用无酸纸纸袋套装或不锈钢书钉装订，也可以用棉线装订。短期的文件可以不起钉，按原装订归档。

大于 A4 幅面的文件材料要折叠为 A4 幅面，小于 16 开的材料(如介绍信等)要托裱，但原已装订成册的除外。托裱要使用宣纸或白纸，不能用废纸；要托裱为平面单页，不能重叠。

6. 页数与页码

归档文件的“页数”，是指归档文件的有效页面数，被转发文件、文件的附件、予以保留的文件处理单、文件定稿等，不论其页面大小，不论原有的页码如何编制，均应一并计算总的有效页面数，并准确填入《归档文件目录》。

文件全文中原有页码不连续、不完整或不符合页数计算规范的，应重新编制连续、完整、规范的页码。

7. 编档号

归档文件要逐件在首页右上方或上方的空白处加盖档号章，并填写有关栏目的内容。档号章不可以盖在文件处理单或白纸上。档号章的项目及填写内容如下。

(1) 全宗号，即档案馆给立档单位编制的代号。立档单位如果没有全宗号可以暂时不填。

(2) 类别号，即一个立档单位不同门类档案的代号，如文书档案为“A”。此项为必填项。

(3) 期限，即保管期限，标注该份归档文件的保管期限。如永久(可以简写为“永”)、30 年、10 年。此项为必填项。

(4) 年度，即指归档年度，并非归档文件成文年度，以 4 位阿拉伯数字标注公元纪年。此项为必填项。

(5) 机构，即填写归档文件形成或主办部门的简称或代号，不分机构编档号的立档单位此栏不填。

(6) 件号，即以年度为界，每年必须从 1 编起，不能跨年度连续编号，各期限分别编流水号。

归档文件的档号编制方法有不分机构的大流水号和分机构的小流水号两种“件号”编制方法：一是以年度为界线，由全宗单位档案室集中整理归档的，一个保管期限编一个大流水号；二是由全宗单位内各部门分别整理归档的，每个部门内按保管期限分别编 3 个小流水号，即：大流水号，各机构不断号；小流水号，各机构要断号。由于地级市以下一般立档单位都不适宜按机构分类，因此要相应地采用大流水号，即同一立档单位内每年分期限共编 3 条流水号。

大流水号编档号方式如下所示：

1998年	1999年
永久：1、2、3……85	永久：1、2、3……94
30年：1、2、3……60	30年：1、2、3……88
10年：1、2、3……234	10年：1、2、3……354

8.《归档文件目录》及计算机录入

《归档文件目录》包括以下基本项目。

（1）机构，即归档文件形成或主办部门，不分机构编档号的，就不能填写此项。

（2）件号，即归档文件分类排列的编号。

（3）责任者，即制发归档文件的组织或个人，亦即归档文件的署名者或发文机关。

（4）文号，即归档文件的发文字号。没有发文字号的不填写。

（5）题名，即归档文件的标题，一般应照实抄录。原文没有标题的应当加拟标题，外加“〔 〕”号；原文有标题但不能说明文件内容的，应重拟标题，重拟标题外加“〔 〕”号附于原标题之后。

（6）日期，即归档文件形成的日期。填写时可以省略“年”“月”“日”，在表示年、月数字的右下角加“·”号。

（7）页数，即每一份归档文件本身的有效页面数。

（8）备注，即用以标注归档的变化情况或参见档号。

计算机录入要按照《归档文件目录》的基本项目和录入规范，尽量做到完整准确。录入完毕，要打印出纸质的《归档文件目录》，永久、30年期限的纸质目录需一式两份，10年期限的纸质目录需一式一份。

9. 档案目录

档案目录是由归档说明、《归档文件目录》和外加硬质封面组成。

归档说明的内容包括：本年度立档单位主要工作概况，本年度内设机构及机关党、政主要领导人变化情况；本年度文书归档情况（含归档工作的组织情况、文件材料完整与否、档案数量、有何缺陷和问题等）。

不同保管期限的档案目录必须分别装订，原则上每年应形成3本目录。在实际工作中，若立档单位的归档文件较少，其目录也可以在同一期限内按顺序跨年度装订在一本目录硬夹内，即同一本目录内有多个年度、多条流水号。目录夹封面与脊背的项目要填写完整。

除了计算机数据以外，归档文件纸质目录要求打印并装订。永久、30年的纸质目录至少一式两份，其中，一份在档案移交时一并移交到档案馆或文件中心，另一份由立档单位备查；10年的纸质目录可以一式一份，如有特殊需要可以相应地增加目录份数。

除了档案目录以外，各立档单位应根据实际需要，选择编制一些其他的档案检索工具，如《文号档号对照表》、各种常用的专题目录等，以方便日常手工检索。

10. 装盒

装盒就是将归档文件按件号顺序装入档案盒，并填写档案盒盒脊、备考表等项目。

归档文件必须经过装订或装袋，不得散页装盒。同一个流水号内的归档文件按件号顺序装盒，并应尽量装满档案盒，档案总量少或最后归档文件不足一盒的，可以适当选用较薄的档案盒。但是，不同归档年度或不同期限的归档文件不得同盒。

档案盒盒脊的内容包括全宗名称、全宗号、类别号、机构、年度、起止件号，不按机构归档的机构项目不用填写。由于"盒"不是档案的基本保管和统计单位，因此档案盒不必编制盒号，盒内也不需要编制文件目录。

备考表置于盒内文件之后，项目包括盒内文件情况说明、整理人、检查人和日期。盒内文件情况说明主要填写盒内文件缺损、修改、补充、移出、销毁等情况。整理人，是指负责整理归档文件的人员的姓名。检查人，是指检查文件整理质量的人员的姓名。

11. 上架排列

整理好的档案要按不同保管期限上架排列，各期限适当留有空箱，同期限内按年度连续上架，以便于管理和移交。

三、实训任务

经过几天的准备，余安妮给各部门文员的归档工作培训正式开始了。她先给大家介绍了《阳光公司文件归档三合一制度》的内容和注意事项，然后把所有的培训人员分为 6 个小组，每组发给 2 个卷盒和 20 份文件，让大家现场进行分类和整理。

（一）实训任务一：整理

（1）每组同学发 2 个卷盒和 20 份文件，文件要求标题准确、格式规范、项目完整，内容应尽可能涉及两个不同的方面。

（2）在实训时，每组同学合作对 20 份文件进行分类，分类的标准根据文件的内容而定，但要说明理由。

（二）实训任务二：归档

（1）按照单份文件归档的要求，对归档文件进行处理，包括加盖档章号、填写件号、打印页码，最后用无酸纸纸袋套装。

（2）整理好的归档文件按类别分装在 2 个档案盒中，并填写好《归档文件目录》。

四、实训评价

评分标准 项目达标要求	实训情况	问题总结	解决方法	自我评定	教师评定
归档文件分类合理					
归档文件排序正确					
档章号、件号、页码完整、正确					
目录填写及档案盒、封面填写正确					

项目四

秘书会务管理

会议的组织与服务工作既是秘书人员日常工作的重要内容，又是秘书工作服务性的直接体现。加强会议组织和服务能力的训练是保证会议高质、高效的重要因素。

知识点

1. 了解会议三个阶段的工作重点。
2. 熟悉会议计划的作用和主要内容。
3. 掌握会议接待的主要方法。

技能点

1. 能独立完成企业内部会议的准备工作。
2. 能根据企业相关档案资料完成大型会议的策划方案。
3. 能完成会议纪要、会议简报等文件的撰写。

任务一　会前策划和准备工作

一、案例导入

帮助宁波分公司把行政方面的工作开展起来之后，何雨竹又回到了阳光公司，继续担任行政部经理。由于工作出色，陈雅儿被调到人力资源部任经理。

这一天，余安妮把一份外单位的来文送到何雨竹的办公室，正好何雨竹不在办公室，这时办公桌上的电话响了，她随手拿起电话。

“雨竹，你帮我马上起草一份会议通知。”电话那头是研发部副总经理周桐希的声音。

“不好意思，经理现在暂时不在办公室，我是余安妮，有什么可以帮您的吗?”余安妮问道。

周桐希着急地说：“后天上午公司要召开一个部门经理会议，讨论公司新的营销方案，要求各部门的正副经理参加。各部门事先要做好相关准备，以多媒体的形式介绍本部门的创意和想法。会议很重要，要尽快在公司的网络办公平台上发出去。”

“好的，我马上去办。”余安妮欣然接受了任务。

因为听到周桐希的语气比较紧急，所以余安妮把会议时间安排在后天上午8:30，地点在公司小会议室，并很快在公司的网络办公平台上发出了会议通知。

没想到不过5分钟，周桐希就怒气冲冲地走进办公室，对着余安妮大发脾气：“你这是干的什么事，安排时间、地点为什么不征求我的意见？为什么自己就把通知发了？公司小会议室能坐得下二三十人吗？你难道不知道小会议室没有投影设备？你赶紧把会议通知给撤了!”余安妮一下子蒙了，不是周桐希让她安排会议的吗?

周桐希走后，余安妮一边伤心地抹着眼泪，一边从网络办公平台上撤掉了那份会议通知，从记录上看已经有5个人看过会议通知了。过一会何雨竹回到办公室，她已经从周桐希那里知道了情况，她把余安妮叫到办公室，此时余安妮的泪水还没有干。

何雨竹也没有批评余安妮，只是对她说：“安排一次会议可不是一件简单的事情，会前有很多的准备工作要做，要把会议的议程、程序、人员、场所以及其他一些细节认真地进行安排，更重要的是会议通知写好后一定要走发文处理程序，交给我看过后，再送领导审批，通过后才能进行具体的准备工作。”

余安妮回到办公桌前感到有点沮丧，其实自己是怕周桐希着急，想把事情快点办好，没想到还是没有处理好。

二、必备知识

会前准备是会议成功的保证，需要进行周密的计划和安排，尽可能不遗漏任何细节。会前准备工作包括制订会议计划，完成会议方案，确定会议的议程、日程和程序，进行会议任务的分工，完成会议预算等具体工作。

（一）制订会议计划

会议计划是会议的总体构思和基本程序，是会议顺利进行和取得实效的保证。会议计划的内容涉及会议的主题、内容、方式、程序、经费、成效等方面，这些内容逐一安排妥当将为会议的顺利召开奠定良好的基础。

会议计划一般由负责筹备会议的主要领导人提出基本思路和整体方案，由秘书人员具体落实并形成文字。秘书人员在制订会议计划时应该尽量考虑周密，要考虑可能出现的各种情况，并准备好相应的会议方案。

会议计划还应该包括会议准备过程的时间安排，要为会议准备工作的每一个步骤和程序设定开始和完成的时间，并限定期限，这样会议的准备工作才能按部就班有计划地进行。

会议计划确定后秘书人员也可以把会议准备工作的进程编制成甘特表。甘特表是在20世纪初由美国管理学家亨利·甘特开发的，它基本上是一种线条图，用横轴表示时间，用纵轴表示要安排的活动，线条表示在整个期间计划的和实际的活动完成情况。甘特表直观地表明任务计划在什么时候进行，以及实际进展与计划要求的对比，其优点是简单、明了、直观，易于编制，因此到目前为止仍然是小型项目中常用的工具。即使在大型的工程项目中，甘特表也是高级管理层了解全局、基层安排进度时有用的工具，可以让人一目了然。甘特表实例参见表4-1。

表4-1　会议筹备工作进度甘特表

时间 内容	第13周		第14周		第15周		第16周		第17周		第18周	
	周二	周四	周二	周四	周二	周四	周二	周四	周二	周四	周二	周四
制订计划												
成立会议筹备组												
联系代表												
联系会场												
会场设计												
准备文件												
材料印制												
会场布置												
迎接代表												
会议召开												
善后工作												

（二）完成会议方案

会议方案是会议计划的具体体现，其中应完整地提出会议基本构想和各项准备工作的情况，一些大中型会议的会议方案还需要上报有关领导部门审查批准。

1. 会议方案的内容

（1）会议概述。

会议概述主要介绍会议召开的缘由、任务、意义、作用和影响，重点说明会议召开的必要性和可行性。

(2) 会议主题。

会议主题是会议内容的高度概括，能够让人对会议的目的、要点一目了然，从而留下深刻印象。

(3) 会议形式。

会议形式主要介绍会议召开、议事、形成决议的方式。

(4) 会议日程安排。

会议日程安排主要介绍会议召开的时间、流程以及日程安排。

(5) 会议经费来源及预算。

会议经费来源及预算包括会议资金的筹措方式、金额，主要开支。

(6) 会议的准备工作。

会议的准备工作包括主办方、参会人员在会前应该做哪些方面的准备。

(7) 其他需要说明的事项。

2. 会议方案的格式

(1) 标题。

会议方案的标题一般直接写明“××会议方案”或“××会议策划书”。

(2) 正文。

会议方案的正文一般分项写成，分别说明会议的名称、任务、意义、形式、日程安排、经费、准备工作等各方面情况。如果是报送上级领导审批的会议方案，结尾处还应写上“以上方案，是否可行，请批示”等结尾用语。

(3) 落款或签署。

会议方案最后要写明具体的策划部门或策划人员，并注明成文日期。

3. 会议方案的写作要求

(1) 理由充分，意义明确。

会议方案应该对会议召开的理由和意义作出充分的阐述，使人感觉到召开本次会议的必要性。

(2) 条理清楚，计划周密。

会议方案按照会议筹备的次序，分条款叙述，尽可能进行周密的计划，考虑各种可能发生的情况以及应对措施。

(3) 内容详细，要求具体。

会议方案在具体介绍会议的程序、内容、形式、要求时，一定要描述清楚、具体，不能模糊含混，否则会让人觉得会议计划不够清晰，会议策划不够到位。

（三）确定会议的议程、日程和程序

会议方案被通过以后，会议筹备工作应进一步制定出会议的议程、日程和程序。会议的议程、日程和程序产生于会议之前，是对会议的内容和时间的安排，但三者各有不同的作用。

1. 会议议程

会议议程是对会议顺序的总体安排，主要涉及会议所讨论的具体事项和需要解决的问题。会议议程不仅能够规范会议的内容，而且能够约束沟通的次序与沟通的节奏，起着固定会议次序的作用。在安排会议议程时，应遵守以下两个原则。

(1) 按照议题的轻重缓急安排处理的先后次序，紧要的事项应安排在会议议程的前端

处理,不紧要的事项则应安排在会议议程的后端处理。这样做的一个好处是就算在预定的会议时间内无法将全部的议案处理完毕,但起码较紧要的议题已被处理过,那些不十分紧要的议题则可以另择时间处理,或是并入下次会议中再予处理。

(2) 每一个议题应预估所需的处理时间并明白地标示出来,这样做可以节省参会人员的时间,从而提高会议效率。

一般来说,两个议题以上的会议议程要用书面的形式固定下来,以便更好地对会议进行控制。

2. 会议日程

会议日程是对会议每天活动的具体安排,也可以看作会议的时间表,应该具体列出每天每个时间段会议的详细内容,以此来控制会议的进程。会议日程一般会在会议之前发放到参会人员的手中,让他们根据会议的安排来进行准备。会议日程不仅包括会议的主题活动,而且还包括会议的各项辅助活动,如聚餐、游览、参观、娱乐等。凡是一天以上的会议都要制定会议日程,其实例参见表 4-2。

表 4-2 ×××会议日程

日期	时间	内容	地点	负责人	备注
××月××日 (星期×)	上午 8:00—11:00	开幕式 ××同志做报告	大礼堂	张平	
	下午 14:00—17:00	分组讨论 ××同志做报告	小会议室	徐江	
	晚上 19:00—21:00	主席团开会 代表看文艺演出	小会议室 ××剧院	徐江	
××月××日 (星期×)	上午	……	……	……	
	下午	……	……	……	
	晚上	……	……	……	
××月××日 (星期×)	上午	……	……	……	
	下午	……	……	……	
	晚上	……	……	……	

3. 会议程序

会议程序具体规定了一次会议的详细步骤,它不仅可以让参会人员了解会议的内容和讨论议题的顺序,而且同时又是会议主持人掌控会议的依据。会议应严格按照具体的程序和规定的时间逐项进行。会议程序表的实例参见表 4-3。

表 4-3 会议程序表

××公司销售会议程序	
14:00—14:30	来宾签到
14:30—14:45	开幕致辞
14:45—15:25	网络安全解决方案培训 培训的内容包括: 1. 网络安全技术及全系列相关产品 2. 基于 SSL VPN 的远程接入方案 3. 行业安全成功应用方案
15:25—15:35	茶歇

续表

15:35—16:15	××企业移动解决方案培训 培训的内容包括: 1. ××移动终端与企业网互联 2. 实现企业移动电子邮件
16:15—16:35	渠道策略与招募计划介绍
16:35—16:50	自由问答
16:50—17:00	抽奖活动
17:00	结束

（四）进行会议任务的分工

为了保证会议的顺利进行，会议主办方必须对会务人员进行一定的分工，使会务人员既各负其责，又相互配合，以便共同来完成会议的准备工作。小型会议一般只需要设立会务组，选派专人来进行会议的筹划、组织、安排、协调等工作；大中型会议，则要建立完善的会议组织机构，将各项工作任务细分到各小组，各小组在统一的指挥下分工合作，共同承担会务工作。

常见的会议组织机构包括以下八个部分。

1. 秘书组

秘书组负责会议文字工作及领导者在会议期间交办的各种任务。

2. 材料组

材料组负责会议材料的印制、发放、保管、回收以及会后材料的汇集、归档工作。

3. 组织组

组织组负责参会人员的编组、签到、代表资料审查、会议协调、会议进程的控制等。

4. 技术组

技术组负责会议各种设备的安装、调试、维护等工作。

5. 宣传组

宣传组不仅要负责对外联络沟通和宣传报道，还要负责会议的摄影、录音、录像等工作。

6. 后勤组

后勤组负责会议期间的后勤保障工作，包括参会人员的食宿、交通、娱乐，各种生活用品的供应，各种票证的准备与制作，返程车票、船票或机票的预订工作。

7. 保卫组

保卫组负责会议期间的安全保卫和保密工作。

8. 财务组

财务组负责会议经费的筹集、预算、资金管理、收支的控制、会议决算等。

不同档次、不同规模的会议有不同的分组方法，但都要根据会务工作的内容来进行分工。

（五）完成会议预算

除了单位内部的一些例会以外，组织会议会有一定的开支，事先作出会议预算是保证会议顺利进行的重要环节。会议预算应本着节约、精简、实用、周到的原则，严禁铺张浪费、滥发钱物、以会谋私。

1. 会议开支的项目

(1) 交通费用。

交通费用包括从出发地至会议召开地的往返交通费用，会议期间的交通费用以及送行交通费用。

从出发地至会议召开地的往返交通费用包括航班、铁路、公路、客轮，以及目的地车站、机场、码头至住宿地的交通费用。

会议期间的交通费用主要是会议召开地的交通费用，包括住宿地至会场的交通、会场到餐饮地点的交通、会场到商务交际场地的交通、商务考察参观游览的交通以及参会人员其他可能使用的预定交通。

送行交通及返程的交通费用包括航班、铁路、公路、客轮，以及住宿地至车站、机场、码头的交通费用。

(2) 会场费用。

会场费用包括会场租金、会场设备的租赁费用、会场布置费用以及其他支持费用。

① 会场租金。

使用会场需要支付会场租金，通常而言，会场租金已经包含了某些常用设施，如音响系统、桌椅、黑(白)板、油性笔、粉笔等，但有一些非常规设施不在其中，如投影设备、临时性的装饰物、展览架等，如果需要则要另算租金。

② 会场设备的租赁费用。

会场设备的租赁费用主要是租赁一些特殊设备，如投影仪、笔记本电脑、移动式同声翻译系统、会场展示系统、多媒体系统、摄录设备等的费用。这些会场设备由于品牌、产地及新旧不同，其租金可能有很大的差异。

③ 会场布置费用。

一般的会议可能不需要专门的布置，但对于有特别布置要求的会场(如产品发布会、联谊会、庆祝会等)，则需要根据会议的议题进行专门的布置，由于布置的档次、内容、气氛各不相同，这笔费用一定要事先作出尽可能精确的预算。

④ 其他支持费用。

其他支持费用包括广告、印刷、礼仪、秘书服务、运输、娱乐、媒体、公共关系等相关费用。

(3) 住宿费用。

住宿费用有些是完全价格，有些需要另外加收政府税金，还有些可以通过各种渠道获得较好的折扣。根据会议情况，住宿费用可以选择全部由参会人员自行承担、会议主办单位承担一部分、会议主办单位全部承担等几种形式。不管采用哪种形式，会议主办方在会前一定要告知参会人员。

（4）餐饮费用。

餐馆费用根据会议的档次、规模、目的的不同而有很大的区别。

在会议期间，早、中、晚三餐通常采用自助餐的形式，也可以采取围桌式就餐，费用按人数计算即可。但是，考虑到会议就餐的特殊性和原材料的预备，预计就餐人数不得与实际就餐人数相差15%，否则餐厅有可能拒绝按实际就餐人数进行结算，而改为按预定人数收取费用。如果需要安排专门的宴会，会议主办方则需对菜单、程序、方式进行专门的设计，其费用也根据档次、内容的不同而有所不同。

会场茶歇费基本上是按人数计算的，计算时会议主办方可以提出不同时段茶歇的食物、饮料组合，再加上一定比例的服务费。

（5）游览费用。

通常在会议结束以后会议主办方会安排参会人员参加一些有特点的游览活动，费用根据游览的内容、人数、天数来确定。会议主办方最好与当地的旅行社取得联系，以便为参会人员提供专业的服务。

（6）宣传交际费用。

宣传交际费用包括会议主办方与新闻部门联系，现场录音、录像，与有关协作方交际的费用。

（7）各种耗材费用。

各种耗材费用如纸张、文具、光盘、U盘等的费用。

（8）会议纪念品。

一些会议为参会人员准备了纪念品，纪念品的选择既要与会议的议题相关，同时又要体现当地的特点，费用一般不宜太高，但一定要有纪念意义。

（9）工作人员劳务费用。

工作人员劳务费用是给参与会议组织和服务工作的人员相应的劳务报酬，一般根据会议的规模、级别、工作量，并参考当地的工资标准来确定具体数额。

（10）各种临时费用。

各种临时费用包括卫生勤杂、临时采购、临时司乘、打印复印、临时运输、临时道具、传真通信、快递服务、临时翻译、礼仪司仪等的费用。

会议预算的材料除了向有关领导部门汇报以外，还应及时归档，以备会议过程中随时查阅以及会后审计。有一些公开性的会议也可以通过吸引社会赞助来筹集资金，但要注意不要过分地强调其经济目的，否则就会改变会议本身的性质。

2. 会议预算的格式

会议预算的格式应包括以下五个部分。

（1）会议的基本信息。

会议的基本信息包括会议的议题、起止时间、地点、参加人员、人数、要求等。

（2）会议的目的和意义。

会议预算应该清楚、简要地写明会议的目的和意义，以便为预算提供充分的理由。

（3）会议的主要经费开支项目。

会议预算要尽可能地列出会议全部的经费开支项目，重要项目不得遗漏，否则会给经费审批、会议运作带来很多的问题。

(4) 每个项目的经费。

会议主办方在做会议预算之前要对有关情况进行认真的调查和比较，经费要尽可能准确、实际。预算经费过高或过低都会直接影响会议工作的进行。

(5) 备用金。

每个会议的预算都不可能完全准确，而且有可能会产生一些临时性的费用，因此一定要准备一定数量的备用金。备用金的具体数量可以根据会议的规模、档次、人员来确定。

(六) 会议选址和布置

1. 会议场所的选择

(1) 大小适中。

会场的选择一定要大小适中。会场太大不仅会造成浪费，而且会让人觉得空旷、缺少气氛；会场太小，不仅拥挤，还会给人一种压抑的感觉。选择会场要根据会议的规模、档次、参会人员的身份和数量，并结合会议内容来进行考虑。

(2) 设施齐全。

会场一定要有足够的设施，除了桌椅以外，空调、音响、录像(音)设备、茶具、卫生设备也都是需要考虑的方面。为了保证交通便利，会场外还要有一定面积的停车场。

(3) 保密性好。

由于很多会议都具有一定的机密性，这就要求会场要有较强的隐秘性，如隔音效果应比较好，不宜有太大的窗户，不宜设在人群量大的地点等。

(4) 安全性强。

会场的安全性包括政治安全和环境安全两个方面。政治安全，是指要防止出现危及领导者或参会人员的人为因素。环境安全，是指会场无安全隐患，电器电路可靠，消防设施齐全，消防通道畅通。

(5) 避开干扰。

会场要尽量避开闹市区或噪声严重的工厂、集市、街道，要尽可能避免受外界的影响。一些重要会议还要注意避开新闻媒体的干扰。

(6) 经济实用。

会场要在保持会议效果的前提下，考虑经济实用的原则，要考虑租借费用是否超出成本、会场设施是否有必要。

(7) 符合规定。

会场的选择要与会议的规模、议题相符，不能过于豪华、奢侈，不得铺张浪费。

2. 会场布置

会议座次排定的方法主要有以下四种。

(1) 环绕式。

所谓环绕式，就是不设立主席台，把座椅、沙发、茶几摆放在会场的四周，座次无具体明显的主次之分，听任参会人员入场后自由就座。这种安排座次的方式，在茶话会中最为流行，且与茶话会的主题最相符。

（2）散座式。

散座式排位常见于在室外举行的茶话会，座椅、沙发、茶几四处自由地组合，貌似散乱无序，甚至可以由参会人员根据个人的要求而随意安置，其目的就是要创造出一种宽松、舒适、惬意的会议环境。

（3）圆桌式。

圆桌式排位，是指在会场上摆放圆桌，会议主办方请参会人员在周围自由就座。圆桌式排位又分为两种形式：一是当人数较少时，仅在会场中央安放一张大型的椭圆形会议桌，全体参会人员在周围就座；二是当人数较多时，在会场上安放数张圆形会议桌，请参会人员自由组合，各自在其周围就座。

（4）主席式。

主席式排位，是指在会场上，主持人、主人和主宾被有意识地安排在一起就座。在会场上，主席式排位要在会场上摆放一个主席台，按照常规，该主席台居于上座之处，如中央、前排、会标之下或是面对正门之处。

在举行正式会议时，会议主办方通常应事先排定参会人员，尤其是重要身份者的具体座次。越是重要的会议，其座次排定就越受到社会各界的关注。对有关会场排座的礼仪规范，会务人员不但需要有所了解，而且必须认真遵守。在实际操办会议时，由于会议的具体规模都有所不同，因此具体的座次排定也会存在一定的差异。

温馨提示

大型会场听众席的布置

1. 会场座位格局的类型，包括上下相对式、全围式、半围式、分散式、并列式等。

2. 座位排列的要求。座位一般可以按职位高低顺序排列、按姓氏笔画排列、按上级批复或任命通知中的名单次序排列、按各单位名称笔画排列。

3. 座位标识。座位排列好以后，还应该做好座位标识。座位标识包括座位号标识、团组标识、席卡、桌次、指示牌、座次图等。

4. 会场装饰。会场的主要装饰有会标、会徽、标语、花卉、灯光等。

5. 会场必要的视听设备。

在谈判会议、庆典会议、展览会议等一些特殊会议的准备工作中有时还需要准备特殊的用品和设备，如张贴画、摆花、充气模型、巨型屏幕、展台展板、签字用具等。这些物品也需要会议主办方事先预订，提前安排。

三、实训任务

经过一段时间的锻炼，余安妮的进步很快，对会议工作的认识有了很大的提高，办会的经验也在逐步积累。由××商界联合会和企业家协会主办、阳光公司协办的“优秀企业成功经验高层研讨会”将于一个月后在广东省珠海市举行，会期为4天。届时会议将邀请美国××电气公司、韩国××电子公司、中国××集团公司的高层领导参加会议,同时也将邀请一些知名企业的董事长、总经理、高级管理人员以及知名专家和学者出席会议,共同探讨"企业管理本质,新经济与企业战略"等大家共同关注的议题,还将分享A公司的企业文化与管理理念。

会议期间,会议主办方还将组织参会人员考察珠海南屏工业园区,详细了解一些企业的车间管理、工作管理、资本管理、资源管理、市场管理、文化管理、物流管理、领导行为管理、员工班级管理等经验。

为此,阳光公司给余安妮布置了以下任务。

（一）实训任务一:撰文

(1) 请你设计出会议方案,同时完成会议的议程、程序。
(2) 完成会议日程表。
(3) 撰写一份正式的会议通知,并为出席会议的嘉宾设计邀请函。
(4) 以主管领导的名义撰写一篇会议的开幕词。

（二）实训任务二:预算

完成一份详细的会议预算,要求各项目支出合理,既精简节约,又能够满足会议档次的需要。其中,食宿、交通、游览、参观等费用要参考本地区的实际情况。

（三）实训任务三:设计

(1) 请你提出会场布置方案,完成会议主席台的设计图。
(2) 为参会人员设计代表证,要求美观大方并能体现出本次会议的特点。

（四）实训任务四:汇报

组长将以上的准备工作进行汇总,形成一个会议筹备情况报告,向上级汇报,并在班上进行交流。

四、实训评价

评分标准 项目达标要求	实训情况	问题总结	解决方法	自我评定	教师评定
会议方案的格式正确					
会议日程符合实际,具有可操作性					
开幕词措辞恰当,符合领导者的身份					
会议预算合理,内容全面					
会场设计图有创意,有可行性					
会议通知的格式正确,内容完整					
会议代表证美观大方,内容完整					
小组介绍清楚,内容完整					

任务二　会中组织和服务工作

一、案例导入

阳光公司的产品在一次全国性的比赛中获奖，公司决定让何雨竹带余安妮到S市去参加颁奖典礼及交流大会。她们看到会议通知上写明会议召开的时间是5月31日至6月3日，于是提前一天于5月30日赶到S市，到达会议指定的酒店，却发现并没有人接待。她们打电话询问，会议主办方的员工说："明天才报到，你们今天怎么就来了？"可是会议通知中并未明确报到时间。无奈，她们只得自己登记住进了酒店。第二天，其他参会人员陆续到会，结果只有会议主办方的3名员工在前厅进行住宿登记：他们一人收取会费，但当场只能开具收据，说等领导来后再换正式发票；一人收取住宿费，但酒店当时已没有空房间，要等到会务组主要负责人和酒店协商后才能解决；一人收取餐费，但要早餐、中餐、晚餐一顿一顿分别计算，如果哪顿不在酒店用餐可以不交费。由于餐费计算烦琐，速度缓慢，而且舟车劳顿的参会人员订不到房间，没有地方休息和存放行李，所以，争吵声不断，报到处一片混乱。

登记完毕，来自全国各地的参会人员由于没有订到房间都只能在大厅等候。在电话的催促下，会务组主要负责人终于露面了。他首先向大家表示歉意，并解释说："房间本来是按参会人数预订好的，可该酒店临时要举办一个很重要的会议，我们只能将房间让出。请大家耐心等待，我们再去和酒店商量，一定为大家尽快安排好。"直到当晚9:35，该负责人才通知大家，酒店对办公室进行了改造，会议报到处也将房间腾了出来，供参会人员使用。参会人员这才根据安排分别到自己的房间去休息。到了房间，参会人员却发现房间里只有床垫却没有铺盖。但大家早已筋疲力尽，虽然怨气冲天，也没有力气再和会议主办方理论，只能就寝了。

6月1日上午8:30，会议准时开始。各位参会人员刚刚坐下，会务人员就过来通知大家马上下楼，几位领导已经在楼下等候大家合影，参会人员一片哗然，纷纷质问为什么不事先安排好。等到下楼合影时大家的脸上已经没有什么好表情了。

上午的开幕式由××办公室的石主任主持。他首先宣布会议议程。当读到第三项时，他"卡壳儿"了，说道："这写的是什么？抱歉啦，这是秘书写的，我没提前看，一会儿他来了，问问他再说。"然后他又接着宣读后续的项目。

6月1日的会议开得还算顺利，参会人员分别发言并介绍经验。大会宣布，6月2日下午2:00，参会人员进行交流，并规定了重点发言人。下午2:00整，参会人员相继来到会议室，可左等右等会议主办方的人员都没到，直到40分钟以后，石主任才来告诉大家："这个会议室有其他的用处，我们换到另一个会议室进行讨论。"于是大家又用了20分钟时间换了会议室。

会议的最后一项，是会议主办方领导为优秀产品获奖单位和获奖者颁发证书。石主任分别宣读了获奖单位和颁奖者名单。于是大家一起走上了主席台，而几十个证书都堆在石主任的手中，结果是颁奖者无用武之地，获奖者在主席台上自己翻找证书。找到之后，获奖者纷纷退下台去，离开主席台时嘴里还抱怨着："这也叫颁奖?"能看得出大家都很不满意。

令参会人员不快的事接连不断，一直持续到会议结束。为了弥补不足，会议主办方承诺：会议期间的餐费由主办方承担，交了餐费的参会人员可以在最后和酒店结账时退款。而且，每顿饭石主任都强调，这是"我们"花钱招待大家，一定要吃好。可到了最后结账时，酒店却不愿退还餐费，说让参会人员找主办方去退；而主办方的员工在6月3日参会人员离开时则不再出现，打电话与他们进行交涉，他们又把参会人员推向酒店一方。参会人员就这样被推来推去。返程的车票已订好，无奈之下，他们只好忍气返回。

在返程中，余安妮感慨道："我原来以为全国性的会议一定很高大上呢，想不到他们把会办成这样。"何雨竹若有所思："你觉得从中可以学到什么呢？你不妨把这次会议出现的问题列出来，作为今后工作的警示。"

二、必备知识

（一）制订会议接待方案

会议接待方案，是指安排参会人员的迎送、食宿、交通、游览、娱乐等接待活动及具体事务的方案。会议接待方案属于会议专题策划方案，既可以包含在会议总体方案中，又可以单独撰写，作为会议总体方案的附件。制订会议接待方案能够有效地保障会议接待工作有序地展开。

具体来说，会议接待方案包括以下内容。

1. 接待对象

会议接待对象的种类众多，包括上级领导、政府官员、协办支持单位、特邀嘉宾、参会人员（正式和列席）以及新闻媒体记者等，这些参会人员有以政府代表团的名义来参会的，也有联合组团参会的，还有以个人身份参会的。因此，每一种会议接待方案一定要分门别类地写清楚具体的接待对象，同时，还需要简要说明为何接待，即接待的缘由、目的和意义。

2. 接待方针

接待方针即会议接待工作的总原则和指导思想。接待方针不是一成不变的，而是应当根据会议目标和会议主办方对接待工作的要求以及主要参会对象的具体情况而定。一般情况下，会议接待工作应本着"热情诚恳，细致周到，照章办事，讲究礼仪"的十六字方针来展开。

3. 接待规格

接待规格是依据主要来宾的职位与主要陪同人员的职位之间的对比关系来确定的，分为高规格接待、对等接待和低规格接待三种。

4. 接待内容和接待程序

接待内容包括接站、食宿安排、欢迎仪式、宴请、探望、翻译服务、参观游览、联欢娱乐、预订票务、返程送别等。具体的会议接待流程参见表 4-4。

表 4-4 会议接待流程

工作顺序	内容	责任部门
第一步 准备工作	了解参会人员的基本情况（包括姓名、性别、单位、职务/职称、民族、所乘车次或航班、到达时间、联系电话等）	接待组
	拟订接待方案（包括确定接待规格与标准、拟订用车、食宿、接待人员等）	会务组
	报审方案（经会务组审核，报与会议主办方最高主管领导审批后，落实接待方案等）	会务组
	下单（与后勤组落实用车、就餐、住宿等事宜；与宣传组落实欢迎词或电子屏幕的欢迎字幕，制作及摆放路牌、路标，照相录像以及联系新闻媒体等事宜；与文秘组落实欢迎词、祝酒词等接待文稿的撰写等）	会务组 后勤组 宣传组 文秘组
	预告（预告参与接待的领导者及有关人员，做好召开座谈会或陪同就餐等准备）	会务组
	根据事先与参会人员沟通的情况，为有需要的参会人员预订返程机票或车票	后勤组
第二步 接待参会人员	接机或接站（制作好接站牌，到机场或火车站迎接参会人员，并将接机或接站动态及时告知有关领导者）	接待组
	注册（接到一定数量的参会人员后，分批返回会议指定地点，若无特殊情况，先引导参会人员注册）	接待组 报到组 财务组
	安排食宿（包括会议期间的日常餐饮与宴会）	后勤组
第三步 参会人员返程	向参会人员赠送纪念品（有必要时，提供具有会议主办方地域特色或本单位特色的纪念品，以起到宣传推广的作用）	宣传组
	送参会人员到机场或车站（将参会人员具体的离会时间告知有关领导者）	后勤组 接待组
第四步 善后工作	1. 报账 2. 保存参会人员的有关资料 3. 保存接待安排有关资料 4. 年终统一整理，存档备查	财务组 文秘组

（二）会议现场服务与管理

1. 组织会议签到

会议签到是为了及时、准确地统计到会人数，便于安排会议工作。有些会议只有达到一定的人数时才能召开，否则会议通过的决议无效，因此，会议签到是一项重要的会务工作。

2. 会议签到的方式

会议签到主要有簿式签到、证卡签到、会务人员代为签到、座次表签到、电脑签到等方式。簿式签到的优点在于利于保存、方便查找；缺点是这种签到方式只适合小型会议。

证卡签到的优点在于方便，便于避免出现签到拥挤的情况；缺点是不便于保存和查找。这种签到方式多用于大中型会议。会务人员代为签到这种方式比较简便易行，但要求会务人员必须认识绝大部分参会人员，所以这种签到方式只适宜于小型会议和一些常规性会议。采用座次表签到这种方式，参会人员在签到时就知道了自己的座位排数和号码，能起到引导的效果。电脑签到这种方式快速、准确、简便，一些大型会议都是采用电脑签到。

常用的《会议签到表》参见表 4-5，《出席会议情况报告表》参见表 4-6。

表 4-5　会议签到表

<table>
<tr><td>时间</td><td></td><td>地点</td><td colspan="2"></td></tr>
<tr><td>主持人</td><td></td><td>记录人</td><td colspan="2"></td></tr>
<tr><td colspan="5">会议主题：</td></tr>
<tr><td>序号</td><td>单位(部门)</td><td>姓名</td><td>职务</td><td>电话(手机)</td></tr>
<tr><td></td><td></td><td></td><td></td><td></td></tr>
<tr><td></td><td></td><td></td><td></td><td></td></tr>
<tr><td></td><td></td><td></td><td></td><td></td></tr>
<tr><td></td><td></td><td></td><td></td><td></td></tr>
<tr><td></td><td></td><td></td><td></td><td></td></tr>
<tr><td></td><td></td><td></td><td></td><td></td></tr>
<tr><td></td><td></td><td></td><td></td><td></td></tr>
</table>

表 4-6　出席会议情况报告表

<table>
<tr><td>会议名称</td><td>召集单位及主持人</td><td colspan="2">应到人数/人</td><td>实到人数/人</td><td>批示</td></tr>
<tr><td></td><td></td><td colspan="2"></td><td></td><td rowspan="5"></td></tr>
<tr><td>会议时间</td><td>重要出席人员</td><td>列席人数</td><td>缺席人数</td><td>请假人数</td></tr>
<tr><td></td><td rowspan="3"></td><td></td><td></td><td></td></tr>
<tr><td>会议地点</td><td colspan="3" rowspan="2">报告人：
年　月　日</td></tr>
<tr><td></td></tr>
</table>

3. 会议签到应注意的问题

(1) 认真准备。

在会前，会务人员要将签到的相关工具、设备准备好，如签到簿、签到卡、花名册、座次表和签到机等，且准备的数量要有一定的富余。除此之外，会务人员还需准备记事本、签字笔等必备文具。

(2) 有序组织。

会务人员要事先安排好签到处,并提前在签到处等候。如果签到时需要同时发放会议文件的,则会务人员应将有关材料袋装好,以免参会人员在签到时等候,显得手忙脚乱。

(3) 及时统计汇报。

统计到会人数是一项细致的工作,领导者往往会在开会前一两分钟就向会务人员索要到会人数、缺席人数及其名单,这就需要会务人员以最快的速度进行统计并且不能出现差错。

(4) 耐心服务。

大型会议的签到工作比较烦琐,这就需要会务人员耐心细致、热情服务,不能因为签到的人数众多而降低服务质量。对于持续时间较长的会议,参会人员几乎每场会议、每次活动都要和负责签到的会务人员打交道,如果这些会务人员的服务耐心细致,办事高效有序,就能为整个会议增色不少。

(三) 发放会议文件

会议文件的发放是会议的一项最基本的工作,许多大型会议要发放的文件特别多,包括论文集、日程、参会须知、礼品和资料包等,这就要求会务人员了解发放会议文件的基本要求,及时、准确地把会议文件发放到参会人员的手中。

会议文件的发放主要有以下三种形式。

1. 会前发放

会前分发文件材料,可以在参会人员注册、签到时发放,或者由会务人员在会场入口处分发给参会人员;也可以在开会之前,按要求在每位参会人员的座位上摆放一份文件材料。

2. 会中发放

会中发放的文件材料一般是会中讨论、交流产生的文件,或者是会前不便发放的机密文件。会中发放材料,会务组可以把会务人员分成小组,分别负责某种文件材料的发放和收回。

3. 凭票自由领取

凭票自由领取即在签到时发给参会人员领取会议文件的票,在整个会议期间参会人员都可以凭票随时领取他们的文件,这种方法比较普遍。一般来说,如果发放的资料相同,则凭票领取非常方便;如果发放的资料不同,就要严格按会前准备的具有个性化的票领取资料,票上要印有参会人员的姓名和编号。参会人员领取资料后,要求在票上签字并将票交于会务人员妥善保管,以便于查询。

(四) 做好会议记录

会议记录是记录会议原始情况和具体内容的文字材料,是会后研究工作、总结经验或编写会议纪要的重要依据,具有原始性和客观性。每场会议都需要记录,并要妥善保管以备查考。在一些法定会议中,会议记录经发言者和会议领导人签字后,具有法律效力。

1. 会议记录的要求

会务人员在进行会议记录时要遵循以下要求。

(1) 如实记录。

会议记录应如实记录会议的议题、报告、决议、重要发言等，尤其是关键问题或有分歧的意见。会议记录要用速记的方法记录材料，会后应及时转化成规范的文字材料以备查考。

(2) 归纳总结。

会议记录应及时进行归纳总结，做到有条有理、重点突出。会议记录是一项需要培养和锻炼的能力，会务人员只有善于归纳和总结，才能更好地记录会议信息。

(3) 内容完整。

会议记录的内容要做到完整，应包括“标题”“议题”“散会”“结束”等字样。如果是重要会议，记录完毕后负责记录的会务人员和主持人还要签字。需要注意的是，会议记录应使用专用的记事笔和记录纸，在必要时应配有两名负责记录的会务人员。

2. 会议记录的基本结构

会议记录一般由标题、基本情况、主体和记录者签字四个部分组成。

(1) 标题。

会议记录的标题比较简单，结构是“会议名称＋记录”，如“××公司××××年××月××日第×次部门经理例会记录”。

(2) 基本情况。

基本情况即会议记录的开头部分，要分项完整地记录会议的有关情况，包括时间、地点、主持者、出席者、缺席者、列席者、记录者七个要素。

(3) 主体。

主体是会议记录的核心内容，包括议题和发言记录。议题的记录要求会务人员在开会之前要有所了解，以便在会前就在会议记录上写清楚。发言记录要求详细，其方式可以用文字记录和配备录音设备记录两种，记录的内容主要包括主持人的引导语、领导者的报告、参会人员的发言、会议结语以及现场情况(如争吵、鼓掌)等。

(4) 记录者签字。

会议记录完成后，记录者和主持人要分别在落款处签名，然后送相关负责人审阅后才可以归档保存。

会议记录的范例参见以下范文。

【例文】

中安股份有限公司董事会例会记录

会议时间：2016年4月14日上午10:00。

会议地点：深圳××大厦本公司总部会议室。

会议主持：高明(董事长)。

出席人员：高明（董事长），刘杰（副董事长），马军（财务主管），安慧（董事），郭丽（董事），代理投票人有王龙（董事）、李虎（董事）、钱清（董事）。

缺席人员：无。

会议记录：白丽婷（秘书）。

1. 秘书白丽婷宣读了2016年3月10日的会议记录，并在宣读后获得通过。

2. 财务主管马军提出的一份财务报告显示，2016年3月31日公司的流动资金余额为2576.98万元。财务主管的报告在宣读后获得通过。

3. 关于参加公益活动的报告。主管公司企划部的副总经理郭丽董事报告说，公司企业策划活动的下一个项目是为深圳红树木保护项目捐款10万元人民币，这项公益活动将有助于提高企业的知名度。计划在"五一"期间举行捐款仪式，向深圳市有关部门捐款。关于此事全部细节情况的材料将于4月21号寄发给所有的成员。

4. 其他活动。安慧董事提出在5月14日举行的下一次董事会例会上，公司董事会应任命一人负责公司职工艺术节（将于8月初举行），同时董事会还应在下次会议上为职工艺术节确定一个主题。此建议得到了郭丽董事的附议并获一致通过。

会议于上午11:50结束。

记录人：白丽婷（签字）

主持人：高明（签字）

（五）会场服务

1. 摄影、摄像服务

会议不仅要留有文字性记录材料，而且还需要留有图片和声像材料，以备存档、留念，这就需要会议主办方提供摄影、摄像服务。

2. 计算机速记服务

计算机速记是使用计算机对语言、文字等中文信息实时速记并生成电子文本的速记方法。与传统的记录方式相比，计算机速记具有速度快、效率高、强度低等特点。

3. 外语翻译服务

随着国际化程度的大大提高，国际会议的召开越来越频繁，对翻译人员的要求也越来越高。会议主办方要注意选择外语水平高、专业能力强、服务意识好的翻译人员，同时还要让翻译人员事先熟悉会议的相关内容和要求，为会议的同声传译做好充分的准备。

4. 视听设备及其他硬件服务

会议的视听设备既可以是科技含量低的支架或配套挂图，也可以是诸如双投影屏幕这样的科技含量高的装置。随着计算机多媒体技术和数字化技术的发展，多媒体会议系统应运而生。多媒体会议系统能够在大屏幕显示计算机的图文信息和录像资料、电视以及需要讨论演示的书籍、图纸、胶片、实物(通过视频演示仪)和电话会议图像、发言人图像、会议场景等。其所传播的信息来源不只局限于会场内,还包括互联网、远程电视电话系统、通信系统等。多媒体会议系统可以通过数字系统控制会议进程,通过表决系统收集参会人员的反应,通过同声传译系统进行翻译等。

会场上除了必备的视听配套设施以外,还应准备打印机、复印机、传真机、电话(国际会议的会场外应配备国际长途电话装置)、网络插口或无线网络路由器等。

三、实训任务

经过近一个月的筹备,“优秀企业成功经验高层研讨会”如期在珠海市某酒店的多媒体厅内举办,100 多位来自全国各地的企业界人士参加了大会,除了上述企业的高层领导到会以外,珠海市有关领导也出席并讲话,另外还有《南方都市报》《珠江晚报》、珠海市电视台的记者驻会采访。会前有一些研讨会及其主要会员的介绍资料、论文、大会具体的议程安排表及餐券需要分发。

根据分工,何雨竹带着余安妮负责会场布置和相关文件的准备,当她们提前到场在酒店大堂布置签到台时,酒店的电子屏打出了一段欢迎标语“热烈欢迎各部门上级领导莅临我司参加会议”,这是办公室小丁给酒店提供的一段标语,余安妮左看右看都觉得不太通顺。正琢磨着,何雨竹对她说:“安妮,你赶紧通知酒店把这段标语改一改。”

(一)实训任务一:设计

(1) 分小组为该研讨会的召开设计现场注册流程表、签到表。

(2) 为召开仪式设计程序表。

(3) 设计出车证、出席证、领导席签、嘉宾席签和单位签。

(4) 为大会设计会议效果反馈调查表,分会前准备调查、会议服务调查和会后服务调查三步设计。

(二)实训任务二:模拟

(1) 分小组布置签到台。要注意签到台摆放的位置,既要位置醒目,又不要阻挡会议厅的大门和通道,而且要方便参会人员签到、咨询。

(2) 以小组为单位模拟会务人员组织签到及分发资料与餐券的场景,一个小组模拟会务人员时,其余几个小组扮演参会人员,然后轮换。

(3) 模拟各参会企业高层领导到会时,主办方领导迎接并引领高层领导到贵宾室休息,再相互进行介绍。

(三)实训任务三:讨论

酒店大堂的欢迎标语应该怎样写才正确,要注意标语的内容贴切,语气合适,同时也要做到言简意赅。

四、实训评价

评分标准 / 项目达标要求	实训情况	问题总结	解决方法	自我评定	教师评定
签到表项目齐全，格式安排得当					
签到台的布置符合会议规模及会议签到、分发资料的要求，人员分工合理					
会务人员组织签到高效、有序，言谈举止符合礼仪规范					
大会成立仪式的程序安排得具体、合理，时间分配得当					
酒店的欢迎标语撰写正确					

任务三　会后善后和总结工作

一、案例导入

看着别人办会出现了问题，余安妮没想到没过多久自己在办会当中也出现了问题。

阳光公司 2015 年安全生产工作会议于 2016 年 2 月在某酒店第二会议室举行。根据会议安排，代表们 2 月 26 日报到，27 日开会，28 日离会。参会人员共计 131 人。余安妮在何雨竹的带领下参与了会议的组织工作。2 月 27 日晚，她和会务组的同事们一起收拾了会场，返还了租用酒店的设备，和酒店结清了相关费用。

考虑到会务组人员从会务准备到会务服务都很辛苦，和酒店结完账，余安妮跟其他几位同事到外面的西餐厅吃了西餐，放松一下。回到酒店已经是晚上 9:30，这时余安妮才想起要通知各位代表到酒店的会务组房间领取预订的车票和机票。此时，第二天早晨返程的代表在焦急地等待取票；有的代表是第一次来珠海，就去景点玩去了；有的代表则借机去看望亲戚朋友。所以，等到午夜 12:00，余安妮的车票和机票还没有发放完毕，一直等到代表们第二天早晨找上门来。代表们领了票，还不断地抱怨。

第二天下午，送走了代表们之后，余安妮匆匆地返回公司总部，开始整理会议文件。此时她却发现清退回来的会议文件数目不对，少了两份文件，是谁没有将文件交回呢？她回忆不起来了。没办法，余安妮只好给参会人员一一打电话询问。

余安妮原以为会议结束了，事情也就完了，没想到做秘书的还要忙很长一段时间。

二、必备知识

（一）参会人员离场

1. 引导参会人员退场

大中型会议都需要由会务人员引导参会人员有秩序地退场。首先，会务人员应打开会议室的所有出口，避免离场时出现拥挤现象。其次，会务人员应该先引导主席台上或第一排的领导者离开会场。如果会场有多余的退场通道，与会领导和其他人员可以各行其道，同时退场。

有些大型会议，如大型的学术报告会、群众集会等，一是因为会场大、人数多，二是有时会有妇女、儿童、老人参加，散会时很容易造成拥挤和混乱，容易发生伤亡事故。因此，会务人员一定要增强责任意识，加强对离场人员的引导工作，以避免发生安全事故。某些领导者因身体状况等原因有时无法先行离会，这时，会议主持人或会务人员就要打破陈规，先行安排其他的参会人员离开。

2. 引导车辆驶离

大型会议的车辆较多，在散会时，会务人员就要引导各类车辆安全地离开会议停车场。为了使会议车辆的离场工作简便易行，在会前会务人员就应做好车辆泊位安排，尤其是对使用车辆或参会人员自带车辆较多的会议（在当地开会多出现此种情况），更应该做好车辆安排工作，提前划分好停车区，如将停车区划分为大型车辆、领导专车、参会人员自带车辆三个区域，做到车辆分区停放；而且，要将领导车辆专区放在容易出车的方位。在离场时，让领导者的专车先行离开，其他的车辆再按顺序离开。

（二）离会服务工作

从参会人员报到至参会人员离开，会议主办方要做好一条龙服务，哪一个环节服务不周到都会影响会议的质量，影响参会人员对主办方的印象。有些会议主办方只注重会前准备和会中的服务，却忽略了离会服务工作，会给人虎头蛇尾的感觉。因此，会务人员必须注意离会服务工作，尤其是有外地人员参加的大中型会议，做好大会的离会工作尤为重要。

温馨提示

离会服务工作的内容

1. 及时和参会人员清理结算账目。
2. 提醒参会人员归还借用的文件、物品，不要遗忘自己的物品。
3. 为参会人员预订并提前发放飞机票、车票、船票。
4. 了解自带车辆人员的返回日程、路线及车辆油耗等情况。
5. 安排送行车辆，将外地参会人员送至机场、车站或港口。
6. 请示领导者后，为参会人员解决相关问题。
7. 安排好暂留参会人员的住宿及膳食等工作。

（三）会场清理与会费结算

1. 会场清理

（1）清理会场用具。

会场用具的清理有两种情况：如果会议是在本单位的会议室召开的，会务人员只需将会标、桌牌等只针对本次会议的相关标志撤走，把会议室恢复原状即可。但是，如果会议是租赁会议室和设备，清理工作就复杂许多。第一，还清借用、租用的设备，如果因特殊原因不能及时归还的，应将其归库，并派专人保管。第二，撤走会场的临时性布置，包括会标、彩旗、绿植等。第三，清点会议用品、用具，能再次使用的要归库管理；一次性用具进行销毁；之后，将会场中搬动过的桌椅恢复原样，并将地面、门窗清扫或擦洗干净。第四，撤走会场外的会议标志，如通知牌、方向标等；通知配电人员切断会场不再使用的电源，并通知服务人员关闭会场。

（2）清理会议文件。

在会议准备阶段，秘书人员要将一些会议文件放置在参会人员的桌子上，在这些文件中，有些文件是让参会人员带走的，还有一些讨论稿、机密文稿等是要清退的，会务人员要及时清理收回相关文件，需要保存的保存好，需要销毁的按销毁制度进行销毁。

2. 会费结算

这里的会费结算包括两项内容：一是会务人员和宾馆、酒店结算会议开支费用；二是会务组和单位财务部门的结算。

有外地参会人员参加的大中型会议，一般需要租赁会场和设备。会议结束后，秘书人员应及时与会场出租方结清会议的各项费用，主要包括会议室租借费、设备使用费以及开会期间的其他相关费用。如果是由会议主办方承担全部费用的会议，会务人员要及时和宾馆、酒店结清住宿费，开具好发票，以便回单位进行财务结算。需要注意的是，住宿费不包括使用房间的长途电话、客房小酒吧、在酒店签单等费用。会议主办方所收取的费用一般也不包括这些额外的费用。所以，会务人员可以事先要求宾馆、酒店撤掉这些服务项目或与参会人员交代清楚。

会议召开前，会务人员已经制定了会议经费预算。预算经领导者审批后，会务人员就可以到财务部门预支会议经费。会议结束后，会务人员与财务人员应按照会议经费预算计划，进行会议开支的财务结算。如前所述，一切会议都应该遵循勤俭节约的原则，在保证会议正常进行的前提下精打细算，千方百计地减少不必要的开支。所以，如果决算中超出了经费预算指标，要充分说明理由才能报销。否则，财务部门将不予报销。经费结算表经领导者审核签字后，方可报财务部门结算。

（四）会议文件的收集、整理与归档

1. 会议文件的清退

会议文件的清退，是指在会议结束后，对一些内部文件、机密文件、重要文件按照文件清退单或文件清退目录及时清理回收的工作。这就要求秘书人员在发放文件时要附上文

件清退单，大型会议要附上文件清退目录，要求参会人员在会议文件使用完毕后及时清退。一般来说，机密文件要在会议结束前收回，不许参会人员带出会场；其他的重要文件要在规定的时间内清退。秘书人员要做好文件清退的催办和回收工作，及时清退文件，以免泄密或耽误会议文件的整理立卷。

2. 会议文件的整理

(1) 会议文字记录的整理。

一些资深秘书人员具有丰富的经验，他们所做的会议记录多不需要整理，可以直接送审、存档。但是一些经验不足的秘书人员所做的会议记录，只按原话照搬或有漏记、错记现象，就需要会后进行修改和补充；如果是作为文件下发或是作为新闻报道用的领导者的报告、讲话，重要的参会人员的报告、讲话，也需要进行专门的整理。

(2) 会议录音的整理。

整理会议录音的工作，就是秘书人员根据所录语言的中心思想，删除不必要的语言，补充和修正不足、不恰当以及没有录进去的内容，使整理稿成为中心明确、条理清晰、文字通顺、内容连贯的书面材料。

整理会议录音，秘书人员既要借鉴整理会议文字记录的方法技巧，又要结合录音的特点。

(3) 印发会议纪要。

日常工作会议之后，会务人员应该印发会议纪要和已决定办理事项的通知，以便相关部门参照执行，同时也方便日后查找。

温馨提示

印发会议纪要的工作程序

1. 整理、完善会议记录。
2. 起草、编写会议纪要。
3. 确定印发范围。
4. 接收者确认。
5. 领导者签字。
6. 打印成文、印制分发。
7. 归档保存。

(4) 发布会议消息，印发会议简报。

大型会议信息的发布一般分阶段进行：会议召开初期，发布会议开幕及参加者的消息；会议进行过程中，发布领导者的讲话内容及会议决定事项消息；会议结束后，发布大会闭幕的消息。而一般小型会议只在会后发布消息，报告会议的召开过程及主要内容。一些重要的会议都会邀请新闻记者到场，此时，会议的消息是由新闻记者来发布的；而当新闻记者不到场或到场不及时时，有些新闻媒体会要求会议主办方提供会议消息。当然，不论新闻媒体是否到场，秘书人员都要在自己单位的内部网络上发布会议消息，并把重要的会议消息提供给相关新闻媒体进行报道。

（五）会议评估与总结

1. 会务工作评估

一次会议议程的结束并不意味着会议组织管理工作的结束，会议的评估总结也是会务管理的重要环节，它关系会议主办方的会议管理水平能否不断提高的问题。没有一个会议的组织是完美的，只有不断总结，才能不断提高。

会议评估是对会议从筹备到会议总结全过程的评估，因为会议的任何一个环节都关乎会议成功与否。我们可以从以下三个阶段探讨会议效果的评估因素。

(1) 会前效果评估。

对会前筹备情况的评估，应主要考虑以下因素：

① 会议目标是否明确；

② 会议议题的数量是否得当(太多或太少)；

③ 会议议程是否合理、完备；

④ 每一项议题的时间分配是否准确、合理；

⑤ 参会人员人选、参会人员人数是否得当；

⑥ 会议召开的时间、地点是否得当；

⑦ 会场指引标志是否明确；

⑧ 开会的通知时间是否得当；

⑨ 开会通知的内容是否周详；

⑩ 会议场地的选择是否得当；

⑪ 会议设备是否完备；

⑫ 参会人员是否作了充分的准备；

⑬ 参会人员的会前情绪如何；

⑭ 会议的住宿、餐饮是否安排妥当。

(2) 会中效果评估。

对会议进行中各环节的评估，应主要考虑以下因素：

① 会议接待工作如何；

② 会议是否准时开始；

③ 会务人员是否准时到会；

④ 是否有秘书人员在做记录；

⑤ 会场的自然环境如何，是否存在外界的干扰；

⑥ 会场的人文环境如何，参会人员之间是否有交头接耳的现象；

⑦ 主持人是否紧扣议题进行主持(是否离题)；

⑧ 会议是否由少数人垄断；

⑨ 参会人员的发言及讨论是否紧扣议题(是否离题)；

⑩ 是否有没有必要留在会场的参会人员留在现场；

⑪ 参会人员是否能表明真正的感受或意见；

⑫ 参会人员之间是否有争论不休的现象；

⑬ 参会人员是否与会议主席有争论，情况如何；

⑭ 视听设备是否正常(是否发生故障)；

⑮ 参会人员是否热心于会议；

⑯ 会场气氛是否热烈；

⑰ 会议决策是否正确(是否符合实际，是否有偏颇之处)；

⑱ 会议议程是否按预定时间完成(会议是否按预定时间结束)；

⑲ 主持人是否总结会议的成果；

⑳ 会议的欢迎宴会、欢送宴会是否得当；

㉑ 参观、访问、游览活动安排的合适性、安全性如何；

㉒ 其他因素。

(3) 会后效果评估。

会议议程结束后还有一系列的工作要做，这些工作做得如何也需要评估。会后效果评估主要考虑以下因素：

① 会议记录是否整理好；

② 是否印发会议纪要和会议简报；

③ 会议决议是否落实；

④ 是否对参会人员的满意程度进行调查；

⑤ 对会议的成败得失是否进行总结；

⑥ 已完成任务的筹备小组是否解散；

⑦ 其他因素。

另外，会议评估的具体方法有以下五种。

(1) 调查问卷。

调查问卷是最常用的会议评估的有效方法。问卷设计者把要评估的各方面的问题列举出来，每个问题后面给出几个评价性的术语，会议评估者只要从中选择一个或几个画钩，最后再写几句意见或评论就可以了。调查问卷对于会议评估者来说简单易行，只需花费很少的时间就能完成，因而广受欢迎。

调查问卷可以通过以下三种方式进行：

① 现场手工填写，即把调查问卷用纸印刷出来，在适当的时候发给参会人员，请其在现场手工填写；

② 现场电脑填写，即把设计好的调查问卷放置在电脑中，请参会人员现场在电脑上填写，所有的参会人员填写完毕后，电脑即可统计出调查问卷中量化的部分；

③ 会后电脑填写，即会议结束后，把调查问卷发送到参会人员的电子邮箱里，请参会人员在规定的日期内填写后发送电子邮件回复给会议评估组织者，会议评估组织者收集后再进行处理。

若时间允许，调查要尽量放在会议现场进行。若无法在会议现场进行调查，部分项目或部分参会人员无法参与现场调查，可以安排会后再进行。

（2）面谈。

会议结束时，会议评估者可以邀请部分参会人员集中面谈或分别面谈，征求他们对会议的意见和评价。这种方法只能对会议进行定性评估。

（3）电话调查。

会议结束后，会议评估者打电话给参会人员，征求他们对会议的意见，并请他们对会议作出评估。这种方法也只能对会议进行定性评估。

（4）现场观察。

会议评估者在会议现场或在各个活动场所派人观察会议和各个活动的进行情况，并观察参会人员和活动参加者的反应，从而作出对会议的评估。

（5）述职报告。

会议结束后，会议评估者要求每个会务人员对自己在会议整个过程中所做的工作作出述职报告。这种方法可以从一个侧面了解会议的情况，对会议进行评估。

以上方法结合使用，会使会议评估更全面、更具科学性。

三、实训任务

快下班了，余安妮开始整理今天的文件，并把明天几项工作需要的文件找出来。

行政总监李洛寒走进办公室，径直来到余安妮的办公桌前。他把手中的资料“啪”的一声摔在余安妮的面前生气地说：“这是你写的会议纪要吗？”

余安妮吓得一哆嗦，拿过来一看，正是自己昨天交上去的那份会议纪要。

“这个，怎么啦？”她站起来，不知所措地望着李洛寒。

李洛寒也觉得自己的声音有点大，他看了看周围，压低声音说：“把我标了红线的部分重新写过！”说罢转身离开了。

余安妮翻开会议纪要，原来自己在撰写的时候把会议记录中的很多内容照搬了过来，几位老总讨论广告部负责人选的话原封不动地都在上面。

何雨竹走过来问余安妮：“出什么事了？”余安妮委屈地把会议纪要递给她。

何雨竹看过这份会议纪要也不由地吸了一口冷气，昨天自己正好外出办事，就让余安妮去撰写会议记要，写好后的会议纪要自己也没有时间过问，想不到就出问题了。

“这份会议纪要的问题很严重吗？”其实余安妮还没有想明白问题究竟出在哪里。

“你知道会议纪要是干什么用的吗？”何雨竹问。

“不太清楚，不是记录会议情况的吗？”余安妮仍然很疑惑。

“会议纪要是根据会议记录和会议文件等材料加工整理而成的，是概括反映会议基本情况和精神的，是对会议的重要内容、决定事项的整理综合、摘要、提高。这份会议纪要相当于董事会讨论的近期工作要点，要下发给各部门。会议纪要不是会议记录，不能把会议上的所有事情，特别是领导在讨论过程中的一些发言写进去。你看，最近公司广告部负责人的事一直没定下来，你把几位领导的发言内容都放在会议纪要里了，这一旦发下去会给公司带来多大的麻烦。还有就是年终奖金的方案，现在还只是一个提议，都没有确定下来，你居然也写了进去。这要让员工知道了，会让公司领导非常被动的。”何雨竹的语气也很严肃。

这个时候，余安妮才意识到问题的严重性，她打开电脑，在电脑桌面上找到了会议纪要的原稿。

何雨竹在一旁提醒她："这么重要的文件，你就放在电脑桌面上吗？如果有人临时借用你的电脑怎么办？"

余安妮吐了一下舌头，马上在E盘建了一个名为"董事会会议文件"的目录，把会议纪要移了过去。

下班时间已经过了，但余安妮仍然在修改那份会议纪要，那股不认输的劲儿催促她一定要在今天把文件改好。

（一）实训任务一：讨论

分组讨论，列出会议纪要的写作要点。

（二）实训任务二：撰写

（1）完成一份会议的评估表。

（2）完成一份"优秀企业成功经验高层研讨会"的会议简报。

四、实训评价

项目达标要求 \ 评分标准	实训情况	问题总结	解决方法	自我评定	教师评定
会议纪要的格式和内容正确					
会议评估表设计科学、全面、合理					
会议简报的格式正确，内容完整					

项目五

秘书接待与公关技能

秘书人员是企业形象的重要窗口，接待是其重要的工作职责之一。接待的工作程序、工作安排、接待相关的物质准备，以及其中展示的秘书人员的礼仪修养、精神风貌、工作的掌控力和执行力，对客户表现出来的亲和力和人文关怀，是企业公众关系工作的一部分，是企业文化建设的体现，也是向外界展示企业形象和企业实力的重要途径。因此，秘书人员对此必须加以重视。

知识点

1. 了解接待工作人员的形象要求。
2. 了解接待工作的基本原则。
3. 了解接待工作的工作程序。

技能点

1. 掌握前台接待的基本要素和工作技能。
2. 掌握办公室接待工作的基本技能。
3. 能进行团队接待。
4. 能进行涉外接待。
5. 能通过工作接待充分展示企业形象，宣传企业文化。

任务一　秘书接待的基本要求

一、案例导入

工作一年多了，余安妮觉得自己真像一匹小马，不停地奔跑，累并快乐着。学校学习的那些理论知识——在她的工作实践中变成了现实，并呈现出各种不同的表现形态和色彩，有时余安妮在想，难道这就是梦想照进现实吗？

今天刚到公司，何雨竹就给余安妮打电话："快过来一下，有事情安排给你。"余安妮一听，马上放下手里的工作，来到何雨竹的办公室。

看到余安妮这么快的响应速度，何雨竹十分满意，她用欣赏的目光打量着余安妮，与一年前刚来公司相比，余安妮的变化真是太大了，以前的婴儿肥基本消失不见了，穿着裤装，显得双腿修长笔直，斜刘海儿下一双大眼睛微微含笑，清澈明亮。"今天你真漂亮，"何雨竹第一句话就说，"这么个漂亮人，做我们公司的窗口，一定不差于请个大明星啊。""雨竹姐，不带这么逗我玩的，"余安妮的第一反应说，然后她接着说："啊？什么窗口？要我做什么啊？"

何雨竹告诉余安妮，今年5月份是阳光公司成立30周年的日子，随着中国经济形势的日益发展，公司欧洲总部对中国公司越来越重视，30周年庆典将会隆重举行，这是公司塑造形象、发展公共关系的大好时机。鉴于阳光公司在行业中的地位，很多的合作伙伴也会来公司进行考察访问，公关部的工作量大增，因此公司决定由行政部负担其中一部分工作，这次由行政总监李洛寒提议，这部分工作就由余安妮负责，何雨竹还是主要抓行政部的其他工作。

余安妮听了何雨竹的安排，既兴奋又担心，面对新的挑战，她担心自己不能胜任，会影响公司的形象。何雨竹听了余安妮的担忧，告诉余安妮说不必有过多的负担。阳光公司这样安排是充分相信余安妮的工作能力能够胜任这个工作。

在何雨竹的鼓励下，余安妮接受了这个工作。她回到座位上，开始思考怎样入手接待工作？从哪些地方进行把关？她将这些想法记录到电脑中，以便理清思路。

正在这时，人力资源部的经理陈雅儿打电话过来找余安妮，她说原来在阳光公司前台做接待工作的田芸因为工作需要打算进销售部工作，公司在今年的招聘中已经招聘到了新的前台秘书，因为销售部要求的时间紧，田芸需要马上开始新的工作，无法带新人工作一段时间。余安妮以前做过接待工作，现在又主管了这部分工作，可不可以给新人做一下入职培训呢？如果可以的话，公司打算届时将通知分公司的前台秘书采用视频会议的方式由余安妮进行一次培训。余安妮愉快地答应了。

二、必备知识

企业的接待按照其接待层次可以分为前台接待、办公室接待、涉外接待。无论接待层次如何，接待对象怎样，作为接待工作人员的秘书，都必须注意自己的形象塑造，做好企业形象的"前哨"。

（一）接待工作人员的形象

企业的接待工作，是前来企业进行业务洽谈的客户工作的第一站，客户从企业的接待工作，从企业的接待工作人员身上可以直接感受到企业的管理水平与文化内涵。因此，有人说接待工作人员是企业形象的窗口，正是透过他们，客户直接认识企业、感受企业。

接待工作人员一定要注意自己的形象塑造，其形象包括着装形象、礼仪形象和工作形象等。

1. 接待工作人员的着装形象

（1）着装的基本原则。

接待工作人员的着装除了要遵循职场一般的着装原则以外，还应该注意着装要与场合相适应。接待工作人员身处不同的场合，着装要随着场合的变化而有所不同，如公务场合应该庄重严肃，一般多以职业装为主。有统一着装要求的企业，要按照企业规范着装。没有统一的着装规定的企业，接待工作人员的着装要慎重选择：面料不能太轻薄，可以选择有下垂感和有质感的面料制作的服装，严防“薄、露、透”，整体要大方得体。社交场合则可以穿着各种礼服。休闲场合要讲究舒适随意，便于活动，可以穿着夹克衫、牛仔服、冲锋衫等。

接待工作人员的着装要符合自己的条件。着装的目的之一是美化自己，每个人的着装应该与自己的年龄、身份、气质、身材、肤色等相适应，突出自己的长处，掩盖或淡化自己的不足，彰显自己最美丽的一面。同时，着装也需要突出自己的个性，在社交场合尤其要避免出现与他人撞衫的现象。

另外，着装要适应社会文化和企业文化的要求。尤其对于接待来说，作为企业的窗口，宣传企业文化是接待工作人员的基本职责之一，着装要能够体现其所在企业的文化特点。如文化公司的接待工作人员要注重时尚性，服务公司的接待工作人员要注重严谨性，生产企业的接待工作人员要注重一致性，这些行业特点都应该在接待工作人员的着装上得到体现，接待工作人员不能根据个人喜好而造成与企业的特点的反差。

（2）首饰佩戴的原则。

首饰的选择要与着装风格相一致。接待工作人员可以适当地佩戴一些式样简洁大方的首饰，以起到点缀的效果。接待工作人员在工作场合佩戴首饰时，要避免选择过于贵重或者过于廉价的仿制品。同时，接待工作人员还要避免常年仅佩戴一件首饰，这样都起不到佩戴首饰的修饰效果。

首饰的佩戴也要与接待工作人员的个人特点相适应。在佩戴首饰时，人们的眼光会被吸引到佩戴首饰的部位，因此要注意扬长避短，如肤色暗黄的人不宜佩戴以色彩取胜的首饰（如蜜蜡、碧玺等），而应选择透明度较好的首饰（如水晶等）。

2. 接待工作人员的礼仪形象

在商务活动中，接待工作人员的举止要优雅大方，言谈要幽默得体，这样的形象易于取得他人的信任和好感，能够很快地打开工作局面，同时也会增加自己的信心。

（1）微笑。

在商务活动和人际交往中，人们最常用的表情是微笑。微笑的人会让人觉得和蔼可亲，有耐心、有温情，值得信任。微笑应该是发自内心的，眼睛要表现出生动的表情。接待工作人员在接待客户的时候肩负着表现企业形象的重任，其态度热情或者冷漠，客户能从中感受到企业是开放还是封闭的，尤其是对于首次来访的客户来说，他们从接待工作人员的身上产生对企业的初始看法，美好的微笑可以让客户产生受欢迎的感觉。因此，接待工作人员应该训练自己微笑的能力，不仅要笑得真诚，而且还要笑得赏心悦目。在工作中保持职业性微笑，也是接待工作人员职业道德的体现。

(2) 表情变换。

微笑是待客的基本表情，但不是唯一的表情。在特殊的场合，如客户表示苦恼或者悲伤的时候，接待工作人员一味地微笑，可能会使客户感觉到接待工作人员缺乏同情心，怀疑他的微笑是冷笑或是嘲笑，这样就会造成不好的效果。因此，接待工作人员要随着客户情况的不同判定如何调整面部表情。如果客户因为某些事情感受到不快时，接待工作人员要收敛微笑，以专注的神情倾听客户的诉说。如果客户羞怯胆小，接待工作人员要主动热情，主动询问对方的来意，以保证工作顺利展开。

(3) 目光。

根据国际通行礼仪的要求，谈话时眼睛要注视对方，与对方进行目光交流。在公务场合，接待工作人员的目光要注视客户的额头到双眼的三角区域；在社交场合，要注视客户的双眼到嘴巴的三角区域。越是严肃的场合，注视的范围越是狭窄。在注视时，接待工作人员要保证目光的专注，不要游移。遇到客户的目光时，接待工作人员则要很亲切地回望，不要躲避，同时保持微笑。

在中国传统的礼仪中，与领导者或者长者在交谈时，头部应略微向下，目光下垂，不直接注视对方，以示恭敬。这种做法视接待对象也可借鉴。

(4) 手势和举止。

在面对面的交往中，语言在沟通中所起的作用只占30%，其余的70%是通过身体语言来表现的。如果接待工作人员不能正确地使用或者控制自己的身体语言，即使话说得再动听，也会让客户产生反感的情绪，并进而对其诚实性表示怀疑。

3. 接待工作人员的工作形象

接待工作人员不是花瓶，仅有好的外表和仪态远远不能胜任接待工作。在接待工作人员与客户的接触中，真正能够让客户产生良好、深刻印象的，还是接待工作人员的工作能力，即接待工作人员的职业行为，它展示了接待工作人员的工作形象。

(1) 坚持公平对待的原则。

接待工作人员在接待客户的时候，必须坚持一视同仁、公平对待的原则。不论客户的身份怎样，客户来自何方，接待工作人员在接待顺序上都要坚持先来后到的原则，不可视客户的身份地位不同而改变接待次序。在为客户提供服务时，要按照工作规范进行，不能对某些客户热情如火、面面俱到，却对某些客户却冷漠如冰、挂一漏万，全程要对方做自助式服务，这些都会造成客户的不满，从而影响企业的形象。

(2) 熟悉业务，满足客户的合理要求。

接待工作人员在接待客户时，要尽量满足客户提出的合理要求，制订高效率的客户接待计划，安排好接待活动，不能临时应对，遇到问题或者打电话四处查询，长时间查资料寻找答案,或者安排一些与客户来访目的不相符合的活动,浪费人力、物力。接待工作人员必须对企业有所了解,对来访客户的资料有所把握,对接待流程了然于心,对接待中可能出现的问题提前准备好应对方案。另外,接待工作人员要具有独当一面的工作能力,能够在客户面前展示出对企业的热爱,对客户的尊重,对工作事务应对得当的能力。

(3) 全程接待,始终如一。

在接待客户的过程中,接待工作人员要善始善终,坚持高质量的全程服务,不能在接待工作中出现"三板斧"现象。全程接待,是指在接待中,不能管接不管送,管来不管回,管计划不管落实,不能客户在企业做客时热情接待,客户人走后就冷漠对待,不重视接待善后工作。接待工作人员也不能根据个人的主观状况对待接待工作,如自己精神饱满的时候就积极,疲累的时候就消极,认为合作前景好就积极,合作可能落空或者即将结束就消极。接待工作人员的工作状态和工作质量是客户判断企业合作意向的指标之一,接待工作人员对此必须高度重视。

三、实训任务

为了做好这次培训,余安妮进行了深入的思考。经过调查,她发现阳光公司的前台秘书基本上是从各高校文秘专业招聘进来的优秀毕业生,专业知识储备较为丰富,不足之处在于缺乏工作经验。对她们的培训,进行接待知识的讲解和介绍是不必要的,而是应该从实战出发,多介绍一些实际案例,进行一些模拟性的训练。

那么,应该选用哪些案例呢?余安妮从公司档案室借来了行政部历年来存档的相关资料并从中进行查找,但一直无法确定下来。何雨竹看到余安妮举棋不定的样子,安慰她说:"还记得你当初刚来公司作前台接待工作的情景吗?为什么不用自身的经历作个说明呢?""是啊,"余安妮豁然开朗,"我自己的体验,说出来不是更有说服力吗?"她想起来了自己刚进入公司作前台接待工作的一件事情。

余安妮记得,那是9月的一天。9月的珠海,天气仍然热气逼人,余安妮那天穿了一件上面印有漫画萌妹子头像的白色T恤,一条小黑裙,高扎马尾,看上去清纯可爱。她提前到达工作岗位,整理好工作台面,带好工作卡,公司同事们才陆续来上班。她微笑地面对大家,感到一切都那么美好。

余安妮牢牢记住了公司预约登记表上客人来访的时间。早上10点多,按照预约登记表的记录,公司开户行信贷部李经理将来公司洽谈业务,余安妮做好了迎接准备。这时,来了一位快递员,他满头大汗,为公司派送快件,余安妮与他正核对快件时,看到李经理进入公司大厅,她赶紧放下手中的工作,上前同李经理招呼,请李经理去会客室稍候。匆忙中,她对快递员说:"您稍等,我马上就回来。看您出了这么多汗,一定很渴,"她用一只手指指了一下,"那边有饮水机和一次性纸杯,您自己倒水喝吧,顺带休息一会儿。"李经理说:"我不着急,你先忙你的。"余安妮说:"周桐希副总经理已经打过招呼了,您来了一定赶紧请您过去。您是我们的重要客人。""哦,是吗?"李经理边答应边随余安妮走入会客室。她给李经理倒了茶,并报告了周桐希,等她回来时,发现一堆快件扔到地面上,快递员已经不见了。余安妮感到很奇怪,她把快件整理好,又继续工作了。

中午休息时间,在公司的餐厅吃饭时,何雨竹端着餐盘过来与余安妮坐到一起,问她工作情况,她笑着说很好。何雨竹问道:"上午来了一个快递员,你接待他了吗?"

余安妮说接待了,何雨竹说:"我今天回来的时候刚好碰到他往外走,嘴里还嘀咕着'势利眼',我问他发生了什么事,他说'还不是前台秘书',再问他具体怎么了,他就不回答了。李经理今天离开公司的时候,周副总要我去送行,当时你在前台埋头做什么呢?我想喊你一声,李经理说不用了,小姑娘很可爱,一看就是刚毕业的。"何雨竹说完看着余安妮,余安妮茫然地看着何雨竹不知所措地说:"是啊,我就是刚毕业啊。"何雨竹看了她一眼认真地说:"今天,你犯了四个错误。"

（一）实训任务一：讨论

(1) 分小组讨论,指出余安妮在接待工作中犯了哪些错误,并指出这些错误违反了接待工作中的哪些原则。

(2) 归纳出企业接待工作人员一般可能遇到的接待对象,并归类总结相关接待原则。

（二）实训任务二：模拟

分小组模拟,为余安妮设计规范的着装,并演绎正确的接待方法。

四、实训评价

评分标准 / 项目达标要求	实训情况	问题总结	解决方法	自我评定	教师评定
正确指出余安妮在接待中所犯的4个错误					
为余安妮设计的着装形象符合职业要求					
情景模拟正确,能够改正余安妮在接待中存在的错误					
对接待工作人员可能遇到的接待对象考虑全面周到,分类正确					
提出的接待原则正确					

任务二　企业前台接待

一、案例导入

阳光公司在管理上有自己的策略,公司规定各部门的员工要定期进行工作上的交流,并将交流结果记录下来，以备查询。余安妮在翻看行政部的历年资料时就看到了一篇自己做前台秘书时写的工作日记。

2014年9月25日，星期二，晴

今天我很开心，终于受到了何雨竹的肯定，表扬对我来说真是久违了。

今天早上我提前15分钟到达公司，整理办公桌面，查看了饮水机里的水和纸杯还有没有，整理了报纸杂志架，检查了办公文具，把地面上残留的水渍擦掉，以保证有一个安全整洁的接待环境。

做完这些后，我翻看预约登记表，了解今天的接待安排。正看着时，电话铃响了。我接起电话说："您好，这里是阳光公司，请问可以为您做什么？"对方是位女士，她自我介绍说自己是当地一所高校的老师，想带学生来我们公司参观，实地感受企业工作的氛围，不知道我们公司是否可以安排？我想了想入职培训中公司架构图中提到的工作职责范围，这种参观应该属于市场推广，是由销售部负责的，征得她的同意后就把电话转接过去。

刚放下电话，就看到有4个人进入公司，我赶快站起来，微笑地看着对方。其中一位女士直接向我走来，等她走近我，我招呼说："早上好，请问可以为您做什么？"

女士说："早上好，我们是达力公司的，特来拜访贵公司周副总的。"我一想，按照约定达力公司的人要在10:00来拜访周副总，现在还不到9:30，时间还这么早，直接让他们上去会不会打扰周副总的其他安排呢？于是我说："欢迎欢迎，先请这边坐。"我将他们带到接待区的沙发前落座，倒了水，拿了杂志给他们看，然后走到前台给周副总的助理打电话进行汇报，助理接电话后说："请他们稍等，周副总的会还有10分钟左右才能结束呢。过15分钟你带他们上来吧。"

刚放下电话，一位年轻男士手里提着纸袋走进来，我刚说"您好"，他就一脸笑容地对我说："你好！我来拜访你们行政部的经理，我们有约。"我想"不对啊"，我看过预约登记表，何雨竹今天没有访问安排啊。我问道："请问怎么称呼您，我好为您通报。"他说："不用了，我自己去找就可以了。"我说："对不起，这是我们的工作制度，您看他们不是也在那里等着吗。"年轻男士就说："哦，那么你就说我是文星办公用品公司的，有一些办公用品很不错，我想向你们介绍一下。"我想到公司购买办公用品有固定的供应商，前不久刚发给我们很多的产品图片，听何雨竹的意思是继续采购。于是我说："对不起，经理现在不在，要不您留下联系方式和产品介绍，我替您转交。如果合适，我们会联系您的。""好吧"他将手里的纸袋给了我说："这是样品"，然后又拿出一张名片，我将它们放到一起说："下次您来可要提前预约啊。""好吧。"他笑着答应。

送走了文星办公用品公司的推销员，我看了看挂钟，已经9:45了，走过去说："李副总请你们上去，各位请这边走。"我带他们到了电梯口，按下开关后告诉他们说："三楼，右手第三个办公室。"等电梯门关闭后，我回到了前台。

下班的时候我将文星办公用品公司推销员的资料给何雨竹送了过去，何雨竹听了我的汇报说："处理得很好，继续努力。"我高兴得笑了。

二、必备知识

一般来说，企业的前台接待工作由前台秘书负责，其工作范围包括前台、会客室，接待任务则包括接听电话、接待内宾、接待来访客户。

（一）准备好接待环境

企业的前台、会客室、办公室是企业环境的构成部分，处于企业文化中的“硬文化”层面，是企业展示形象的要素之一，来访客户对企业的初始感知来自于企业环境和设备设施。因此，前台秘书不仅要注意提高自己的接待能力，同时也要注意做好接待环境的准备工作。

1. 环境准备

接待环境包括前台、门厅、会客室、办公室、走廊、楼梯等，接待环境要保持清洁、整齐、明亮、美观，并且无异味。

前台秘书要配备接待工作的专用工作台，这种工作台分为上下两层，上层供来访客户使用（如填写资料），下层则为前台秘书工作使用。上层工作台的桌面要保持清爽、整洁，一般不摆放物品；工作时使用的办公用品要摆放到下层工作台的桌面上，当客户有需要时立即提供给客户使用。接待工作台要经常擦拭，保持干净，不要有灰尘、水渍和指印等。

前台门厅、墙壁、大门的玻璃门要保持清洁、干燥，若有灰尘或者水渍时要及时通知保洁人员尽快清洁，走廊、楼梯扶手也要经常擦拭，确保不会出现卫生死角。前台门厅、会客室要摆放花束或者绿色植物，用以调节色彩，从而保证空气的新鲜。若有大型的接待活动，需要在门厅显眼处摆放书写有欢迎标语的标志牌，或者在电子屏幕上打出欢迎标语，地面上要铺设红地毯。

会客室则要注意保持清洁和美化。如果有接待活动需要使用会议室时，前台秘书则应提前打开会议室的窗户通风，清除因关闭产生的异味。如果温度过高或者过低，前台秘书还应提前打开空调调节温度，保证客户到来时温度适宜。若有大型的接待活动，前台秘书可以在会客室上方悬挂写有欢迎标语或者接待活动主题的横幅，对会客室进行布置。接待工作结束后，前台秘书要立即对会客室进行清理，以保证下一次接待工作的使用。

2. 办公用品准备

在前厅里，前台秘书应该为客户准备座椅、茶几、饮水设备和用具，以及一些行业或者休闲读物，保证客户在等候时间不会因为无聊而产生不满。

会客室要有会客使用的桌椅、饮水设备、用具等，由于接待的客户不同，茶水、茶具、茶叶、饮料等在会客室中要准备齐全，一般客户、来访时间较短的客户可以使用一次性纸杯，重要的客户则应该使用正规的茶具。如果来访客户的来访时间长（超过两个小时），则应适当准备提神饮料。会客室的桌面上还应摆放一些企业的宣传材料以备客户翻阅。

（二）做好接待工作

1. 做好电话接待

电话机应该放到前台秘书最容易拿到、最方便使用的地方。为了便于记录，电话机一般放在办公桌的左手处。在办公桌上还应该有笔和电话记录用纸，根据接电话的需要，方便前台秘书随时进行记录。

电话铃响 3 声之内前台秘书要接听电话。一般来说，电话铃响两声后接听电话最为合适。前台秘书因为其他工作而没有及时接听电话，在接起电话后首先要表示歉意。

在接听电话时，前台秘书要保证声音自然、亲切、平和，使客户感受到自己的热情。接听电话时，前台秘书首先要向对方问好，接着自报家门，以防对方拨打错误。在对方说话时，前台秘书要与对方保持交流，让对方感受到自己在认真地倾听。如果接听中有不太清楚的地方，前台秘书要主动向对方询问，以保证信息的准确无误。如果通话中涉及时间、地点、数字等内容，前台秘书还应该在对方说完后重复这些内容进行核对以保证记录的正确性。通话结束后，前台秘书要与对方道别后再挂断电话。

如果同时打进来几个电话，前台秘书要请正在交谈的一方稍候，告诉对方有电话打入，需要处理，请对方不要挂断电话，然后前台秘书要迅速地接听另一个电话，根据事情的轻重缓急程度判断出应该先处理哪一个电话的问题，对需要中断通话的一方表示歉意，确定好再次联系的时间和方式后，马上处理紧急电话。

前台秘书也常会接到寻找领导者或者同事的电话，这时不能直接转给领导者或者同事所在部门，或者简单拒绝，正确的做法是前台秘书要问清楚对方的基本信息和来意，根据需要进行转接。如果领导者或者同事不在，前台秘书不必特别详细地说明他们的去向和工作内容。需要转达电话内容时，前台秘书要填写电话记录单（参见表 5-1），然后将其背面朝上放在领导者或者同事的办公桌上。领导者或同事回来时前台秘书可适当予以提醒。

表 5-1　电话记录单

<table>
<tr><td>来电单位</td><td></td><td>来电人</td><td></td></tr>
<tr><td>来电时间</td><td>年　　月　　日　　时　　分</td><td>电话号码</td><td></td></tr>
<tr><td colspan="4">内容摘要：</td></tr>
<tr><td colspan="4">领导批示：</td></tr>
<tr><td colspan="2">处理结果：</td><td colspan="2">记录人：</td></tr>
</table>

2. 做好内宾接待

前台秘书不仅要接待好外部来访客户，对本企业的工作人员要贯彻“内部客户”原则，也要做好迎接工作。前台秘书要提前到达工作岗位并整理工作环境，做好迎接准备。当企业的工作人员进入办公大厅时，前台秘书要以良好的精神风貌微笑地面对大家，或起立问候，或点头示意，从而营造和谐的工作氛围。

3. 做好来访者接待

在企业的访客中，有相当一部分是来访前就确定好的，前台秘书应该在每天下班前与各部门沟通，了解并确认第二天预约来访者的情况，包括单位、职务、人数、姓名、来访时间等，并进行汇总登记。

温馨提示

秘书人员接待中的“3S”原则

1. Stand up(站起来)。
2. See(注视对方)。
3. Smile(微笑)。

如果没有他人接待，当来访者走近时，前台秘书要向来访者说欢迎用语，并用适当的语言表示愿意为来访者效劳，了解来访者的来意。如果来访者无视前台秘书的存在而想要直接进入办公区域，这时前台秘书应出声喊住对方，不能听任对方自行其是。

在了解来访者的资料后，如果来访者是有预约且按时到达的，要进行登记，给对方佩戴访客标识牌。如果前台有两名秘书人员同时值班，其中一名前台秘书可以带领来访者前去。在引领时，前台秘书首先要告知来访者所要到达的具体位置，走到来访者左前侧1米左右的位置，在出门、转弯、上下楼梯时要用语言加以提示以及手势进行指引。

进入会客室前，如果会客室中有人员等候，前台秘书应敲门，确认后方可带领来访者进入。开门时，前台秘书应遵循“内开门己先入，外开门客先入”的原则。进门后前台秘书可以说“请坐这里”并配以手势为来访者指引座位。

主客座次安排的原则是：里面为上，外面为下；面对门为上，背对门为下；右座为上，左座为下。前台秘书必须了解这一原则，在安排座位时准确把握。如果来访者不顾前台秘书的指示随意落座，前台秘书要秉持尊重来访者选择的原则，不必要求来访者改变座位。

如果前台只有一名秘书人员，不能带领来访者去会客地点，正确的做法是：第一，打电话通知相关部门其等候的客户已经到来，请他们到前台这里进行接待；第二，发给来访者访客标识牌，指示前去会客地点的道路，请来访者自己前去。

如果来访者提前到访尚未到预约时间，而相关部门的工作人员正在从事其他的工作不便马上会见，前台秘书要请来访者在门厅接待处稍事休息，给来访者倒茶并且提供读物，待到预定时间后，再打电话通知相关部门，完成接待工作。

企业的来访者中也有一部分是未事先预约的。对于这部分来访者，前台秘书要进行“过滤”和“分流”。“过滤”是指将领导者和其他同事不愿意见的或者没有必要见的来访者挡在门外。对需要“过滤”的来访者，前台秘书应该客气而坚定地拒绝其进入办公区域，以免影响正常的工作秩序。如有必要，可以指导来访者填写《来访人员记录表》(参见表5-2)，留下相关资料。“分流”是指将一些要求会见领导者，但其问题具体职能部门就可以处理的来访者指引到具体部门去。前台秘书应对这部分来访者进行耐心的解说和准确的判断，提出合理化建议。

表 5-2　来访人员记录表

日期：

序号	来访时间	来访人姓名	事由	被访部门	备注

如果在接待来访者的时候恰好有电话打进，前台秘书要能够沉着应对，不能置打来的电话不理或者是只接听电话而不理睬来访者。前台秘书应该尽快处理通话，如果电话中的问题复杂，则告诉来电者稍后再进行通话后，先行接待来访者，不能让来访者久候。如果问题很简单，前台秘书就应先对来访者表示歉意，迅速地解决问题后，马上礼貌地接待来访者。

来访者离开后，前台秘书要填写《来访人员记录表》，对一天内来访客户的资料进行整理，以便日后工作联系使用。

三、实训任务

通过公司的网络，余安妮完成了这次前台秘书的培训工作。在培训中，余安妮罗列出了在前台接待中可能出现的各种情况，讲解了各种方案，以及相互比较集中处理方案的优劣。培训内容是余安妮一年多从事前台接待工作的切实感受，是她经过比较提炼之后得出的认识，引起了很多前台秘书的共鸣。

培训过后一个月，余安妮认为有必要检验一下培训的效果，于是向人力资源部建议是否可以在全公司范围内进行一个“我是好前台”的竞赛活动，参赛人员可以是现任的前台秘书和曾经的前台秘书，竞赛的方式是请现任的前台秘书用视频真实地记录自己的工作过程（公司有监控，而且可以对客户的面部进行马赛克处理，只保留声音和基本形象），选择一段进行编辑后作为参赛资料。曾经的前台秘书则可以撷取一段以前的工作经历，使用表演或者演示的方法，进行前台工作的其他视角的介绍，这样既活跃了前台工作，又有利于大家进行工作交流，可以更好地展现前台秘书的风采。当然，为了激发大家的积极性，公司可以给予优胜者一定的奖励。

余安妮的想法让陈雅儿觉的很有意义，经过请示后决定在全公司开展此项竞赛。鉴于这个活动是由余安妮提出来的，而且她也是这方面工作的佼佼者，因此，公司领导一致决定竞赛范围、竞赛内容、竞赛标准由余安妮制定。余安妮接受了这项工作。

余安妮在征得相关部门的同意后，在公司的网络上发布了《关于开展我是好前台竞赛活动的通知》。

（一）实训任务一：竞赛

在班上举办一次“我是好前台”的竞赛活动，内容包括：

（1）准备接待环境、接待物品和接待资料；

（2）接待工作人员形象的展示（包括静态的和动态的）；

（3）如何接待预约人员（包括提前到达、准时到达、推迟到达等情况）；

（4）前台秘书“分流“和“过滤”功能的实践；

（5）引领来访者；

（6）正确接打电话，正确处理接听电话与接待客户的工作；

（7）参赛方式，使用 PPT 和文字说明，或者以视频材料的形式来展示。

（二）实训任务二：点评

老师可以从每组中选出一名评委组成竞赛评判组，为同学的表现评分，并由评委进行点评。

四、实训评价

评分标准 项目达标要求	实训情况	问题总结	解决方法	自我评定	教师评定
接待环境的布置符合接待工作的需要，能够较好地展示企业形象					
接待工作人员的形象大方得体，姿态优雅，表情亲切					
接待预约人员的程序正确，不同情况处理得当					
面对不同的来访者，能正确进行地“分流”和“过滤”					
正确引领来访者上下楼梯、乘坐电梯、进入会议室等					
接打电话的程序正确，语言清晰得体，处理问题方法正确					
视频材料清晰生动，PPT 展示文字图案配合得体，过程展示全面正确					

任务三　秘书人员的办公室接待

一、案例导入

阳光公司发展迅速，市场不断扩大，为此需要联合其他的企业共同发展。S市的信达公司最近向阳光公司表达了合作意向。该公司是一家老字号的企业，具有悠久的历史传承，希望能与一家现代化气息浓厚的企业强强联合。通过多方调研，信达公司初步拟定了几个对象，阳光公司因资质优良、产品口碑好而入选。信达公司计划通过实地考察，从这几家企业中选定合作伙伴。上个月，信达公司给阳光公司发函表示要来考察，考察人员由该公司副总刘进、副总助理金一民、生产部经理陈金福、营销部经理张民、企划部经理李健组成，希望了解阳光公司的阳光企业文化、产品研发，并参观阳光公司的生产线。阳光公司复函表示欢迎，将接待工作的任务交给了行政部。

何雨竹负责安排这次接待工作，她分配余安妮撰写接待计划，表示公司领导很重视这次接待，希望能够借此展示公司的实力，促进双方的合作。公司行政总监李洛寒将全程陪同，对于对方的一些要求，在不会给公司造成损失的前提下可以考虑满足，除了工作因素以外，在吃、住、行上都要安排合理，体现出阳光公司希望双方进行合作的诚意。

余安妮根据何雨竹的意见，撰写了接待计划，她将接待计划交给何雨竹，何雨竹逐项进行了审查："接待规格，接待日程安排，接待经费，挺全面的。还有接待工作人员的安排，用表格细分了工作范围，醒目又详细，基本符合要求。但是，你在安排参观公司研发部的时候考虑到了保密的情况吗？按照你的安排，他们可以接触到公司正在研发产品的资料，这个不合适。另外，你所考虑的几家酒店的价格相对较高，这次他们来访的住宿费用是自付的，是不是符合他们公司的财务规定，你有没有进行了解？如果回去报销有了问题，这就不太好了。另外，你还要考虑一下娱乐活动的安排，他们在这里要住两个晚上，难道每晚都在酒店里待着吗？""好的，经理，我回去再修改一下。"余安妮点点头。

修改之后，何雨竹对接待计划的不足之处进行了改进后上交给李洛寒，获得了批准。何雨竹与信达公司进行联系，通报了阳光公司的接待安排，对方表示满意。行政部开始了接待工作的落实，有人安排接机、订酒店、订餐，有人负责起草材料，有人负责联络安排各有关涉及接待的部门，整个行政部都按照接待计划的安排有条不紊地忙碌着。

二、必备知识

办公室接待是对通过预约，与企业就彼此间某些事项的合作形成大致相同的意见后来访的客户进行的接待。一般来说，这种接待往来人数较多，来访涉及事项较广，时间也较长，接待工作需要统筹安排，通常这样的接待工作是由企业的秘书人员来负责计划和协调并且执行的。

（一）制订接待计划

1. 接待规格

秘书人员要根据来访者的身份确定接待规格。接待规格有三种，即高规格接待、对等规格接待以及低规格接待。

（1）高规格接待。

高规格接待即主要陪同人员的职位比主要来宾的职位要高的接待方式。高规格接待表明了接待方对被接待方的重视和友好，容易获得被接待方的好感。但是，如果经常采用这种接待规格，会占用主要陪同人员很多的时间，而且在后面继续与被接待方来往时变更接待规格可能会引发对方的不满，因此，这种接待方式不常采用。

（2）对等规格接待。

对等规格接待即主要陪同人员的职位与主要来宾的职位相当的接待方式。这种接待方式既不会使被接待方感觉受到怠慢，同时在接待中因为主陪双方的职位相当，也更容易进行交流。这是最常用的接待方式。

（3）低规格接待。

低规格接待即主要陪同人员的职位比主要来宾的职位要低的接待方式，所有的基层单位的接待都属于这种方式。对企业来说，如果接待的不是上级主管部门，一般来说不采用这种接待方式，否则会引起被接待方的不满。低规格接待在接待工作的落实上，需要进行细致、周到的安排，以让上级感受到下级的工作能力。

2. 接待规格的确定

接待规格的确定权最终在领导者。秘书人员根据来访者的身份和目的，初步拟定接待规格，并根据与被接待方交往的历史，或者主要来宾的性格特征、文化背景、己方工作安排等因素，确定书面接待人选，但这些仅仅属于参考意见，由秘书人员提交给领导者，由领导者确定是否采纳。

接待规格确定后，秘书人员要将相关陪同人员的身份资料以及日程安排告知被接待方，征求对方的意见，得到对方的认可。如果被接待方有疑问，秘书人员要负责解释。但是，秘书人员要注意不要随意变动接待安排，以免为领导者的工作增加负担。

影响接待规格的因素有以下三个方面：

（1）被接待方与己方的关系。若被接待方的来访意义重大，或者己方非常希望与被接待方发展合作关系，希望通过此次接待让被接待方看到己方与对方合作的诚意，此时往往会采用高规格接待。

（2）一些突发因素会影响既定的接待规格。因为不可避免的突发事件，主要陪同人员临时无法履行接待任务，只能由他人代替，从而导致接待规格降低。遇到这种情况，秘书人员要提前与被接待方取得联系，解释清楚，并向对方道歉。

（3）以前接待过的来访者，最好沿用上一次的接待规格。

3. 接待计划的主要内容

接待计划是秘书人员根据来访者的意图，依照企业的接待制度，对来访者到达企业后的接待工作所做的具体规划和安排。接待计划是接待工作的第一步，是由秘书人员起草制订的。其内容有接待规格、接待日程安排和经费预算三个部分。在企业内部，秘书人员还会将企业内部与接待工作有关的工作人员的安排写入接待计划中，但在与被接待方进行来访事务安排的联络与沟通中，这部分内容没有必要出现。

接待计划的主要内容参见表 5-3。

表 5-3　接待计划的主要内容

序号	内容	具体安排	备注
1	接待规格	主陪高层人员，住宿，用车，餐饮，其他陪同人员	
2	日程安排	来访起止时间，每天的活动内容（日期、时间、地点、活动内容、陪同人、联系方式等）	可以使用表格的形式
3	经费预算	工作经费（租借会议室、打印资料等），住宿费，餐饮费，劳务费（讲课、演讲、加班等），交通费，参观游览和娱乐费用，礼品费，宣传公关费，其他经费	如果住宿费、交通费、参观游览和娱乐费用需要对方自理，要将费用提前告知对方。如果两个以上单位联合接待，要提前确定经费来源
4	工作人员	负责的工作，负责的工作要求，工作的时间、地点、联系方式等	在必要时进行工作培训

4．落实接待计划

在领导者批准接待计划后，秘书人员要与被接待方就有关事项进行沟通，得到对方的认可后，秘书人员就要按照接待计划将工作逐一落实，直到接待工作完成。

（1）确认用车标准，预订车辆。

秘书人员要根据接待规格以及被接待方的人数来确定接待用车。首先，接待用车应该保证够用，不能发生拥挤现象。其次，秘书人员要根据客人的身份选择车辆的规格和档次，要与接待规格相一致。如果被接待方有特殊要求，秘书人员需要向领导者进行汇报取得批准。

确定接待用车后，秘书人员必须提前告知有关部门用车的时间，并确定司机，掌握司机的联系方式以防出现突发情况。

（2）确定餐饮标准并且安排相关事宜。

秘书人员要根据企业的相关规定，按照接待规格，确定餐饮标准，并安排相关事宜。秘书人员要了解被接待方是否有饮食禁忌，就餐者的人数，一共要安排几次餐饮，其中哪些属于宴请，哪些属于工作餐，哪些可能是被接待方的答谢酒会，哪些餐饮费用由己方支付，哪些餐饮费用由对方自己付费，宴请地点选择在哪里，由哪些人作陪，宴饮的桌次、座次如何确定，宴请菜单应该是什么档次，有哪些菜色可以体现出己方宴请的诚意，并且符合被接待方的饮食习惯，宴请时是正式发出请柬还是口头邀请，这些都需要秘书工作人员事先确定。

（3）确定住宿标准并且安排相关事宜。

秘书人员要根据企业的相关规定，按照接待规格，确定被接待方的住宿标准并且提前预订房间。秘书人员要了解被接待方的人数、身份、性别以及住宿要求，综合交通、环境、卫生等因素选择出适合的酒店。在确定住宿酒店上报领导者审批时，秘书人员应该多提供一些选择给领导者。

在预订房间时，秘书人员要考虑被接待方人员的具体情况进行安排，为主要来宾要安排商务房或者单间，其他工作人员一般安排标准间。秘书人员要尽可能地选择在卫生、安全和服务方面有保障的酒店，首先可以考虑与企业有合作关系的酒店。

（4）安排来访者的参观、娱乐活动。

团体来访一般都会安排参观、娱乐活动，这是为了让被接待方更好地了解企业的实力，感受企业文化。

在安排参观内容时，秘书人员要根据参观目的而有所侧重：一是要安排有代表性的，能够满足被接待方的基本要求，表现企业特点和实力的参观内容；二是不要影响企业正常的生产和工作，这需要通过精心设计参观路线来达成；三是要注意保密，一些重要的核心机密，或被列为拒绝参观的内容，或在参观时要严格制定参观纪律的，要向参观者说明并督促他们遵守。

工作之余，秘书人员可以安排被接待方进行游览、娱乐，以显示接待方的好客和文化素养。如果被接待方初来本地，可以安排游览本地区的代表性景点。在游览时，秘书人员要熟悉游览的景点，能够进行简单的解说，而不能全部交给导游。

如果被接待方的身体、年龄以及兴趣都不允许进行游览，秘书人员还可以安排娱乐活动。娱乐活动包括参与项目与观看项目。秘书人员要了解被接待方的特长和兴趣，挑选其喜欢的、水准较高的观看项目，参与类的项目则要照顾被接待方的身体状况，选择有趣但是难度、强度都较小的项目，以保证参与者的身体健康和安全。

在安排参观、娱乐时，秘书人员要根据不同的活动特点提醒被接待方注意着装，并提出合理化建议。在公众场合避免大声喧哗，遵守公共场所秩序，遵守活动场所的行为规定，在活动中尽量提供文字性的相关资料给被接待方，为他们做好服务工作。

5. 接待来访者

（1）接待物品准备。

如果秘书人员与被接待方未见过面，就需要事先制作一个接站牌，牌子上写明被接待方的单位名称和姓名，接站牌上的字要大而醒目，以方便被接待方从远处就能看到。如果被接待方比较重要，秘书人员还应该准备接站使用的鲜花，当确认被接待方后献上。

（2）接站人员。

在一些高规格接待中，接待方为了表示对被接待方的高度重视，主要陪同人员会亲自到机场或车站迎接。这种接站方式场面大、气氛好，但是会加重主要陪同人员的工作负担，所以一般情况不使用这种接站方式。接站人员通常情况下由秘书人员充任，秘书人员受主要陪同人员的委派前去机场或者车站迎接，主要陪同人员可以在酒店等候。这是接站工作中常用的人员安排。

（3）介绍礼仪。

在机场或者车站接到被接待方后，接待方应该先作自我介绍，以保证被接待方的知情权。如果主要陪同人员前来，但被接待方与接待方不熟悉，一般先由接待方的秘书人员介绍双方认识，介绍顺序是先主后客，然后，由接待方主要陪同人员介绍接待方人员，再由被接待方的主要来宾介绍被接待方人员。

在介绍过程中，接待方要主动握手，向被接待方表示欢迎。接待方的秘书人员在征得被接待方的同意后，可以帮助其拿取大件行李并放到接待用车的后备厢中，如被接待方婉拒则无须坚持。

（4）乘车礼仪。

迎接被接待方的用车一般是轿车。如果接待规格高或被接待方的人数较多时，则是由主要陪同人员同主要来宾乘坐一辆轿车，其他人员乘坐商务车或者大客车。乘车礼仪主要是针对主要来宾而言。

如果驾驶者是主人，双排五人座轿车的上座应该是副驾驶座，其他依次为后排右座、后排左座、后排中座。三排七人座轿车除了副驾驶座以外，其他依次为后排右座、后排左座、后排中座、中排右座、中排左座。

如果驾驶者是专职司机，双排五人座小轿车的上座为后排右座，其他依次为后排左座、后排中座、前排副驾驶座。三排七人座轿车的上座为后排右座，其他依次为后排左座、后排中座、中排右座、中排左座，前排副驾驶座。

在乘车时，本着尊者先行的原则，要让主要来宾先上车。接待方的秘书人员等应为主要来宾拉开车门，示意其乘车位置，待其坐好后关上车门。其他人可以自行上车，秘书人员最后上车。下车时，如果目的地没有工作人员为主要来宾开门，则秘书人员要先下车为主要来宾拉开车门。如果有门童、警卫等可以代劳，秘书人员就不必抢着做此事。

6. 送别

被接待方完成工作任务返回时，接待方要做好送别工作。如果被接待方离开的时间是上午，在前一天晚上，接待方的全体人员要前去被接待方下榻的酒店进行话别，时间控制在30分钟内。必要的话，接待方可以准备一些礼物在话别时送上。如果被接待方离开的时间是下午或者晚上，接待方可以于当天上午到酒店与其话别，同时接待方要将有关送行的工作安排告知被接待方，让被接待方放心。

三、实训任务

行政部负责接待信达公司的工作很成功，表示了感谢，信达公司很快与阳光公司达成了合作意向。阳光公司总裁郑部对这次接待给予了高度评价，而余安妮作为接待计划第一稿的起草者也被提及。虽然她反复强调说何雨竹才是接待计划的完成人，但大家还是对她表示了赞赏。

田芸与余安妮同时应聘来到阳光公司，在前台干过一段时间的接待工作后被分配到销售部做助理。销售部对外联络频繁，接待任务多，田芸也感到较大的压力，经常同余安妮一起交流工作经验。这天，她又给余安妮打电话："安妮，B市亚美力公司4月20—23日要来咱们公司参观，指明要求我们销售部介绍经验，说对我们最近搞的那一套'饥饿营销'特别感兴趣。郑总很重视对方的来访，要求我们展示工作实力，加深双方之间的联系，务必做好这次接待工作。你知道亚美力公司可是国内响当当的企业。他们的销售上人员个顶个的都是精英。我们经理今天找我谈话，让我只能搞好，不能搞砸，我还真有点胆怯。我做了个接待计划，但就是不知道是否周全。安妮，你有经验，能不能帮我先看看啊？"

"你别担心，我相信你的接待计划肯定做的不差。你要真不放心就拿过来咱们一起看看，这也是让我学习的机会。我现在有一些事情要做，下班后抽时间看，好吗？"余安妮对田芸说。

田芸高兴地说："那说好了，你先忙，我下班后找你。"

下班后，田芸带着一个文件夹来了："安妮，这些都是亚美力公司的资料，有过去与咱们合作的资料，有他们带队副总的资料"余安妮翻开其中一页："看，我找到了他们的照片和简历，都是很厉害的角色呢。"

余安妮兴奋地说："嗯，真不错，田芸你干得太漂亮了。现在先说说你的接待计划，做的如何了？"

田芸赶紧回答："我有了大致构想，都写到这里了，还怕有什么遗漏的地方，所以找你请教来了。"

余安妮微笑着说："那我先得翻翻这些资料才能发表意见。"

田芸把文件夹递给余安妮说："是啊，所以我带过来了，这些都不是什么保密资料，我可没违犯纪律啊。"

余安妮回答道："那好，我先带回去看看，然后给你意见。"余安妮回家后仔细看了田芸的构想，将自己的意见记录下来，留待第二天与田芸交流：

（1）对方来访的目的和公司领导的意见是什么？

（2）对方来访主宾的相关资料，以及来访基本人员的组成是什么？

（3）对方来访的要求是什么？

（4）公司可以满足对方的哪些要求？哪些要求不应该满足？

（5）公司可以提供给对方的材料是什么？可以安排的活动有哪些？

（6）按照接待工作安排可能涉及的部门、人员有哪些？

（7）住宿、餐饮、交通、游览娱乐是否安排？计划怎样安排？

（8）费用大约是多少？

余安妮将这些问题一一进行了考虑，并与田芸的接待计划进行了对比，大部分内容都吻合，只有一些小细节余安妮觉得田芸考虑的还不是很周到，比如，田芸预想的住宿地点是本市比较有名的酒店，但是离公司稍微远了点，不考虑堵车的因素，每天往返酒店与公司差不多也得一个小时左右，而且住宿费用也没明确由谁负担。如果住宿费用由阳光公司出，就超出了公司的接待标准。如果住宿费用由对方出，根据余安妮的了解，也超出了亚美力公司的住宿标准。由此看来，田芸觉得对方是著名企业，想当然地认为人家有钱，因此就没有仔细考虑。

余安妮按照自己的想法与田芸交换了意见，田芸听完了余安妮的看法后，表示自己确实某些地方考虑的还不够细，与余安妮讨论后自己受益良多。田芸与余安妮一起讨论并确定了接下来的工作任务，信心满满地着手安排接待工作去了。

（一）实训任务一：撰写

（1）制订接待计划。

（2）列出本次接待的经费预算。

（3）按照接待任务的要求，为亚美力公司的来访者订房，并将订房需要考虑的因素列出。

（二）实训任务二：模拟

（1）完成亚美力公司来访者的餐饮安排，餐饮安排合理，有利于工作以及加深双方的合作。

（2）列出接站准备的物品，模拟接站的过程，包括接站中的介绍、乘车礼仪。

（3）安排与亚美力公司探讨、考察“饥饿营销”的活动，指出哪些方面应避免泄密。

（4）为亚美力公司的来访者安排游览、娱乐项目，列出所需工作内容。

（5）安排送别工作。

（三）实训任务三：汇报

将上述工作中需要文字表达的部分整理成 PPT 进行汇报。需要实际演练的，可以拍摄成视频或进行实际操作，然后进行汇报。

四、实训评价

评分标准 项目达标要求	实训情况	问题总结	解决方法	自我评定	教师评定
接待计划的内容齐全，格式正确，具备可行性					
订房考虑因素周全，订房步骤正确，手续齐全					
餐饮安排正确、合理，就餐方式以及时间、地点的选择有利于开展工作，有利于加深双方的了解					
接站人选得当，物品准备齐全，车辆安排符合礼仪要求，乘车礼仪正确					
参观考察活动安排合理，能达到考察目的，同时具备保密意识					
游览、娱乐项目选择得当，准备工作充分，能展示己方的工作实力					
送别工作程序正确，送别人员行为得当					
经费明细合理，经济适用					
小组介绍清楚，内容完整					

任务四　涉外接待

一、案例导入

5 月份就要到了，阳光公司成立 30 周年的庆典活动即将开始，先期的准备工作已经就绪。今天一上班，余安妮就接到了李洛寒的电话。

余安妮到了李洛寒的办公室，发现公关部经理王歌也在。李洛寒对余安妮说阳光公司成立30周年庆典活动的规模较大，为了造势，公司邀请了一些合作伙伴前来参加，其中一部分是外资企业或者合资企业，其公司规模大，合作前景广阔，一定要搞好接待工作，不容有误。公关部已经全体总动员，但还是感到力不从心，因此特地来行政部求援，李洛寒决定让余安妮负责此事。

王歌说余安妮安排事情井井有条，处理问题进退有度，这一点他们都有很深的印象。这次请余安妮帮忙，主要是关于外宾接待部分的安排与筹备，公关部大部分人员的精力都放到筹备庆典活动上了，余安妮这一阶段接待过的客户都对她的工作赞扬有加，因此公关部才特地来请她帮忙。同李洛寒沟通后，李洛寒也认为余安妮可以胜任这个工作，表示大力支持。现在就让余安妮先暂时移交一下行政部的工作临时到公关部去帮忙。

余安妮听到这个安排，心里有几分忐忑，这么大的事情，如果做不好，那么后果是很严重的。李洛寒鼓励余安妮说："别担心，你的工作能力我们心里还是有数的。何况这次活动的接触面大、工作任务多，是百年不遇一回的好机会。我相信你可以做得很好，你也应该相信我们不会盲目冒险。再说了，王经理也在这里，有问题你可以向他请教，你也可以学习到更多的东西，我担保他不敢藏私的。"李洛寒这话把王经理与余安妮都逗乐了。一向严肃的李洛寒都这样说了，可见他们确实是对自己有把握的，这下子余安妮的心情也放松了很多："好吧，我努力去做，一定不辜负领导的信任。"

王歌将余安妮带到公关部，特地给余安妮安排了一个比较安静的办公卡位，将资料目录、人员安排资料都给了余安妮，表示这摊子工作就由余安妮主要负责。

余安妮认真翻阅了手中的资料，发现前来参加这次庆典活动的人员还真够复杂的，差不多世界各地都有人来，公司规模也有差别。在即将来参加庆典的人中，有的人询问是否可以带家属，有的人表示要顺便带一两单业务来，有的人则提出一些额外要求……看来自己一定得好好进行梳理、仔细安排，每一步都要筹划在内，考虑各种可能出现的状况，不能打无准备之仗啊。

二、必备知识

（一）涉外接待原则

在长期发展的过程中，世界各国形成了自己的礼仪文化和风俗习惯。当具有不同礼仪文化的人群进行交往时，势必会发生误会、矛盾，乃至冲突。因此，在涉外接待中，秘书人员要遵循国际礼仪和涉外接待原则开展接待工作，为来访者搭建平等交流的文化平台。

1. 不卑不亢

这种态度原则能够体现接待方的人格魅力和处世原则，不以物喜，不以己悲，不会为眼前的物质利益放弃自己的尊严，也不会因暂时的成功而骄傲。这样才能够让外宾对东道主产生好感，从而加深信任并加强合作。

2. 依法办事

依法办事是国际通行原则。秘书人员不仅要遵守我国的法律，而且还要遵守外宾所在国的法律，要遵守各种商业合作体所规定的章程，不投机、不取巧、不钻空子，恪守诚信，照章办事，这样才能树立起来良好的、可信赖的形象。

3. 内外有别

秘书人员在接待外宾时，要具有保密意识，除了国家机密以外，本行业或本企业需要保密的商业资料也不能泄露给外宾知道。在接待地点，秘书人员要注意资料的保密，不能随意放置。如果外宾有要求，在合理范围内的应尽量满足，一些过分的要求则要婉言拒绝。如果无法确定外宾的要求是否合理，秘书人员要及时向上级报告，请求上级指示，不能自作主张。如果一些外宾无视规定强行动作，秘书人员要及时联系相关部门和相关人员进行处理，不可姑息。

4. 尊重个人

尊重个人是国际礼仪的重要理念。在与外宾交往时，秘书人员要注意尊重外宾的个人隐私，包括其政治信仰、年龄、婚姻状况、身体状况、收入情况、家庭住址以及私人电话等；要尊重外宾个人的选择，包括其饮食习惯、服饰穿着、身体状况等。秘书人员不要随意对外宾的举动指手画脚，不要以关心为名去探寻外宾的个人隐私，这些在外宾看来都是让他们非常不能接受的行为。

5. 女士优先

女士优先，是指在公开场合或者社交场合，男士要为女士创造便利。这是一种绅士风度的体现，是从关心和照顾弱者的理念衍生而出的一种文化行为，也是国际惯例。这一礼仪主要流行于欧美各国，现在逐渐得到国际上的广泛认同。在商务交往中的一些重要场合，秘书人员要切记履行这一原则。

6. 入乡随俗

不同的国家、不同的民族有着自己的礼仪文化和风俗习惯，如果到了与我们的礼仪和风俗不一致的国际和地区，按照国际通行做法，我们应该遵守“入乡随俗”的礼仪风俗，即尊重对方的做法，在保持自我尊严的基础上，听从对方的安排，不可随意评点对方的行为或者随心所欲，照自己的习惯做事。

（二）邀请和接待工作安排

1. 发出邀请

发出邀请是涉外接待的第一步工作。一般情况下，涉外邀请讲究规格对等，即接待方出面邀请的人员的职务、地位、身份应大体上与被邀请者相当。邀请一般以书面形式进行，邀请函的内容包括被邀请者的身份、访问性质以及访问的日期和时间等内容。一些非事务性活动，为了显示对被邀请者的尊重，也可以请被邀请者在其认为“方便的时候”前来。被邀请者得到邀请函后应及时给予答复，并可以据此办理相关手续。

2. 接待准备工作

接待准备工作必须在清楚来访外宾或者代表团的基本情况的基础上进行。其基本资料包括：外宾来访的目的和意图；外宾来访的日期；来访外宾的人数、职务、性别；外宾的饮食爱好、宗教禁忌以及有无特殊的生活习惯和特殊要求。秘书人员要根据以上资料，与企业领导和来访的外宾进行大量的沟通，为接待外宾做出完善的接待计划。

3. 礼宾次序方案

在商务活动中，若一次接待两个以上的外国代表团，就需要确定礼宾次序。礼宾次序涉及来宾进场顺序、座次安排以及发言排位等敏感问题，因此秘书人员要十分重视。

在大型活动的涉外接待中，不同国家、不同地区的外宾往往会在同一个时间内到来，东道主的接待是否恰当，直接关系东道主的形象，并影响与对方的交往。为了避免因混乱造成外宾的不满，接待工作人员要依照一定的标准为外宾排序，坚持依照礼宾次序来处理自己遇到的情况，这是唯一可行的合乎礼仪规范的做法。

国际上通行的礼宾方案表现为以下五种，这些方案在接待外宾的实践中都受到了检验，表现出它们的作用，企业接待外宾可以进行借鉴。

(1) 依照外宾所在国家或者地区的名称的拉丁字母在字母表中的先后排序，这种方法常常用于大型的国际会议或者体育比赛中。

(2) 依照外宾中主要来宾身份与职务的高低来排列次序，这种方法一般用于官方举办的政务、商务、科技、学术、军事交往中。

(3) 依照外宾抵达现场的时间早晚来排列次序。这种方法一般在非正式涉外活动中采用较多，这需要现场工作人员及时地进行确认和安排。

(4) 依照外宾告知东道主决定到访的时间顺序来排列次序。较大规模的国际招商会、展示会、博览会大多采用这种方法。

(5) 不排列。这是一种特殊的排列方法，外宾可以自主活动，气氛比较活跃轻松。但是如果管理不好，则容易造成混乱。

需要注意的是，以上五种方法可以进行组合。

4. 迎送仪式

(1) 确定迎候人员。

秘书人员要根据接待计划，按照接待规格的标准，确定参加涉外迎送仪式的相关人员以及翻译人员，这些人员的职务、地位、身份应大体上与主要来宾相当。

(2) 准备迎宾物品。

秘书人员要准备迎宾物品。首先是迎宾牌，上面要写上来访团体的名称或者是主要来宾的名字和称呼，要使用外宾所在国家的文字，书写工整、清晰，颜色要醒目、喜庆。如果有欢迎仪式，秘书人员还要准备鲜花以及献花人员，要按照来宾的人数和主要来宾的身份决定迎接外宾车辆的数量和规格。

(3) 行礼。

外宾到达后，双方应该按照礼节相互进行介绍并行礼。国际通行礼节以及我国使用的礼节是握手。有些国家的来宾习惯行拥抱礼、鞠躬、合十礼等，迎接者应该回礼。

(4) 乘车。

在迎接外宾时,如果接待规格较高,接待方应事先与相关部门进行协调,最好能够将车开到门口或者闸口以方便外宾乘车。如果协调不成功,秘书人员要注意关照外宾的行李,获得允许后帮助外宾拿取大件行李。如果行李到达较晚,可以让外宾与其他的接待工作人员一起先离开,秘书人员要在机场等候拿行李。如果行李托运发生问题,秘书人员要进行处理。

(5) 送行。

在外宾离去前,接待方需要去酒店进行礼节性拜访,秘书人员要负责进行提醒和确认,以确保这一环节不被遗忘和疏漏。另外,秘书人员还要提前安排送行车辆,其数量与标准要与迎接时的大致相当。在机场或者车站同外宾告别后,要等其走出自己的视线后才能动身离开。

(三) 会见会谈

一般来说,会见会谈的安排内容如下。

1. 资料准备

会见会谈需要宾主双方事先约定好。另外,宾主双方都可以提出会见要求。从礼仪的角度出发,接待方应根据外宾的身份、来访目的,在外宾抵达的当日或者次日,安排本单位相应的领导者、部门负责人会见。外宾也可以提出主动拜会接待方的某些领导者或者部门人员。接待方要提早给予答复,因故不能满足外宾要求的要谢绝并加以解释。

约定之后,秘书人员要了解外宾的背景资料、可能提出的问题,以及习俗禁忌、礼仪特征等,并将这些资料整理后交给主见人以及其他会面人员。如果并非第一次交往,秘书人员还应把以前会谈的文件找出来,作出摘要提供给主见人。

2. 会见会谈地点的选择、布置以及检查

会见会谈一般选择在会客室,其基本要求是:第一,空间足够大,要保证宾主双方的座位安排有宽裕的空间;第二,光线适当,光线太强、太弱以及光线来源方向不恰当的都不适合,需要进行调节;第三,温度要适合,要有空调设备,并且要检查其运转是否正常;第四,要有较好的隔音设备以及抗噪声的干扰设备,以防会谈内容外泄或者受到外界噪声的干扰;第五,会客室要保持清洁卫生;第六,会客室要进行美化,装饰有艺术品或者文化元素;第七,会客室要备有扩音器等设备,以便会谈时使用。

座次安排也是秘书人员在检查会客室时的重要内容。会见时按照以右为上的国际规则,一般将外宾安排在右边,主客双方人员分开来坐。

双边会谈一般使用长方形或者椭圆形的桌子,多边会谈则采用圆桌或者将长条桌子摆成方形。进行双边会谈时,宾主相对而坐。双方的主要人员居中而坐,其他人员根据其身份高低,先右后左,自高而低,分别坐在自己领导的一方。

在座次排定后,秘书人员要准备姓名牌,一边是中文,一边是外宾所在国家的文字。摆放姓名牌时,秘书人员要根据座次安排表对应摆放,本国文字向内,他国文字向外,不得出错。这样双方人员可以通过姓名牌了解和认识对方。

3. 会见会谈中的服务

双方的会见会谈开始，除了翻译人员和记录人员以外，一般工作人员要退出。在会见会谈时接待方要提供茶水、矿泉水等。如果会谈时间长，接待方还要提供咖啡、红茶等提神饮料。

（四）商务宴请

商务宴请是当前商务活动的重要形式之一，餐桌是社交活动的重要平台，极具潜力的公关工具。越来越多的商务人士将餐桌视为绝佳的谈判桌，通过宴请来联络感情、协调关系、消除隔阂、增加友谊、加强合作等。商务宴请的形式多样，涉及方面多，如果在安排的时候没有注意到外宾的爱好、禁忌，将会严重影响双方的关系，更严重的甚至会导致双方的合作中止。如果餐饮安排不恰当，可能造成外宾对接待方的认识发生偏差，进而影响企业形象，造成整个接待工作的失败。

商务宴请形式不同，或表示接待方的好客大方，或展现接待方的求实高效，或体现接待方的管理能力，或表现接待方人员的文化修养、仪表风度。这需要秘书人员根据接待的目的、接待对象的特点、接待经费作出正确的选择。

1. 商务宴请的特点

（1）以吃佐谈。

商务宴请的目的是为了展示企业形象，促进企业与外宾关系的发展，形成良好的合作基础。这是当前商务活动中“柔化”的谈判方式，双方通过宴饮时的友好气氛，可以冲淡谈判桌上的利益冲突，钝化彼此间的矛盾，使工作更好地开展。因此，在进行商务宴请时，请客方首先要把握好“宴”的因素，吃什么、吃多少、何时吃、何地吃、谁来吃，怎么吃都是宴请需要重视的方面，处理得当，商务宴请才能实现其公关目的。

（2）讲究礼仪。

餐桌礼仪是社交礼仪的重要组成部分。在商务宴请中，无论是作为主人还是客人，都要表现出良好的礼仪修养，遵循商务宴请的礼仪规范，表达对交往对象的友好和尊重。餐桌礼仪务必准确把握，要友好大方，不能讨好谄媚；要举止大方，不能油腔滑调，同时要善解人意，在饮食文化上求同存异。

（3）严谨规范。

商务宴请的礼仪、程序有严格的规定，尤其是当宴请对象有不同甚至可能相冲突的文化背景和风俗习惯的时候，宴请礼仪工作尤为严格。没有遵守或者没有考虑到不同宴请对象的礼仪要求，就会形成对宴请对象的冒犯，严重者甚至会引发文化冲突或者外交纠纷。因此，商务宴请（尤其是对外商务宴请）要严格遵循礼仪规范，不能随意发挥。

2. 宴请的形式

（1）宴会。

宴会是商务活动中的重要组成部分之一，多为合作伙伴或企业之间为某项业务活动（如洽谈会、签订合约、庆祝某项合作、某种仪式庆典等）而举办的宴会，也有是企业因为某种重大业务获得成功答谢员工而举办的宴会。宴会一般分为正式宴会与非正式宴会（便宴)两种形式。

① 正式宴会。

正式宴会包括中餐与西餐两种宴会形式。正式宴会一般在有重大活动的时候举办，这种宴会规格高、规模大，程序严格，往往是为了宴请专人精心准备的，通常是在特定地点或者大型酒店举行的大型就餐活动，对于礼仪要求十分严格。宴会举办也是对于文化的一种宣传和普及，因此，我国的正式宴会多以中餐为主。如果招待的客人是外宾，按照礼仪习惯，客人要举办答谢宴会；如果是西方客人，答谢宴会常以西餐为主。

② 非正式宴会。

非正式宴会也叫便宴，这种宴会的规模小，比起正式宴会来更亲切、更自然。如果招待方与被招待方的关系尤为亲切，可以举办家宴，以表示对客人全方位的接纳。非正式宴会也可以在酒店举办，与正式宴会相比，其省略了一些礼仪程序。非正式宴会偏重于人际交往，不注重规模与档次，一些接风宴会以及送别宴会常以这种形式进行。

宴会需要的工作比较烦琐，它能够表现出接待方的好客热情、慷慨大方以及文化素养和管理能力。宴会所需的费用一般是由招待方来支付。另外，筹备宴会的工作量巨大，需要特别细致的筹划、安排，并要具备节约意识，必要的时候可以请教礼仪专家。

(2) 招待会。

招待会是当前商务宴请中经常采用的一种形式。招待会有酒会、自助餐、茶会、咖啡宴等形式。招待会具有形式灵活、时间短、程序简便、管理便利、参与人员交流机会多、交流范围大等特点，餐饮仅仅作为辅助手段。另外，招待会上只准备食品和饮品，不准备正餐，不安排宾主席位，不需要菜单，客人可以根据自己的口味选择自己需要的食品，因其经济实惠而成为十分受商务人士欢迎的就餐方式。

招待会在工作程序上的要求也比较严格。举办招待会，招待方要注意服务工作的管理，注意对服务人员的培训。招待会要突出主题，要避免将不同的招待会形式混为一谈，搞得不伦不类，反而会影响外宾对企业形象的认识。

(3) 工作餐。

工作餐是一种边谈边进餐的非正式宴请形式。与上述两种就餐方式相比，工作餐不挑选时间、地点、人员，而是按照正常的工作安排，在餐饮时间到来时安排的一种就餐方式。工作餐可以选择合餐、分餐，可以安排送餐到工作场所进餐，也可以由招待方提供相对便利的场所就餐。有一些企业为了减少工作量，甚至直接将餐券或者餐卡发放给就餐者，由其自行就餐。这种方式高效实用，可以体现出企业完善的管理能力。

另外，工作餐经济适用，可以节省大量的就餐时间用到工作上去，可以利用就餐时间继续探讨工作且氛围好，因此很受商务人士的青睐。但是，工作餐要注意及时订餐，注意食物的质量和数量，注意食物的卫生。

3. 商务宴请的安排

商务宴请的工作包括根据商务活动的目的、对象、时间等要素考虑宴会的类型、时间、地点、菜单等方面，并据此来对场所布置、服饰、费用等礼仪要素加以考虑。商务宴请的工作程序参见表 5-4。

表 5-4 商务宴请的工作程序

宴会类别 / 工作程序	宴会			招待会			工作餐
	正式宴会	非正式宴会	酒会	自助餐	茶会	咖啡宴	
确定宴会时间	特定时间，晚宴居多	中餐、晚餐均可，迎送宴会最好在客人到达当晚和客人离开前一天	鸡尾酒会在下午6:00左右，约2个小时；餐后酒会在晚上9:00左右，不限定时间	早、中、晚均可	上午茶会一般在9:30左右，下午在3:30左右	上午11:00，1个小时左右；下午4:00以前	正常就餐时间
确定宴请地点	高档酒店或特定场所	环境优雅，安全卫生，交通便利	空间较大，通风良好，有活动场所	大型餐厅、露天花园，要保证活动场所	以招待方的会议室居多	咖啡厅或者家中	食堂、餐馆
菜单	提前确定，主菜要有特色	提前确定或者现场点菜，要照顾客人的口味，荤素、咸甜、冷热搭配得当	酒水（红酒、低度酒）、饮料（热饮、冷饮）、点心	冷菜、热菜、汤、点心、甜品、水果以及酒水	香茶、鲜果、糕点、糖果	咖啡（不能使用速溶咖啡）、点心	主食、蔬菜、蛋白质、汤、肉类
请柬	有	无	有	无	有	有	无
安排座位，放置姓名牌	有	重要桌次，重要客人，其他不需要	无	无	无	无	无
敬酒	有	有	无	无	无	无	无
服饰要求	正装	大方得体	礼服、首饰	得体	得体	正装	普通着装
场所布置	装饰、地毯、音乐	简单布置或者不布置	音乐、灯光、鲜花、摆台等	摆台、鲜花	花、装饰	花、装饰	无
费用承担	接待方	接待方（答谢宴会是被接待方）	接待方	一般是接待方，也可以由双方各付费用	接待方	接待方	谁提议谁付费或者是AA制

4. 商务宴请的礼仪

(1) 中餐礼仪。

在商务宴请中,要注意使用餐具的礼仪。中餐的餐具以筷子为主,在使用筷子夹菜时:不要挑拣;不要直接将菜从盘子夹入口中,要先放到自己的小碗中;筷子上不要沾有饭粒;不要用自己的筷子为别人夹菜;不要用筷子指点着菜向客人介绍;不要挥舞着筷子讲话;不要将筷子放在嘴中吸吮,也不要将筷子架到菜盘上。

有的菜肴颗粒细小、滑溜,用筷子夹取容易滑落或者中途掉落,因此不能使用筷子,而要使用汤勺取菜。在就餐时,自己的餐具只能自己使用,若要为人取菜、舀汤和调料时要使用公用餐具。

客人不得先于主人拿起筷子。在吃饭、喝汤时,要用一只手护碗,胳膊肘不能上桌。吃饭咀嚼时,要闭着嘴巴,不要发出"吧嗒"声。每道菜上来后,要先转到主要来宾那里,要等主要来宾品尝后或待转动转盘后,其他人再取食。不能站起来夹菜,远方的菜可以使用转盘,顺时针转到自己的面前再夹取。如果在吃饭时要谈话,嘴巴里不能含有食物,要将食物完全咽下后再说话。

在席间吃饭时,要尽量控制自己不要咳嗽、打嗝、吸鼻子,忍不住时可以去洗手间或者用餐巾捂住嘴巴,将头转向一边。不要在宴会上剔牙,不要掏耳朵、挠头发、抓痒或者大声谈笑。

如果在就餐时酒杯、菜碟等餐具被意外碰翻,应赶紧使用餐巾擦拭。如果需要,秘书人员要带领客人到洗手间进行处理。

(2) 西餐礼仪。

在对外商务活动中,如果接待方宴请了外宾,按照"礼尚往来"的原则,外宾一般会举行答谢宴会。答谢宴会的形式主要是西餐,可能是正式宴会,也可以是家宴、酒会等形式。西餐就餐有其自身的礼仪要求,主要表现为以下几个方面。

西餐礼仪要求宴请者确定了宴请的客人名单后,要对客人发出邀请,以便确定就餐人数。客人在接到邀请后,要看清请柬的内容,确定宴请的时间、地点,是否邀请家人,是否要求回复,是否有着装要求。请柬上如有回复要求,要在一天内确定是否出席宴会并及时答复以便宴请方安排座位,若因故不能出席,要在回复中表示歉意。

如果已经接受了邀请并回复了宴请方,除非迫不得已,否则不要随意悔约。如果情况特殊确实无法出席,可以派人代为赴宴,也可以不去,这两种情况都要及时通知宴请方并致歉,并获得主人的同意。

如果去赴家宴,要随身携带礼物,如一束花、一瓶红酒、糖果、小点心等,并要比预订时间稍晚几分钟敲门,以便给女主人准备的时间。如果是去酒店赴宴,则不必携带礼物,准时到达即可。

到达宴请地点后,即使看到餐桌上摆放有姓名牌,也不能擅自入座,而要等候主人带领入座。一般情况下,男主人带领女主宾首先入座,女主人带领男主宾最后入座,这之间各位客人可以由服务人员引导,按照餐桌上的姓名牌入座;若没有摆放姓名牌,则要按照"主客间隔而坐,男女间隔而坐,夫妻分开而坐"的原则落座。客人要从座位左侧入座以避免碰撞。男士要先为身边的女士拉开座椅,待其坐下后,自己再就座。如果宴请时没有女主人,则双方身份最高者首先入座。

入座后，女主人打开餐巾，示意宴会开始，客人才可以动手打开餐巾。餐巾要铺放到膝盖上，且只可以用来擦嘴，不可以用来擦汗。抹有唇膏的女士，要先用纸巾将唇膏擦掉再用餐，否则唇膏印到酒杯和餐巾上是很不礼貌的。

就餐时，如果需暂时离开，要将餐巾放到自己的椅子上；如果有事情需要提前离席，则应把餐巾放到盘子旁边。吃完一道菜，把刀叉并排放到盘子里；若未吃完，则将刀叉呈八字形摆放，且刀口向内。使用刀叉时，左手持叉，右手持刀，用刀切割食物的幅度不能过大，要切而不是割锯，尽量不要发出餐具碰撞的声音。

就餐结束，主人将餐巾取下，略加折叠，表示进餐结束，客人应马上停止就餐，放下餐具，解下餐巾放到桌子上，随主人从椅子左侧退出。客人向主人告辞时要表示感谢。

在就餐过程中，用餐者要注意与旁边的人进行交谈。西餐的座位安排就是为了使用餐者扩大交际面，因此要充分使用这种便利来展示自己。在交谈时，不能大声谈笑，不能窃窃私语，不能隔桌交谈，不能随意打断别人的谈话。谈话中，要兼顾左右，不要只同一方交谈，交谈的时候还要注意话题的选择，不要议论他人。

参加冷餐会时，菜式自选，菜量自定，尤其要注意礼仪：按顺序取菜，要走到菜台前再去夹菜，不要挡在别人的前面取菜；每次取菜的量要少，不要剩下；要使用公用餐具夹菜，取菜的时候不要挑拣，不要看到自己喜欢或者昂贵的菜式就一扫而光，除非只剩下一份的量；要注意就餐桌面的整洁，不要乱丢食物残渣。

酒会分为鸡尾酒会和餐后酒会，不设座位，参加者可以随意走动，是大家认识了解、加深友谊的便捷方式。在出席酒会时，首先要注意着装要求，男士要穿着正装，女士则要穿着礼服。参加酒会时，如果宴请者发表祝酒词，要驻足聆听，不要在别人祝酒时四处走动或者窃窃私语；举办酒会时，参与者不要停留在一处，而要四处走动，积极主动地以得体的方式将自己介绍给他人，如果对方表示欢迎，则要与对方进行交谈，互换名片，不要只同熟人聊天或者酗酒。

（五）馈赠礼品

在国际交往中，按照惯例，双方一般要互送礼品。在选择礼品时，送礼方要了解对方的文化禁忌，以免引起对方的反感。

温馨提示

各国送礼的禁忌

日本人不喜欢赠送贵重的礼品，且送礼时讲究包装。他们对装饰有狐狸、獾图案的东西甚为反感，忌讳将包装带打成蝴蝶结。另外，日本人喜欢单数，但不喜欢数字“4”，也不喜欢数字“9”，因为这两个数字的发音接近“死”和“苦”。

韩国男性多喜欢名牌纺织品、领带、打火机、电动剃须刀等礼品，女性则喜欢化妆品、提包、手套、围巾类物品和厨房里用的调料。韩国人不喜欢日本生产的产品，因此礼品上不要有日本生产的标志。另外，韩国人忌讳的数字是“4”，数字“4”在韩语中的发音与“死”

字完全相同，被认为是不吉利的数字，因此四件一套的礼品在韩国是被禁忌的。

印度人比较喜欢中国的丝绸、珍珠饰品、茶叶、陶瓷茶具等礼品，尤其喜欢红茶。印度人认为左手是不干净的，因此在赠送礼品时不能用左手也不能用双手，而必须用右手，这样才是尊重对方的表现。如果用左手递交礼品，严重者可能引发双方的纠纷。

俄罗斯女性非常喜欢用鲜花作为礼物，但在送花时注意不要送双数。俄罗斯男性喜欢烈酒，尤其中国的白酒更是受他们欢迎的礼物。俄罗斯人认为用面包和盐待客是最高礼节。他们忌讳数字“13”和星期五，喜欢数字“7”，因为数字“7”在他们看来意味着幸福、成功。

法国人很浪漫，喜欢具有知识性、艺术性的礼物，如画片、艺术相册或小工艺品等。法国人将香槟酒、白兰地、糖果、香水等视为好礼品，体现文化修养的书籍、画册等也深受欢迎。法国人还喜欢鲜花做的礼物，但是在法国送花的时候不能送菊花、牡丹、杜鹃，不能送黄颜色的花，以及纸花、绢花，而且送花须送单数，但要避开数字“1”和“13”。

英国是一个讲究绅士风度的国度。在英国，人们通常赠送价钱不贵但有纪念意义的礼品。一些高级巧克力、一两瓶名酒或鲜花都能普遍受到受礼者的喜欢。但切记不要赠送百合花，因为英国人认为百合花意味着死亡。英国人非常注重礼品的包装细节，再配上精美的丝带、花结和贺卡，这样才算完成礼品的整体包装。

美国人送礼的特点是简洁、随意、务实。对于美国人而言，礼品的价值和形式并不重要，简单实用、略表心意即可，故而一束鲜花、一本新书、一盒巧克力或一瓶葡萄酒等都是很受欢迎的礼物。

三、实训任务

经过紧锣密鼓的准备，庆祝阳光公司成立 30 周年庆典活动终于来到了。前两天公关部经理王歌抽空听取了余安妮关于接待外宾的工作准备，对余安妮的工作表示满意，同时也提醒余安妮一定要将工作落到实处，尽量周密地考虑好可能出现的各种意外状况，并将人员调度安排好，整个工作要做到有条不紊，千万不要出现中间卡壳的现象，这样很容易导致工作陷入混乱。余安妮将这些要求都一一记录下来。

回到办公室后，余安妮将已经收到的前来参加庆典活动的人员资料按照时间前后顺序都翻阅了一遍，与行政部的工作人员一起将公司领导与来宾的活动安排订正了一下，为了醒目，她用表格将相关情况罗列下来(参见表 5-5)。

表 5-5　阳光公司 30 周年庆典活动来宾情况及活动安排表

回复邀请日期/到达日期/接机地点	来自国家	公司名称	主宾及人数	公司领导活动	备注
2016.04.02/05.06，16:30/珠海机场	美国	欧司朗公司	副总史密斯等 4 人	公司郑总会见	1 号会客室

续表

回复邀请日期/到达日期/接机地点	来自国家	公司名称	主宾及人数	公司领导活动	备注
2016.04.03/05.07，10:40/广州新白云机场	美国	爱默尔立维腾公司	战略部总监凯特先生及随员 3 人	市场开拓部高经理会见	与公司市场开拓部有业务谈判
2016.04.03 下午/05.07,13:30/广州新白云机场	澳大利亚	普乐士公司	副总艾利亚女士及随员 2 人	周桐希副总经理	随员为一男一女
2016.04.04/05.06，17:00/珠海金湾机场	日本	多其力公司	事业管理部部长小泉先生及随员 4 人	周桐希副总经理	来人均为男性
2016.04.05/05.06，18:30/广州新白云机场	法国	佛兰力郎公司	公司副总尼古拉先生及随员 2 人	李洛寒总监	来人均为男性
其他					

余安妮将表格中的内容检查了一遍，确认没有遗漏后她拿起电话，通知大家下午到 3 号会议室开会，要求每个人务必到位。

下午 2:30，余安妮到了会议室，同事们已经都到齐了。余安妮首先传达了王经理对接待工作提出的要求和公司有关接待的基本原则：这次庆典任务重，目标性强，涉及面广，因此公司的基本原则是在无特殊情况下，一般使用对等规格接待，由公司领导分工协作做好主要陪同工作。公司还将在 5 月 8 日庆典活动当晚在 Z 市歌剧院举办大型文艺晚会，届时将邀请所有的来宾前去观看。余安妮带领大家要做的主要是筹备和服务工作。

（一）实训任务一：设计

为 5 月 8 日阳光公司成立 30 周年庆典活动召开时的来访人员设计一个次序安排方案，并说明理由。

（二）实训任务二：撰写

（1）完成为来访人员订房的方案。

（2）完成来访人员的迎送/拜访、会谈、会见工作的方案。列表说明所要准备的物品和材料，并将工作时间标注出来。

（3）完成来访人员的参观娱乐活动方案。

（4）拟出馈赠来访人员礼品的注意事项。

（三）实训任务三：汇报

将上述工作任务整理成 PPT 后进行汇报。

四、实训评价

评分标准 项目达标要求	实训情况	问题总结	解决方法	自我评定	教师评定
礼宾次序方案正确、可用					
订房方案具备合理性、经济性					
迎送等工作方案具备可行性，时间、地点、物品准备以及座次安排等符合要求					
参观、娱乐活动方案正确					
礼品馈赠具有针对性，送礼者、送礼时间等正确					
小组介绍清楚，内容完整					

任务五　秘书危机公关处理策略

一、案例导入

忙完接待工作，余安妮又重新回到行政部。这天上午，刚来公司行政部实习的朱槿刚为自己倒上一杯热茶，电话就响了。朱槿拿起电话，电话那头说话人的声音听起来有些急促："行政部吗，赶快派人到前台来吧，咱们的产品出了问题，人家都找到公司来了。不多说啦，赶紧过来。"朱槿一听，心慌了起来，对着余安妮说："安妮姐，前台出事了，有人投诉，要我们赶快去。"

余安妮听了以后不敢怠慢，赶快放下手头的工作，马上赶到现场，并让朱槿去找研发部求援。

当余安妮赶到时，前台已是乱糟糟的。只见几个客户拿着公司的产品大声嚷嚷说产品质量不过关，要求讨个说法。旁边还有两位新闻媒体记者，一人在拍照，一人在用笔做记录。负责前台接待工作的小张在一旁不知所措，一看余安妮来了就像看到了救星一样，赶紧走上前来拉住她："安妮，你看该怎么办啊？"小张显然很是着急。余安妮深吸了一口气，大声说道："大家好，我是公司行政部的余安妮，刚才发生的情况我已经知道了，你们说我们公司的产品有质量问题，我最了解我们公司研发的情况了，我们公司的产品经得起产品质量认证。也许我说得并不那么专业，那么现在就让我们公司研发技术方面的权威邓路先生来为大家做产品介绍和说明吧。"余安妮此时已经看到朱槿领着研发部的邓路过来了。

接下来邓路用手中的平板电脑为大家展示了阳光公司关于产品质量认证方面的相关图片，并对为了保证产品质量，阳光公司在生产流程中所设计的工艺也进行了介绍，这让在场的人都产生了信服力。

邓路讲完之后，余安妮接着说："对于今天大家手中的产品，我们研发部会进行认真的检验，如果真是我们公司的产品，我们将按公司规定予以10倍的赔偿。当然，我相信这种情况不会发生，那么现在请大家到我们的前台小张这里登记一下个人信息吧，我们将与大家保持密切的联系。同时，我也很感谢今天在场的新闻媒体的朋友，如果你们还想了解我们公司其他产品的信息，我将尽我所能为你们服务。"

话音刚落，只听见在场的人群中响起了掌声，几位前来投诉的客户纷纷在小张那里进行了登记。

"好啦，都散了吧，我是公司研发部的副总经理周桐希，新闻媒体的朋友如果愿意，请到我们的办公室喝杯热茶吧。"周桐希此时也早已赶来，刚才这一幕他显然已经看到，他觉得这个结尾的"总结语"还得自己来。

朱槿跑去握住了余安妮的手，发现她的手是冰凉的，微笑着问道："刚才你好厉害，原来也紧张啊。"

"我是人，不是神，这可是突发事件啊，还好平时我有这方面的知识储备和工作准备。"余安妮微笑着说道。

二、必备知识

什么是危机？秘书人员要区别对待，危机就是危险加机会，对于危险，秘书人员要正视它的存在，应有所准备，要学习掌握应对、化解危险的本领。机会只留给有准备的人，秘书人员只有战胜危险，才能抓住机会，才能展现自己的能力和水平。因此，秘书人员应该注重自身形象塑造和素质修养的提升，加强公关意识，在面对危机事件时运用公关智慧将危机转化为机遇，妥善处理危机事件。

（一）危机公关成败的关键点

1. 速度

新媒体的出现，从某种程度上来说，让危机公关的过程变得更加困难。因为新媒体具有传播速度快、参与度高等传统媒体所没有的特点，那么对于危机缩减、控制的难度和要求自然要高。要想提升危机出现时的处理速度，秘书人员在开展日常程序性工作的过程中就必须要有远见，要适时根据组织内外可能发生的各类危机作出预测和分析，并将预测所得的信息和资料向组织的决策层和各职能部门传输，协助有关部门针对各类危机制订应对方案，建立一套危机预警机制，编写危机公关手册，组建危机管理小组，让内部人员对危机的可能性和应对方法有足够的了解，以防为主，防治结合，才能做到处变不惊，有效地处理和解决危机。危机都是突发性的，当组织发生危机后，秘书人员应在第一时间协助相关领导者和部门积极地采取应对措施，采取有针对性、强有力的措施控制事态蔓延，快速解决危机，把损失降到最低，并通过开展专门的公关活动重塑形象。每当某一事件被关注时，公众的尺度往往较平时更为严苛，所以在解决危机时秘书人员只有采取比平时更为严格、迅速、有力的措施，才能赢得公众的信任，展示组织的诚意。

2. 态度

秘书人员在实施危机公关的过程中，无论是对组织内部人员，还是对新闻媒体和上级领导，以及社会公众，都必须坚持公开透明的原则，不隐瞒事实真相，并把组织正在作出的努力报告给公众，让公众了解情况，客观理智地分析事件。“谣言止于智者”，增加透明度，公开相关信息，谣言自然会不攻自破。公共关系在危机管理中的作用是保护组织的声誉，这是危机管理的出发点和归宿。在危机处理的过程中，秘书人员必须减少危机事件给组织的声誉带来的损失，争取公众的谅解和信任；应从点滴做起，积极主动地采取各种措施，把握社会舆论的主动权，变不利因素为有利因素，尽快恢复组织的社会声誉。

（二）危机公关处理的策略

秘书人员应时刻关注社会的发展动态，了解组织内外的危机事件，收集信息，积累公关经验，深刻了解与掌握危机公关的方法，运用公关智慧，维护组织的健康和持续发展。

1. 危机预防阶段的策略

（1）建立预警系统。

为了预防危机的发生，秘书人员应设立情报信息网络，保持沟通联络，建立预警系统。对于公众、同行、政府、有关部门及自然环境中与维系组织生存和发展有关的信息，秘书人员应优先处理，并分析危机出现的可能性及应对措施。

（2）完善管理系统。

组织要依靠健全的机构和完善的管理系统，根据制定的应急措施，采取必要的行动，真正做到从各个方面防范危机的出现，以保证组织健康顺利地发展。秘书人员在掌握各方面信息的基础上，对有可能发生危机的时间做好科学预测和分析，并根据相关情况与各相关部门制定出一系列应对危机的方法、措施，并做好统一安排。

（3）进行模拟训练。

秘书人员要把危机时间的预测、分析情况和应急措施等用通俗易懂的方式向相关人员进行宣传，同时进行处理危机的模拟训练，锻炼员工在紧急情况下冷静处理问题的能力，积累处理危机的经验。秘书人员要做好处理危机的精神准备、物质准备和行为准备，与各相关部门或单位建立联系网络，以便得到及时的援助。

2. 危机处理阶段的策略

危机事件发生后，秘书人员应迅速会同各相关部门及时进行调查分析，了解事件的全貌，判明危机事件的性质与来源，认真听取公众的意见，选用恰当的方式，针对不同的公众确立相应的措施，制订消除事件影响的公关方案，以便及时采取措施，消除危机。

（1）及时控制，降低损失。

危机事件往往会让人意想不到，在极短的时间内发生，而且会在社会上产生广泛的影响。因此，秘书人员应立即采取措施作出妥善处理，及时控制，尽量减轻其对社会、组织的危害。首先，秘书人员要迅速弄清导致危机产生的原因，有效地防止事态扩大蔓延；其次，秘书人员要迅速地利用新闻媒体等有效手段及时公布组织所采取的一切措施，把损失降到最低。

（2）查明情况，收集信息。

秘书人员应及时组织人员，深入公众，尽力寻找目击者和当事人，开展事故调查，查明基本情况，综合收集危机信息，预计社会影响，为处理危机制定相应的措施及为应急措施提供基本保障。

（3）协调关系，制定对策。

无论危机是发生在内部还是外部，秘书人员首先要协调好内部关系，使内部人员与组织始终处于相互理解、同心协力的状态。秘书人员还应在掌握危机事件全貌的基础上，判明情况，制定相应的对策，通告全体人员，以统一口径协同行动，以统一思想指导具体工作。

3. 危机处理结束的策略

危机局势得到基本控制并不意味着危机已经过去，组织还需要针对危机留下的负面影响，如利益减少、设施损坏、赔偿支付、人才耗损、组织的声誉和形象恶化等，作出一系列的补救工作。因此，危机事件处理结束后，秘书人员应详细报告危机事件处理的全过程，总结经验，做好善后工作；同时利用新闻媒体消除危机事件给社会和组织造成的影响，切实、全面改进工作，加强组织的管理工作。

三、实训任务

经过上次事件之后，余安妮对危机事件的处理有了新的认识，她告诫自己无论发生什么情况都一定要淡定，不要陷于慌乱中。

这天中午，余安妮去阳光公司的餐厅吃饭，几个好姐妹看到她来了都热情邀她一起就餐。

打完饭菜后，余安妮走到销售部田芸的身边坐了下来，大家边吃边说说笑了起来，突然田芸喊了一声："肚子好痛啊"。

大家一下子愣住了，再一看田芸，只见她脸色苍白、满头大汗，大家还没来得及照顾田芸，另外一名同事朱槿也喊着肚子痛。

餐厅里顿时充满了紧张气氛。正在此时，何雨竹刚巧也来到了餐厅，她因为手头的事情多所以才晚到了。

"你们怎么啦?"何雨竹赶紧跑上前来问道。

"可能是食物中毒。"余安妮一边扶着田芸坐下一边说。其他几个人则在照顾朱槿。田芸捂着肚子，豆大的汗珠落到了余安妮的手上，她心里也不由得慌乱起来。

何雨竹见状果断地对余安妮说："你负责照顾好他们，我去打急救电话并通知餐厅。"

眼下显然不是再继续交流的时候，何雨竹决定立即开展突发事件处理。

（一）实训任务一：讨论

接下来何雨竹应该怎样开展突发事件处理，请开动脑筋，思考解决眼前的难题需要用什么样的应对方案？每组为本案例补写应对方案。

（二）实训任务二：汇报

以小组为单位，选派代表汇报本组补写的应对方案，并说明为什么要这样处理，情节应该如何发展，时间不超过8分钟。

（三）实训任务三：模拟

分组模拟演示何雨竹处理这次突发事件，最终的结局要求突发事件获得圆满解决。

四、实训评价

评分标准 项目达标要求	实训情况	问题总结	解决方法	自我评定	教师评定
补写应对方案的书面文本					
应对方案设计思路演讲					
模拟演示处理突发事件					

项目六

秘书沟通协调技巧

沟通协调是秘书人员工作的重要内容，也是秘书工作者能力和素质的直接体现。提高秘书人员的职场沟通能力是做好秘书工作的关键。

知识点

1. 认知秘书沟通协调工作的基本技巧。
2. 熟悉秘书日常工作的沟通策略。
3. 提高对说话艺术的认识。

技能点

1. 能做好与上司的沟通的协调工作。
2. 能做好与同事的沟通的协调工作。
3. 能做好与客户的沟通的协调工作。

任务一　学会倾听

一、案例导入

朱槿是刚分来行政部的实习生，因为她是余安妮的师妹，所以何雨竹就安排余安妮带带她。工作了一段时间后，朱槿感到越来越困惑，同是一所学校毕业的，同样是每周都要做一天的前台值班文员，为什么余安妮受到客户的投诉很少，而自己却很多。朱槿最终还是忍不住了，于是她鼓起勇气去找余安妮询问其中的奥秘。

下班后，朱槿约余安妮到咖啡店，余安妮隐约感觉到朱槿是有事要问自己。

"安妮姐，你能告诉我为什么你受到客户的投诉很少，而我却这么多。"朱槿说完后，头低了下去，手不停地搅动着咖啡，那表情就像一个受了委屈的小孩。

"关于这件事，很简单啊，四个字'学会聆听'。"余安妮故作玄虚地说。

"就这么简单吗?"朱槿有点不相信自己的耳朵。

"对，就这么简单。你要知道客户找我们来咨询问题时，往往在心里早就有了自己的主意，甚至有些客户是带着一些负面情绪而来的。此时的我们所要扮演的角色就是一个聆听者，细心、认真地听他们说，这样才能获得他们的理解和信任，如果从一开始就想以诸多解释来获得他们的理解，那几乎是不可能的。"余安妮继续说。

"原来是这样啊，那我就在那里做个安静的倾听者就可以啦。"朱槿听完之后笑了起来，此时的她又像个获得鼓励的小孩。

"你呀，这状态也转变得太快了"，余安妮边笑边摇摇头，故意又拉长语音说道："不过要学会聆听可是知易行难的事，里面的学问多着呢。一杯咖啡可买不了我的独门秘诀。"

"安妮姐，你就告诉我吧，大不了你这一周的伙食我都包了。"朱槿显得有些着急了。

"说话算数，那就一言为定啦。"余安妮嘴上虽然这么说，其实她也早想帮帮朱槿了。

这天晚上，两个好朋友在咖啡厅里聊了很长的时间，在欢声笑语中，她们的心也走得更近了。

二、必备知识

沟通是人与人之间交流意见、沟通感情、消除误解和分歧并达成共识的过程。要想沟通顺畅，最重要的前提就是要学会倾听。在实际工作中，倾听并不就是沉默，而是能全神贯注，能换位思考，能设身处地去体验对方的内心感受，进而找到解决问题的办法。因此，好的倾听者不仅是用耳朵在听内容，而且更是用心在"听"情感。《哈佛商业评论》认为：倾听，其实是我们"未使用的潜能"，亟待开发。日本著名的企业家松下幸之助曾将他全部的经营秘诀总结为一句话，那就是首先细心倾听他人的意见。美国成功学专家卡耐基也说过："一对敏感而善解人意的耳朵，比一双会说话的眼睛更讨人喜欢。"在现实职场中，那些善于倾听的秘书人员比那些不善于倾听的秘书人员更为成功。

（一）积极倾听的技巧

1. 选择良好的倾听环境

环境的好坏直接关系沟通双方的心理感受，如果在办公室，我们要尽可能地保证室内空气清新、舒适，同时尽量避免他人的干扰。在公众场合，我们应该尽量避免在噪声比较大的地方交谈，而应尽量选择安静、舒适的场所（如咖啡厅、茶室等），这样能让双方的身心都放松下来。

2. 选择合适的时间

我们应尽量避开人流多的时间段，如像咖啡厅往往在中午或者傍晚时分客人会比较多，这样会影响倾听效果。

3. 尽量把自己的讲话时间缩到最短

丘吉尔曾说过："站起来发言需要勇气，而坐下来倾听，需要的也是勇气。"沟通最难的问题不在于如何把自己的意见和观点说出来，而是如何听出别人的心声。如果说话者自己讲话的时间过长，聆听别人讲话的时间就会减少，可惜很多人忽视了这点。

4. 表现出倾听的兴趣，鼓励对方表达自己

倾听者要让说话者看到自己是有兴趣听他讲话的，倾听者不仅用耳朵在听，还在用眼看、用心在感受。

5. 保持耐心，扼制争论的念头

我们不能随便打断对方，要让对方把话说完。即使内心有想要争论的念头，也要尽量控制，尤其是涉及一些有争议性的话题，要放松心情，抑制争论。如果实在难以抑制，还可以选择做笔记的方式。做笔记的方式可以让说话者感觉到倾听者非常重视自己所说的话。

6. 接受智者的温馨提示，改善自身的聆听方式

美国学者基思·戴维斯和约翰·纽斯特龙提出了改善聆听的10条指南，其内容如下：

（1）自己不再讲话；

（2）让说话者无拘束；

（3）向说话者显示你是要倾听他的讲话；

（4）克服心不在焉的现象；

（5）以设身处地的同情态度对待说话者；

（6）要有耐心；

（7）不要发火；

（8）与人争辩或批评他人时要平和宽容；

（9）提出问题；

（10）自己不再讲话。

其中，第一条和第十条的内容虽然是一样的，但却是最重要的，之所以重复，还是为了强调。

（二）秘书工作中倾听能力的自我培养

在日常工作中，秘书人员要有意识地进行倾听能力的自我培养，并可以从以下五个方面加以注意。

(1) 在沟通时，要养成看着对方的眼睛的习惯，这样能让对方自然而然地产生亲切感。实在是遇到手头有工作需要立即处理的时候，秘书人员依然要保持看着对方的眼睛，真诚地向对方作出解释，表达出另约时间的意愿。

(2) 重复要点，积极地附和对方。日本著名的培训师松桥良纪在《倾听术：轻松实现高效能沟通的秘密》一书中提到了一种"鹦鹉学舌"的方法，即把对方说话的最后几个字进行简单复述。之所以这样最主要是让对方明白你在倾听他的话，并且听懂了他的话。当然如果秘书人员只能表面的随声附和，一定会被对方察觉，所以一定要发自内心地附和对方。

(3) 不要中途插话，让对方把话说完。如果实在忍不住想发言的话，秘书人员可以采取一些方式(诸如调整呼吸的方式)来加以控制，这样就能容忍倾听的过程中最不舒服的一些时间段。

(4) 遇到没有听清楚的地方要问清楚，但是不能问得太急。秘书人员在接受上司指示的时候，尽管在倾听方面格外专注，但是仍然存在有听不清楚或者没有听懂的可能性，尤其是在涉及一些工作日程安排的时候，秘书人员还要周知各个部门，在此情况之下，如果没听清楚或者没有听懂，一定要问清楚。

(5) 能听懂言外之意。秘书人员不仅要满足表层的听知理解，还要从说话者的言语之中听出话中之话，从对方的表情、身体的动作中体悟出隐含的信息，从而把握说话者的真实意图。如秘书人员在工作中由于粗心大意导致出错时，虽然上司轻描淡写地说了一句"这次就算了"，但是，对于这样简单的一句话，秘书人员必须要有所醒悟，上司的真实意图是希望秘书人员以后不要再犯同样的错误。

三、实训任务

经过一段时间的自我训练，朱槿感觉自己对于如何聆听的技巧已经把握得不错，自己应该好好地应用在具体实践中了。这天，阳光公司来了一个老年人说是来找人的。因为年纪大，他的言语说得很含糊，并且带有浓厚的地方口音。公司接待的值班文员无可奈何，只好电话打到行政部，但是不少人都推脱自己比较忙而不愿意去。这时余安妮想去，但是被朱槿拉住了，她鼓起勇气说："这样的机会让我去锻炼一下吧。"余安妮笑着点了点头。

（一）实训任务一：撰写

朱槿在着手开始工作之前，先开动脑筋，思考解决眼前的难题需要用什么方法？每组制作一份本案例的书面可行性分析报告。

（二）实训任务二：演示

认真倾听在这次协调工作中的作用重大，以小组为单位选派 1 名代表扮演朱槿登台表演，在台上谈谈自己的想法，时间不超过 8 分钟。

（三）实训任务三：模拟

分组模拟演示朱槿和老年人应如何进行沟通。

四、实训评价

评分标准 项目达标要求	实训情况	问题总结	解决方法	自我评定	教师评定
制作案例分析书面文本					
就案例分析登台讲演					
倾听的模拟演示					

任务二　讲究说话艺术

一、案例导入

早上，余安妮一到办公室就看到朱槿在擦眼泪，何雨竹非常生气地朝自己的办公室走去，她隐约感觉有些不妙。由于是上班时间，她也不好多问，于是她悄悄地写了一张纸条，夹在一个文件夹中朝朱槿递去。

朱槿看到余安妮递来的文件夹，有点不解，但看到余安妮朝自己眨了眨眼睛，她似乎明白了什么，她打开文件夹一看，只见纸条上写着"朱槿，感谢你近日来的咖啡，晚上我请你吃饭。"

晚上来到餐厅，两人酒足饭饱之后，还没有等余安妮开口问白天的事情，朱槿就先开口了："安妮姐，我今天又闯祸了。我把何雨竹得罪了。"

余安妮不解地问朱槿："怎么啦，我之前告诉你的要学会聆听的秘诀又用不上啦？"

朱槿摇摇头说："我确实在认真地聆听，何雨竹看我这么认真地聆听也很高兴，于是她让我给她一些建议，但是我一开口就把她得罪了，哎，我这人真不会说话。"

"你不是不会说话，而是不会讲究说话艺术。"余安妮还故意对后面几个字加重了语气。

"看来也是的，今天早晨本来何雨竹的心情挺好的，过来对我说她的女儿今年中考考了500分，作为母亲，她相信自己的女儿已经尽力了，就不知道能否考进市第一中学。"

余安妮听了以后叹了口气说："何雨竹找你谈心，看来这段时间你的表现不错啊，但是你是怎么答复的？"

朱槿委屈地说："问题就出在这里，我心直口快地告诉雨竹姐，她的女儿想考进市第一中学肯定没戏，这所学校去年的录取成绩至少是550分，我让她考虑一下进市第二中学，她一听脸色顿时晴转多云，当时就生气地对我说也不知道公司是怎么把我招进来的。我当时听了以后忍不住就哭了起来。”

“雨竹姐后面的话有些过重了，你别往心里去，不过你知道自己错在哪里吗?”说完，余安妮往朱槿的茶杯里加了点热茶。

“我现在当然知道啦，我不讲究说话艺术。安妮姐，你就再做回好老师，教教我吧。”朱槿边说边伸手紧紧抓地住余安妮的手，生怕她跑掉似的。

余安妮朝朱槿点点头：“那行，我就继续为你讲解一下，不过明晚吃饭你请，地点我定。”

“好的，一言为定。”朱槿与余安妮拉了拉钩。

余安妮也会心地笑了起来。

二、必备知识

俗语说：“言为心声”“慧于心而秀于言”，口头语言是一个人内在素养的重要体现。讲究说话艺术，对于我们完善自我形象、推动事业发展有着重要的作用。秘书工作的一大基本任务就是与各方面联络，上下级之间，同级之间，都需要秘书人员讲究说话艺术，以便保持良好的沟通，因此，秘书工作对说话的要求是非常高的，“善说”是现代秘书必备的能力之一。

（一）说话的艺术

1. 对于急事，秘书人员要慢慢地说

在生活中，秘书人员遇到急事，一定要先冷静下来，认真地进行思考，然后再不急不躁地把事情说清楚，这样会给对方留下稳重的印象，从而增加对方的信任度。

2. 对于小事，秘书人员要幽默地说

对于小事的表达，秘书人员可以来个温馨提示或者以幽默的语言讲出来，这样对方就会欣然接受自己的意见，这样还会增强双方的亲切感。

3. 对于没把握的事，秘书人员要谨慎地说

自己没有把握的事，秘书人员要谨慎对待，做到知行合一。

4. 对于未发生的事，秘书人员不要胡说

秘书人员切忌不要无事生非，也不要随便臆测或者胡说没有的事情，否则大家会认为秘书人员欠缺成熟，做事也会不认真，没有责任感。

5. 对于做不到的事，秘书人员不能乱说

秘书人员不要轻易地向别人承诺自己做不到的事情，这样会让对方留下秘书人员不值得信任的印象。

6. 对于伤害人的话，秘书人员不能说

秘书人员不要轻易地用言语伤害别人，这样不利于维系和增进双方的感情。

7. 对于伤心的事，秘书人员不要见人就说

大凡人在伤心的时候，都有倾诉的欲望，但秘书人员不要逢人就说，这样会让对方觉得

秘书人员是想把自己的痛苦转嫁到别人的身上。

8. 对于别人的事，秘书人员要小心地说

人与人之间要保持适当的距离，不要轻易地说别人的事情，否则会让对方觉得在与秘书人员的交往中缺乏安全感。

9. 对于自己的事，秘书人员要听别人说

秘书人员自己的事情自己要做好，觉得有必要的话可以听取别人的看法，这会给对方留下谦虚的印象。

10. 对于尊长的事，秘书人员要多听少说

长辈往往不喜欢年轻的人对自己的事多说，因此我们要多听少说，这样才能在他们心中留下一个尊长、好学的形象。

（二）秘书工作中应把握的说话艺术原则

1. 认清自己的身份，树立服务意识，讲原则，有分寸

秘书人员与上司是上下级关系，与企业其他的办公人员是同事关系，与来访的客户是主客关系，因此，秘书人员在说话时应注意从自身的身份出发，说符合秘书身份的话，切忌混淆身份，要讲原则、有分寸。

2. 保持热情诚恳的态度，感情要真挚自然

秘书人员主要扮演上司的助手的角色，在与人交流的时候，不能妄自尊大，应保持热情诚恳的态度，尊重对方，平等待人，注意聆听，多给对方讲话的机会，并不时作出积极的反应，并以微笑、点头等方式进行反馈，在感情方面要表现得真挚自然。

3. 要有大局意识，善于随机应变

秘书人员要有大局意识，在与人交流时，适时地控制话题，使得交流能顺利地进行下去；在话题结束方面，也要能把握时机，以巧妙的方式转入到告辞话题上来，不要突然中止交谈，这样会让对方感到粗鲁无礼。

4. 表述要条理清晰，语言要谦和朴实

秘书人员在进行言语交流时，要尽量少用较长的复句，而是以短句为好，语言表达上要谦和朴实，才能让人感到亲切自然。在言语表述方面，秘书人员应以条理清晰为前提，切忌在交流时信口开河、东拉西扯，要尽量减少交流中重复、多余的话语。

三、实训任务

这天，余安妮和朱槿谈起了两人进阳光公司时面试的经历。

“安妮姐，当初你进公司的时候，公司的人力资源经理对你进行了什么样的面试提问？”朱槿的眼睛睁得大大的，显得非常好奇。

“这可是个秘密，能不能不说啊。”余安妮故意卖关子，此刻她的脑海里隐约浮现出当初自己面试的情景。

的确，她当初面试时很顺利，但是当她要离开人才市场的时候，公司资深的人事专员郭泰安又向她招了招手，问了她一个问题。这个问题她一辈子都无法忘记。

“朱槿，你真的这么想知道吗?”余安妮向她眨了眨眼睛。

“是啊，我想知道，我当然相信安妮姐说话是很有分寸的。”朱槿边说边抓住余安妮的手摇了摇。

“好吧，我就告诉你吧，当初我的面试也没有什么特别的，主要是问了我一些在校期间的学习经历，不过后来当我要离开人才市场的时候，人力资源部的郭专员把我叫住，又问了我一个问题，我这辈子都无法忘记。”余安妮说。

“究竟是个什么样的问题呢?”朱槿的眼里充满了期待。

“郭专员问我：‘余安妮，你长得很漂亮，但是我发现你的嘴唇左边有颗黑痣，不是那么好看，你觉得这颗黑痣会影响你的面试成绩吗?’”余安妮边回忆那天发生的事边对朱槿说。

“居然还有这样的提问啊，那安妮姐你是怎么回答的呢?”朱槿赶紧问道。

“我当时也愣住了，没有想到郭专员会提这样一个问题，我深吸了一口气，尽量使内心保持平静，然后告诉郭专员，如果今天各位面试老师是为了选美而来的话，我想我不合适，但是如果你们是为公司选才而来的话，我想我是很合适的，因为我充分相信自己是个人才。”余安妮继续说。

“安妮姐，你好棒哦。你能讲究说话艺术。”朱槿禁不住拍起了巴掌。

“朱槿，我知道我们公司哪怕是对于实习生的选择都是非常严格的，公司的人力资源经理有没有问你什么刁钻的问题啊。”余安妮问朱槿。

“不瞒安妮姐，还真的有，人力资源部的陈雅儿经理向我提出了一个意想不到的问题，她问我：‘经过这次面试，我觉得你并不适合在我们公司实习，你意识到自己的缺点了吗?’安妮姐，你猜我是怎么回答的?”朱槿说。

“这我倒是很好奇，你究竟是怎么回答的啊。”余安妮问朱槿。

“我什么也没有回答，当时我的脑子一片空白，然后眼泪就禁不住流了下来，后来，陈经理看到我这副神情，就递给我一张纸巾，让我回去等电话通知。哎，如果换作今天陈经理问我这样的问题，我相信自己能讲究说话艺术，我会这样告诉陈经理……”朱槿仍心有余悸地说。

（一）实训任务一：讨论

朱槿接下来会怎样回答陈雅儿的这个提问，请开动脑筋，谈谈你的一些看法。

（二）实训任务二：汇报

以小组为单位，并且选派代表说说本组补写的朱槿的回答为什么要这样设计，情节应该如何发展，时间不超过 5 分钟。

（三）实训任务三：演示

分组模拟演示朱槿和陈雅儿的有效沟通情景，最终的结局要求陈雅儿对朱槿的回答感到满意，并成功地录用了她。

四、实训评价

评分标准 项目达标要求	实训情况	问题总结	解决方法	自我评定	教师评定
小组成员谈谈自己如何回答人力资源经理提问的一些看法					
小组代表表述补写的回答设计思路及情节发展					
朱槿和陈雅儿的有效沟通的情景模拟演示					

任务三　肢体语言的运用

一、案例导入

中午在公司的餐厅吃完饭，回到办公室，余安妮从包里拿出一本书津津有味地读了起来。

朱槿见状，好奇心顿生，于是她蹑手蹑脚来到余安妮的身边，并快速地从她的手中夺过书去。

"小心，别弄坏我的书。"余安妮显得有些着急。

"什么好书？让我看看，《职业女性的身体语言》。哇，安妮姐，你好厉害啊。"朱槿有些吃惊。

"这有什么奇怪，活到老，学到老。"说话间，余安妮把书又夺了回来。

"安妮姐，你能告诉我学这个有什么用呢？"朱槿不解地问余安妮。

"朱槿，我越来越发现：职场女性要想取得成功，优秀的成绩、聪明的才智与卓越的能力虽然都是前提条件，但是真正起决定性作用的是悟性。我们不仅要注重自身的行为举止，而且为了更好地与别人进行交流与沟通，我们还要能读懂别人的身体语言。"余安妮看着朱槿的眼睛，认真地说出了自己的想法。

"安妮姐，这样的书你读了几本，家里还有吗，能不能借给我看看？"朱槿有了很强的读书冲动。

"这样的书我家里还有两本，明天我到公司拿给你。"余安妮高兴地回答朱槿。

"谢谢安妮姐。"说完，朱槿张开双手抱了抱余安妮。

二、必备知识

在竞争日趋激烈的职场中，要想成为一个出色而又成功的秘书人员，除了我们之前提到的“能听”和“善说”以外，还要学会对肢体语言的运用。

（一）肢体语言的定义

肢体语言又称身体语言，是为了达到沟通的目的，代替语言表情达意的身体的各种动作。身体语言通常是使用我们身体的脸部、头部、身体、手臂和腿几个部位来进行编码。美国哈佛大学曾对人的第一印象作了行为研究报告，报告指出：在人的第一印象中，55％来自肢体语言，37％来自声音，8％来自说话的内容。根据美国有线电视新闻网的一项调查显示，超过85％的受访者认为身体语言是人们在职场要牢记的非常重要的或绝对至关重要的因素。

（二）秘书人员在工作中对肢体语言的运用

1. 眼神

秘书人员在与对方进行沟通时，应尽快调整以身体的正面向着对方，最好带着欢喜、欣赏的眼神来看着对方，一般来说，对方也会用真诚的眼神来回馈秘书人员。需要注意的是，大多数人在交谈的时候眼神接触最舒适的时间为5秒钟。

2. 面部表情

秘书人员最好的面部表情当然是微笑，温暖的微笑是人际交往中最有效的通行证。秘书人员在微笑时要做到真诚、自然，不要莫名其妙地笑，不要捂着嘴笑，发自内心的笑容才会显得动人。如果秘书人员能微笑着说“早上好”“欢迎光临”等礼貌用语，对方的心情必然会愉悦。

3. 声音

在声音方面，秘书人员一定要注意语调、音量和语速几个要素。

语调是人们在说话时语气和声调变化的结合，包括声音的速度、节奏和音调的高低等。语调的类型主要有四种：表示惊讶、反问、设问、号召、命令等，一般用升调；表示自信、肯定等，一般用降调；表示感叹、讽刺、愤怒、怀疑等，可以用曲调；表示说明、叙述、解释等，可以用平调。音量的大小也会影响沟通的效果，声音过大只会让人讨厌。此外，秘书人员在向领导者汇报工作的时候不能说得太快，否则领导者有可能听不清楚。

4. 手势

手势在沟通交流中的使用频率很高，手势的活动同说话者的性格、气质密切相关。手势主要在平级之间或上级对下级、长辈对晚辈、主持者对参与者使用。秘书人员在使用手势的时候，手指应该更多地指向自己，不宜过多地指向对方。手势向内，一般给人以谦虚平和的感觉；手势向外，容易给人以居高临下、凌驾于人的感觉。秘书人员在使用手势的时候还要注意明确精练、自如和谐，且幅度和频率都要加以控制，否则容易给人指手画脚、傲慢不恭的感觉。在幅度上，秘书人员与人并坐时或在讲话时手不能伸到左右两边人的面前；与人面对面交谈时，手势一般不要超过彼此距离的1/2，否则就侵犯了对方的安全范围，会令对方感到不安全甚至反感。在频率上，秘书人员使用手势每分钟超过10次，就属于频率过高。使用手势的频率过高，暴露出说话者的内心烦躁焦虑，不能给人以稳定沉着、冷静耐心的感觉,容易给对方留下负面印象。

温馨提示

秘书人员应警惕不良的肢体语言

平时,秘书人员应警惕那些透露着消极情绪的不良肢体语言,如身体后仰、两臂交叉相抱、手插口袋、摸扶手、转笔、弹指、看手表、打呵欠、擦眼镜等动作。比如,秘书人员将身体后仰与对方谈话,则表明缺乏与对方交流的兴趣。

三、实训任务

余安妮从家里把书拿给了朱槿,朱槿进行了认真的阅读,这才明白解肢体语言的重要性。

根据书上的介绍,对于秘书人员来说,首先是上司的眼神,上司说话时不看着你,这是个坏迹象,说明上司可能想用不重视来惩罚你或上司不想评价你;上司从上到下看了你一眼,则表明其具有优势和支配地位,还意味着自负;上司久久不眨眼地盯着你看,表明他想知道更多的情况;上司用锐利的眼光目不转睛地盯着你,则表明他在显示自己的权力和优势。

朱槿想到了之前何雨竹对自己的那个双手合拢、从上往下压的动作,书上说这表明上司想使自己的内心平静下来。

朱槿又想到了何雨竹常见的几个动作,例如:双手叉腰,双肘向外的动作,这代表什么呢?还有,她在自己的办公室交代工作时,经常舒适地向后靠,双手交叉在脑后,双肘向外的动作,这又代表什么呢?此外,她还经常将双手平静地放在背后,这又代表什么呢?她高兴起来也会拍拍下属的肩后部。但更多地是将两个食指并在一起,放在嘴边,其余的手指交叉在一起,与两个食指形成了一个锥体,这又代表什么呢?

(一)实训任务一:演示

朱槿想到的何雨竹常见的几个动作,试着自己去实践了一下,谈谈你认为这些动作的背后分别有着什么样的寓意。

(二)实训任务二:模拟

懂得肢体语言在秘书沟通和协调工作中的作用重大,以小组为单位,进行眼神和常见动作模拟演示,时间不超过 8 分钟。

(三)实训任务三:讨论

结合自己的情况,谈谈你平时有哪些肢体语言。

四、实训评价

评分标准 项目达标要求	实训情况	问题总结	解决方法	自我评定	教师评定
谈谈何雨竹常见的几个肢体语言动作背后的寓意					
眼神和常见动作肢体语言的模拟演示					
结合自己的情况，谈谈自己平时有哪些肢体语言					

任务四　与上司有效沟通的技巧

一、案例导入

清早，余安妮和朱槿来到阳光公司就听说罗莎辞职了，对于这件事，余安妮和朱槿也早有预感。

罗莎的上司周桐希是阳光公司研发部的副总经理，在公司是出了名的“霸道型”领导。他吩咐秘书做事情向来是吆喝惯了，每次交代任务都是大呼小叫的，要是任务没有完成，秘书就会受严厉的批评。昨天，他的秘书罗莎终于忍不住“爆发”了一下，主动提出了辞职。

余安妮和朱槿还来不及交流一下，何雨竹打来电话让她们去她的办公室去。

余安妮和朱槿隐约有点“不祥”之感。

“你们都听说了罗莎辞职的事情了吧”。何雨竹笑着说。

何雨竹这么一笑，余安妮和朱槿都不敢吭声了。

何雨竹对她们说：“是这样的，现在周副总那边需要人手，我看你们近来做事情挺稳妥的，所以决定你们暂时过去帮忙，等周副总的新秘书到位时，你们再回来吧。”

“雨竹姐，这件事情还可以再商量吗？”朱槿真是不想去，她心里想着余安妮应该也不会想去的。

余安妮对何雨竹说：“我同意去，请您吩咐工作吧。”

听余安妮这么一说，朱槿先是一愣，后转念一想余安妮一定有她的道理，随即也答应去了。

何雨竹笑着说：“两个人去最好了，其实我也舍不得你们两个，但这也是工作需要啊，尤其是朱槿，在周副总那边你会学到更多的本领。我也曾跟周副总一起工作过，他的行为看似霸道，其实心还是好的，你们去的第一件事情就是安排一下周副总的一个客户的见面会议。好吧，你们可以去那边报到了。”

走出何雨竹的办公室，朱槿叹了一口气，对余安妮说：“这下我真的陪你栽进去了，前途叵测啊，我真不知道能不能与这位上司好好沟通。”

余安妮也微笑着回复她：“还是那句话，一起努力。”

二、必备知识

在日常工作中，秘书人员辅助上司进行决策，协助上司办文、办会和办事，向上司汇报工作进度或工作成果，可以说与上司沟通是一门综合的艺术。

在与上司进行沟通之前，秘书人员首先要对于上司所属的类型有所认知，然后运用不同的沟通技巧，才能够与上司进行有效的沟通。

（一）与阅读型上司进行沟通

阅读型上司通常喜欢阅读书面报告，这类上司讲究逻辑，注重理性思考，喜欢弄清楚事情的来龙去脉，为人处世有自己的原则和标准，因此秘书人员要注意时效性，与其相处时应该谨言慎行，在工作中多花时间和耐心观察，然后再根据上司的意图办事。秘书人员在平时还要注意文字资料的整理，千万不要心存侥幸，否则一旦事态发生变化，资料无法加以收集和整理，上司对秘书人员的良好印象就会大打折扣。面对这类上司，秘书人员要尽量以信函、企业规划书、电子邮件等文书类资料的形式加以呈现；在书面报告里，要有清楚明白的框架，条理清晰，尽快陈述结论；最忌讳的是“我手写我口”的做法，通篇都是口语化的语言，又或者是逐字逐句进行工作的实况报道。秘书人员要注意抓住重点，对图表、数据的运用也是非常关键的，但切忌冗长，一切以简明、图文并茂为最高原则。如果上司在外出差时，秘书人员也要随时以手机短信、电子邮件、通信软件来报告工作的进度。

（二）与聆听型上司进行沟通

聆听型上司通常依赖于秘书人员口头说明重点，不太喜欢自己去阅读书面报告。在与这类上司进行沟通时，秘书人员要坦诚相待，切记按照逻辑排列先后顺序，有把握的事项先报告，最理想的状况是在1分钟内汇报完事情的重点，完全不需要多加形容词和程度副词，而是直接切入重点即可，且要避免使用口头禅。如果上司平时做事情是雷厉风行的行事风格，秘书人员也要对上司交办的事情考虑稳妥后才可以提出自己的想法和建议。秘书人员要灵活地运用“5W1H”的方式来与上司进行沟通汇报工作，即何时（When）、何地（Where）、何人（Who）、何事（What）、为何（Why）、如何（How），在现实工作中，秘书人员并不需要全部使用“5W1H”，有时可能只是用到部分要素即可，但是像汇报年度工作结案报告和与上司沟通的时候要把“5W1H”全数用上。

在现实职场中，无论是阅读型上司还是聆听型上司，他们虽然都注重工作的结果，但是这并不意味着秘书人员可以忽略掉过程。他们有时也会化被动为主动，采取询问或者提问的方式，此时秘书人员要能够对答如流，这样才能显示出职场专业精神。

（三）秘书人员与上司良好沟通能力的自我培养

1. 克服畏惧，主动沟通

我们都知道，秘书人员要想与上司实现良好的沟通，主动的态度是非常重要的，但是在现实职场中，大多数秘书人员除非是因为工作有交集，否则都不愿意主动与上司进行沟通。虽然有些秘书人员坦然地说出了自己的顾虑，其实心底里对于上司还是心存畏惧。要想实现良好的沟通，秘书人员不仅要做好本职工作，还要在日常生活中与上司融洽相处。如在电梯间、走廊上、吃工作餐时相遇，不要躲躲藏藏，主动走过去问声好；上司疲惫时的一杯热茶，生病时的一粒药片，生日时的一个小礼物，不用多说什么，就能表达出秘书人员的关心，拉近秘书人员与上司之间的距离。

2. 懂得相处，适时赞美

秘书人员要懂得相处之道，适时学会发自内心的赞美是秘书人员高情商的现实体现，秘书人员不要觉得这是在拍马屁，从而感到难为情，其实只要真心地表达自己内心的这份敬意即可，有时秘书人员甚至可以把这份敬意想象成在提一种工作建议，反复实践多次，就能做到脱口而出。值得一提的是，秘书人员赞美上司要把握好时机，上司在工作忙的时候尽量不要去打扰，否则便会适得其反。

3. 换位思考，消除成见

由于在地位、年龄、经验和阅历等方面存在差异，因此秘书人员要学会换位思考，站在上司的立场看问题，用上司的思维去思考眼前的工作。秘书人员不仅要能提出问题，而且要事先思考对于问题的解决方案，要考虑自己是否和上司站在同样的角度和高度看问题，是否从企业的大局利益和长远发展出发，这样才有可能被上司重视，并采纳相关意见。金无足赤，人无完人，上司的身上可能也存在有某些缺点，如果秘书人员一直盯着上司的缺点，不能将心比心、换位思考、消除成见，那就很难与上司搞好关系，秘书人员应该承认并发现上司的优点，并学习上司的优点，这样才能够跟上司相处得更好。

4. 调整心态，善待批评

上司有时会出现怒火中烧、严厉批评的情况，此时秘书人员要能调整好心态，正确地对待上司的批评。首先，秘书人员要明白上司之所以发怒，应该不是针对秘书人员个人的，一方面切忌不要寻找借口进行辩护或推脱责任，另一方面也不要过多地沉溺在沮丧中，要明白正因为上司把自己当成“自己人”，才会在自己的面前释放怒火。尤其因上司的情绪不好或上司弄错情况受到误解和错批时，秘书人员也不要急于争辩，可以在以后合适的时机和场合加以解释。另外，秘书人员也可以了解上司的情绪模式，以便应用在日后的工作配合上，这也不失为一种良好的方法。

三、实训任务

余安妮和朱槿来到研发部报到了，摆在她们面前的第一项工作就是安排一个客户的见面会议。朱槿觉得这是挺简单的一件事情，正好可以在周桐希的面前表现一下，于是她自告奋勇让余安妮把这次机会让给她。余安妮很爽快地答应了。

朱槿有礼貌地敲门之后走进了周桐希的办公室，来到他的跟前轻声地询问："周副总，眼下有一个客户的见面会议，对方刚才也打来电话询问我们什么时候能开会，您看明天开会怎么样？"

"我明天没有空"。周桐希头都没有抬起，回复的语言也很生硬。

"那您什么时候有空？"朱槿听了以后，心头一凉。

"看一下吧？可能下周一、周二吧？有空再说，如果没有其他的事情，你先出去吧。"周桐希稍微倾斜了一下头，看了看朱槿。

朱槿只能闷闷不乐地走出了周桐希的办公室，没有想到第一次向上司报告工作就搞砸了。她的眼泪似乎就要夺眶而出了。

余安妮显然也意识到了这点，她走上前去握了握朱槿的手说了一句："让我再去试试看吧，开会时间今天必须得定下来。"

说完，余安妮给周桐希的办公室打了一个电话，在周桐希的同意下，她进去请示开会的时间。

（一）实训任务一：撰写

接下来余安妮应该怎样保持与上司的良好沟通，请开动脑筋，思考解决眼前的难题需要用什么方法？每组为本案例补写续集的书面文本。

（二）实训任务二：汇报

以小组为单位，并且选派代表说说本组补写的续集为什么要这样设计，情节应该如何发展，时间不超过8分钟。

（三）实训任务三：模拟

分组模拟演示余安妮和周桐希的有效沟通，最终的结局要求这次会议的召开时间成功予以落实。

四、实训评价

评分标准 项目达标要求	实训情况	问题总结	解决方法	自我评定	教师评定
补写续集的书面文本					
续集的设计思路演讲					
模拟演示与上司的有效沟通					

任务五　与同事有效沟通的技巧

一、案例导入

余安妮和朱槿协助周桐希把第一次客户见面会议安排得井井有条，周桐希对此很满意，尤其是余安妮的办事能力更是令他刮目相看。正好最近研发部又有一件烦心事要解决，他第一时间就想到了余安妮。

当余安妮进到周桐希的办公室时，她感到很惊讶，周桐希居然为她早早地倒上了一杯热茶。

“余安妮，上次的客户见面会，你做得很好，谢谢你。”周桐希笑着说。

余安妮有点不相信这话是从周桐希的嘴里说出来的，但是事实确实是周桐希在对自己说。

“谢谢周副总，这都是大家共同努力的结果，尤其是朱槿。”余安妮虚心地说。

“年轻人懂得谦虚是好事情，来，喝茶。”周桐希示意余安妮坐下来喝茶。

“谢谢周副总。”余安妮坐下来，端起了茶杯，但是没有送到嘴边。

“余安妮，我知道你的能力很强，眼下你看罗莎辞职了，邓路也在闹辞职，这都几天都没有来上班，他可是我们研发部的技术骨干啊，研发部少不了他。等下他或许会到你那里提交辞职信，你去和他谈谈，让他知道我有让他继续在公司工作的想法。”周桐希诚恳地说。

“周副总，我刚来研发部，与同事们还不怎么熟悉，我担心自己不能完成这个任务。”余安妮顿时感觉有股压力袭来。

“我知道你刚来研发部，确实不熟悉，我来介绍一下邓路的情况吧。邓路这个人踏实肯干，专业技术能力强，做事也认真，就是有些太固执，我上次也是气坏了，于是说了一句他的脾气又臭又硬。我这样说当然是不对的，我也后悔了，其实我的缺点也是蛮突出的，我也在尝试着改变自己。”周桐希真诚地对余安妮说。

余安妮能够感受到周桐希话语中的真诚，通过这段时间的相处，她也觉得周桐希确实在改变，于是她鼓起勇气说道：“好吧！周副总，我尽力去试试，希望能为公司留下一位精英。”

“好的，余安妮，我相信自己的眼光，你能办成的。”周桐希顿时喜笑颜开。

走出周桐希的办公室，余安妮的心里想着要好好与这位曾有过几次工作业务上接触的同事邓路好好沟通一下，争取能有一个好结果。

二、必备知识

在现实职场中，秘书人员是能让整个办公室的工作业务运作顺畅的关键角色，秘书人员与同事的良好沟通与交流，能提升办公室团队工作的整体效果，从而营造和谐高效的工作氛围。

（一）善用语言，体现激励性

秘书人员有时要传达上司的工作指示，让办公室同事去接受各项工作。诸如“您好”“谢谢您”这样让同事最容易接受的礼貌用词看似简单，其实在工作中却是必不可少的，同事不仅是日常的工作伙伴，而且还是工作中最好的老师，秉承谦虚谨慎的学习态度能够拉近秘书人员与同事之间的距离，避免同事产生抵触情结，用平和的态度去接受工作任务。秘书人员的语言也应该体现出一定程度的激励性，让同事看到工作的意义和价值，化被动为主动，带着强烈的责任心去努力工作。

（二）端正态度，体现专业性

在与同事沟通时，要充分体现秘书人员的专业性。秘书人员分内的工作，一定要自己动手去完成，而不属于自己业务范围内的工作或者已经得到上司的授权需要交付同事执行的工作，要果断地交付给同事，千万不要以为揽事上身就能搞好与同事的关系，事实上这会造成同事对秘书人员的依赖，造成秘书人员在时间管理上出现失衡状况。即便是在平时与同事之间用电子邮件进行沟通，秘书人员也要时刻表现出认真的风格和态度，千万不可以认为同事之间的电子邮件就可以随随便便。无论电子邮件涉及什么内容，在任何时候秘书人员都不要忘记体现自己的专业精神。

（三）创新方法，实现高效化

秘书人员在平时也要不断地总结工作经验，创新工作方法，在创新的过程中实现工作的高效化。只有营造和谐的工作氛围，才能让每一个人都能自觉地为企业献计献策，为工作带来更多的惊喜，为团队带来更多的效应。秘书人员在与同事沟通时，不必强求非在办公室，对于那些不方便在单位交流却有助于工作的话题，秘书人员可以果断地安排在室外进行交流，如双方同坐一张餐桌，用美食佳肴来拉近彼此的距离。需要强调的是，大公司或者大企业可能还存在来自不同国度的同事，他们有不同的文化背景，秘书人员不能指望能够分享同样的幽默感，不要以为创新工作方法就是可以随时用幽默的语言来进行沟通，因此有时慎用幽默也是必要的。

三、实训任务

在接到周桐希的任务后，余安妮一直都在等着邓路的到来，但是却迟迟不见他来公司提交辞职信。听说邓路每天晚上都喜欢去公司对面的那个茶楼喝茶，余安妮暗暗下决心打算晚上去茶楼会会邓路。

果然，当余安妮晚上来到茶楼时就看到邓路和几个朋友正在喝茶，不过神情看起来比较憔悴。

余安妮没有马上前去找邓路，而是打定主意，找了一个座位，坐在那里先听听邓路和他的朋友们的对话。她打算听到他们谈话到合适时机的时候自己再过去。

“邓路，你真的打算辞职啊，你是不是真的想清楚了？你的年薪很不错，你们公司的福利也很好，具有很大的发展潜力。我看你们那个副总周桐希的脾气是大点，不过还是可以相处，我们公司的那个上司别看平时不怎么说话，其实很不好相处。”一位朋友正在劝说邓路。

余安妮明白邓路的朋友们都在劝他，并且他们对阳光公司的薪酬和待遇很羡慕。

“是啊，我也不想走，老实说我这几天也想去你们公司应聘，但是了解到你们公司的薪酬和福利待遇，我就已经打不起精神了，尤其是在公司发展方面，我还是看好现在所在的公司。情况也正如你们所说的，我们副总的脾气是大了点，忍一忍还是可以相处的。”邓路无奈地说。

“对啊，我们几个人还想去你们公司的研发部工作呢，你现在没有交辞职信就不算辞职，就算你们的副总周桐希现在有些生气，要是看到我们几个人去‘投奔’你，肯定就前事不提、既往不咎啦。”朋友们纷纷对邓路说。

“哎，原来你们还想去我们公司啊，都怪我，早知道这样就该忍一忍。”邓路叹了一口气。

听到这里，余安妮感觉到眼下时机已经成熟了，于是她离开座位，慢慢地走向邓路的座位，突然很惊讶地说：“这不是咱们公司的大帅哥邓路吗？”

邓路看着正朝自己走来的余安妮，立刻起身说道：“咦？是余安妮啊，幸会幸会。”

余安妮见邓路还是很热情的，顿时心里有了底气。

“邓路，你也许还不知道，你这几天不在研发部，咱们周副总可是手忙脚乱的，管了东头顾不上西头，看来没有你还是不行啊。”余安妮笑着说。

邓路有点狐疑，但还是故作镇静地请余安妮在自己的身边就座。

“真的，你这几天生病请假，没有在研发部，大家都很想你。”余安妮边说边坐下来。

“咱们邓路肯定是不可或缺的。”桌上一位邓路的朋友禁不住插话了。

“哪能呢？研发部不是还有其他的同事吗？”邓路的脸上有了几分喜悦的神色。

“你说其他人啊，周副总都不满意。”余安妮故意拉长了声音。

看着邓路不说话，余安妮故意大声地说：“咱们周副总天天提到你，他说邓路怎么还不回来啊？”

“他真是这样说的吗？”邓路还是不相信。

“我相信是真的，咱们哥几个中你最棒啦，明天去上班吧。”桌上邓路的另一位朋友插话了。

“周副总还说了什么，研发部这几天的具体情况又是如何，来，喝口茶，咱们边喝边聊。”邓路笑着为余安妮沏茶。

（一）实训任务一：撰写

接下来余安妮应该怎样保持与邓路的良好沟通，请开动脑筋，思考解决眼前的难题需要用什么方法？每组为本案例补写续集的书面文本。

（二）实训任务二：汇报

以小组为单位，并且选派代表说说本组补写的续集为什么要这样设计，情节应该如何发展，时间不超过 8 分钟。

（三）实训任务三：模拟

分组模拟演示余安妮和邓路的有效沟通，最终的结局要求邓路答应明天回阳光公司上班。

四、实训评价

评分标准 / 项目达标要求	实训情况	问题总结	解决方法	自我评定	教师评定
补写续集的书面文本					
续集的设计思路演讲					
模拟演示与同事的有效沟通					

任务六　与客户有效沟通的技巧

一、案例导入

这天上午，朱槿正在办公室里工作，余安妮在周桐希的办公室向他汇报工作。

这时，突然有一个戴着大墨镜、体态偏胖的中年人推门而入。因为手头刚好有文案要处理，朱槿也就抬头看了一眼这个中年人但没有起身。这个中年人也没有理会朱槿，径直往周桐希的办公室方向走去。

朱槿见此赶快起身，追上中年人说道："您好，请问您是……"

"我找你们周副总。"中年人边说边往里走。

"那您也要先和我说说啊，我好为您通报一声，您能不能先在沙发上坐一坐。"朱槿此时显得有些着急了，中年人已经走到了周桐希的办公室门口。

"我刚才看到你抬头看了我一下，然后不是又低头做自己的事情去啦吗，显然没有把我放在眼里。这就是你们公司的待客之道吗，坐着接待客人的吗?"中年人有些生气，声音也变得高昂了不少。

门外的话语声让余安妮和周桐希都赶紧走出了办公室。

"原来是大伟啊，多多包涵，新来的年轻人不懂礼貌，请您见谅。"周桐希上前与中年人握手。

朱槿觉得有些委屈，但是余安妮此刻也来不及管这些。她赶紧准备好茶水，为这个叫林大伟的人斟上一杯热茶。

"桐希啊，还是这位秘书懂事。"林大伟端起了眼前这杯热茶。

"实在抱歉，对不住啊!" 周桐希再次道歉。

面对此情此景，朱槿觉得十分委屈。

二、必备知识

与客户的良好沟通是秘书情商在管理中的现实体现，秘书人员对于时机、立场和场合的正确把握是很有必要的。

（一）把握正确的时机

我们必须明确的是秘书人员的一举一动都会在客户的心目中形成一个印象，这种印象最终会影响客户对企业整体形象的看法。因此，客户来到企业，秘书人员哪怕工作再忙，都要先起身，并与客户进行适当的沟通，千万不能以工作忙为借口，对于客户的到来不闻不问，将其冷落在一旁。常用的秘书语言如："您好，这里是××公司，有什么可以让我帮您吗?"，秘书人员在言语交流时还要注意看着客户的眼睛，声音要清脆悦耳，吐字要清晰，行为举止要大方，这样才能给客户留下好印象。在信息化时代，秘书人员仍然要重视与客户的短信沟通。如当遇到天气发生较大变化的时候，秘书人员可以通过手机短信对客户进行温馨提示："×××，您好！明天会降温，要风度更要温度，带足衣服出门，我是××公司的秘书小张。"

（二）把握正确的立场

身为秘书人员，要谨守自己的立场是协助上司顺利地同客户进行交流，而非上司的代言人，因此在没有获得充分授权的时候，千万不要越俎代庖，替上司回复或者回绝客户，而是要视情况作出判断。当客户提出了让秘书人员感觉到棘手的问题时，不能当场回绝客户，而应该先把客户的问题记录下来，等报告上司批准后再回复客户。如果需要上司直接跟客户才能解决的问题，那么秘书人员可以请上司与客户直接进行沟通。这样既能让事情获得妥善的解决，又会让客户感觉到秘书人员是一个做事稳健的秘书、一个考虑全面的秘书、一个办事周密的秘书，从而为今后更好的合作奠定基础。

（三）把握合适的场合

当遇到一个怒气冲冲的客户来到企业找上司投诉的时候，秘书人员首先要考虑交流的场合是否合适，如在有着不少同事的办公室，秘书人员可以将客户领到单独的会客室，而不是在办公室内就立即和客户进行交流。客户是带着强烈的主观成分来投诉的，他们有可能把问题夸大了，但秘书人员不管遇到客户投诉什么样的问题，都需要心平气和地听取客户的意见，耐心地帮他们分析解决。良好的环境，一杯热茶，认真地聆听，积极地记录客户的问题，往往能让客户的情绪得到宣泄，尤其是在送客户的时候，秘书人员还可以对客户亲切地说声："您反映的问题很好，让我们发现了自身所存在的不足，我们一定会努力加以改进的。"

三、实训任务

之前爆发的邓路辞职事件，最终的结局不仅是他留了下来，而且那天跟邓路一起喝茶的几位朋友也辞职来到了阳光公司。对此，周桐希当然很高兴，研发部的技术力量越发强大，连行业协会举办的新春酒会都委托阳光公司来举办。周桐希觉得余安妮就是自己的福将，于是他让余安妮陪他一起在门口迎接其他公司前来参加新春酒会的老总们。

余安妮原以为一切都会顺顺利利，直到接下来其他公司几位老总的出现。

“周桐希，祝你们研发部新年新气象！”几位老总异口同声地说。

“谢谢，张总、李总、莫总。也祝你们公司新的一年有新进展！”周桐希也笑着说，他正想上前与他们一一握手，结果这几位老总都拒绝了，场面一下子尴尬起来。

李总冷笑着说：“得了，周桐希，别装了，你们挖墙脚很厉害啊，这还有没有职业道德了？”。

听了这话，周桐希大为吃惊，一时语塞，没有说话。

余安妮见状，连忙说：“……”

（一）实训任务一：撰写

接下来余安妮应该怎样与这几位老总进行良好的沟通，请开动脑筋，思考解决眼前的难题需要用什么样的应对方案？每组为本案例补写应对方案的书面文本。

（二）实训任务二：汇报

以小组为单位，并且选派代表说说本组补写的应对方案为什么要这样设计，情节应该如何发展，时间不超过 8 分钟。

（三）实训任务三：模拟

分组模拟演示余安妮和这几位老总的有效沟通，最终的结局要求和气收场。

四、实训评价

评分标准 / 项目达标要求	实训情况	问题总结	解决方法	自我评定	教师评定
补写应对方案的书面文本					
应对方案的设计思路演讲					
模拟演示与这几位老总的有效沟通					

项目七

秘书写作与处理

写作能力是秘书人员工作的基本能力，也是秘书人员能力素质的重要体现。提高秘书人员的写作与处理能力是做好秘书工作的关键。

知识点

1. 了解秘书写作的特点和类型。
2. 熟悉秘书日常写作工作的主要内容和要求。
3. 掌握秘书写作的拟定步骤、撰写格式及要求。

技能点

1. 能够根据内容恰当地选择文种，模拟写作，具备撰写的公文能力。
2. 能够做好秘书常用性公文的写作工作。
3. 能够较规范地完成秘书行政性公文的撰写任务。

任务一　撰写电子邮件

一、案例导入

阳光公司最近新招聘了一批文员，公司决定让余安妮为她们进行岗前培训，余安妮明白这是公司给予自己的又一个重要任务，因为在此之前公司的岗前培训都是由何雨竹负责的。虽然之前余安妮也做过文件归档的培训，但毕竟比较单一，在准备培训课程前，她也专门向何雨竹请教，何雨竹显得很高兴，告诉她这次岗前培训重在对于秘书人员写作与处理的知识学习。余安妮想来想去，还是觉得首先应该从撰写电子邮件入手。

"电子邮件啊，这有什么稀奇的，我读小学的时候就会写啦。"余安妮没有想到第一堂课就有学员提出了质疑。

"你真的觉得电子邮件很好写吗？不重要吗？"余安妮故意提高了一下自己的声音。

学员们显然也被余安妮震住了，教室里顿时静悄悄的。

余安妮严肃地说："既然大家不说话了，那就由我来讲个关于自己的故事吧。老实说，当初我也不重视撰写电子邮件，当我还是个新人时，我曾遇到一个做事非常拖拉、工作极为马虎的客户，每次交接工作都需要我无数次的催促，还要反复提醒。有一次，他们公司委托我们公司发的一批货无法申报。我第一时间就给他打电话交代了这个情况。如果在规定时间前备不齐这些材料导致耽搁进程，那就是他们的责任了。客户满口答应，说马上就可以用电子邮件给我把材料发过来，可是我等了一个下午他都没有发过来，最后的结果可想而知。对方公司的老板生气了，一个电话打到我的部门经理那里投诉我工作不力。当我向部门经理解释的时候，她虽然也相信我，但是口说无凭，没有电子邮件作为证据，那么损失只能由我们公司赔偿。现在我依然记得部门经理对我说的话，打电话虽然方便，但是电子邮件更为重要，不但要给对方写电子邮件，有条件的话还应该抄送一封给他的上司，这样他就不敢怠慢了。各位同事，讲到这里，你们还觉得撰写电子邮件不够重要吗？"大家都鸦雀无声了。

二、必备知识

（一）电子邮件的定义

电子邮件的英文是 Electronic Mail，缩写为 Email，是目前互联网中应用最广泛的服务，指通过一定的通信网络，用电子手段提供电子文本信息传输与交换的通信方式。随着互联网的飞速发展，电子邮件在商务活动中的重要性日益凸显，成为秘书人员在商务活动中必须掌握的沟通方式。

（二）电子邮件的结构

电子邮件通常由邮件头和正文结构两个部分组成。

1. 邮件头

邮件头由收件人的电子邮箱地址、抄送人的电子邮箱地址、电子邮件标题名称、发件人的电子邮件名称等内容组成。电子邮箱地址由用户名、@和域名三个部分组成，且一定要填写完整、准确。发件人要注意的是，如果用户名里有特殊符号的（如“_”“·”等），一定要准确输入，否则收件人就无法收到电子邮件。发件人还可以把常用的电子邮箱地址添加到通讯录里，需要的时候只要从通讯录里查找就可以了。若一封电子邮件需要发送给多人时，发件人可以使用“抄送”“密送”“群发”等功能。

电子邮件标题名称撰写的好坏决定收件人是否会打开并阅读电子邮件的正文部分，如撰写标题为“1月28日开会”，这个电子邮件标题能引起收件人的注意，并能很好地解决了收件人在阅读电子邮件之前在心中想要解决的疑惑“我有必要看它吗”。

2. 正文结构

正文结构通常由称谓、问候语和主体三个部分组成。

（1）称谓。

称谓的位置居于邮件头的下方，位置居于第一行顶格写。发件人在撰写电子邮件时要很注重称谓：写给企业或者单位的电子邮件应写全称；写给个人的电子邮件，要在个人的姓名后加上职务或敬称，以表示对对方的尊重，如“尊敬的××总经理。”依据商务礼仪习惯，收件人还可以在称谓后加上表示审阅之意的“台鉴”“雅鉴”“惠览”等用语。收件人在撰写英文邮件时，对于不熟悉的客户不宜直接称呼其英文名，对级别高于自己的人也不宜称呼其英文名。在实际使用中，有人省略称谓或者没有使用敬称，直呼对方的姓名，这都是不符合电子邮件写作礼仪的要求。

（2）问候语。

中文电子邮件最简单的问候语的开头是“你好”或者“您好”，英文电子邮件则是“Hi”，位置居于称谓后换行空两格写。

（3）主体。

主体通常由前言、信体、结尾和落款四个部分组成。

① 前言。

前言部分有时也可以省略，如果想要撰写，发件人可以根据业务内容简要地说明撰写电子邮件的目的。若无特殊目的，发件人宜开门见山，直奔主题。

② 信体。

信体部分要简洁、明确地告诉收件人需要磋商、洽谈的业务事项、要求、结果等内容。根据收件人与发件人的熟悉程度、等级关系，发件人要选择合适的语气进行论述，为了表示对对方的尊重，“请”“谢谢”之类的语句要经常出现。

③ 结尾。

电子邮件可以使用惯用语结尾，如“特此致函”；还可以使用表达赞美、问候、祝愿、感谢之意的用语，如“顺颂，商祺”“事业兴隆，财源广进”“感谢您的回复”“心想事成，万事如意”等。英文电子邮件的结尾常使用“Best Regards”（致上我最高的问候），中文电子邮件的结尾常使用“祝您顺利”之类的用语，若是长辈或者上级领导应使用“此致敬礼”。需要注意的是，在非正式的场合应完全使用信件标准格式，“祝”和“此致”为紧接上一行结尾或换行开头空两格，而“顺利”和“敬礼”则再换行顶格写。

④ 落款。

落款应写清楚发件人的单位名称、个人姓名、联系方式等，如果涉及本企业业务的，企业的名称以及产品、服务信息也最好出现在电子邮件的最下方。一封没有签名的电子邮件是不完整的，也显得发件人不够职业，而一个好的签名能够为发件人的电子邮件锦上添花，尤其是对于经常接收大量电子邮件的人来说，他们往往对于电子邮件结尾处的署名部分会给予更多的关注。

（三）秘书人员撰写电子邮件应注意的事项

秘书人员应注重电子邮件标题的撰写。标题要准确、简洁地对电子邮件的内容进行描述。需要注意的是，标题一定要撰写，这样收件人可以在收件箱里用最短的时间对新的电子邮件进行筛选，从而确定处理顺序，与此同时，这也便于收件人日后查阅。不撰写标题，很容易被收件人作为垃圾邮件删掉。

秘书人员切忌在电子邮件的正文中把收件人的姓名、职位以及单位名称弄错。在撰写电子邮件时，秘书人员遇到拿捏不准的时候，一定要认真予以核实，否则会给收件人留下不好的印象。

秘书人员应注意有无附件方面的细节，不要出现电子邮件的正文中明明提到了有附件，而秘书人员却忘记发送附件或者发送错误的附件的现象。需要注意的是，未等文件上传完毕就发送电子邮件的话，收件人是收不到附件内容的，所以一定要等到出现“上传完毕”“100％上传”字样的时候再进行下一步操作。

秘书人员切忌轻视电子邮件正文的内容，如正文的内容切忌只有简单的一个词或者几个词，秘书人员这样撰写电子邮件正文的内容很有可能被看作是对收件人有着轻视或者傲慢无礼态度的倾向。

秘书人员应对收件人的性别、种族以及习俗有一定的了解。同时，秘书人员应避免在电子邮件的正文内容撰写中不自觉地使用了带有性别歧视、种族歧视和习俗歧视的语言，即便这在秘书人员看来自己只是开了个小玩笑而已。

秘书人员应注重使用项目符号对电子邮件的正文内容进行条理化、有序化的分解。秘书人员在正文中不能使用让收件人的头脑感觉像“一团糨糊”的大段密集文字。

秘书人员如果必须把一个存在争议话题的电子邮件发送给多个收件人时，要衡量一下在引发多方讨论的同时，自己是否希望所有的收件人都给以必要的回复。

（四）秘书人员回复电子邮件的基本要求

1. 尽可能及时、迅速地回复电子邮件

秘书人员回复电子邮件应遵循 24 小时回复法则，一般可以接受的、最理想的回复时间是 1 个小时内。对于一些特别紧急的电子邮件，秘书人员看到了就应在第一时间给予回复。值得注意的是，当前的智能手机均可以开启电子邮件来电提醒通知，这样秘书人员就可以在第一时间内予以回复。若短时间不能回复的，秘书人员也应该向发件人表示歉意，

并说明自己正在抓紧时间处理，会在何时给予回复等。

2. 回复电子邮件不要出现“RE”字样

秘书人员在回复电子邮件时，如果双方均未在主题栏键入主题名称，而是点击“回复”按钮直接发送，主题栏的“RE”字样会越来越多，这时候发件人和收件人都要及时地删除这些多余的“RE”字样，重新提炼有用的信息作为电子邮件的标题。

3. 千万别错复电子邮件

当收件人回复秘书人员发来的问卷或评论时，如果秘书人员不打算把自己的回复发送给所有收到这封电子邮件的人，就不要使用“全部回复”功能。在类似情况下，盲目抄送信息是电子邮件使用中存在的常见错误，发件人有时会把电子邮件抄送给那些与被讨论的问题不相干的人，导致犯下泄露企业重要信息的重大失误。

三、实训任务

第一天的岗前培训很成功，学员们的学习热情很高，对于学习电子邮件撰写也很投入。

余安妮松了口气，心里觉得挺高兴的，正准备关掉电脑回家。这时，朱槿打来电话，电话那头的声音显得很忧伤。

“安妮姐，听说你今天教学员们撰写电子邮件很成功，学员们都有很大的收获，我现在也有一个电子邮件撰写方面的烦恼，你要帮帮我啊。”朱槿对余安妮说。

“别跟我开玩笑，你撰写电子邮件应该没有问题。”余安妮还是觉得朱槿在开玩笑。

“我已经把我遇到的难题发电子邮件到你的邮箱啦，你帮忙看看吧，我真的没辙了，我都已经心力交瘁了。”电话那头，朱槿的声音似乎已经在哀求了。

余安妮立刻打开自己的邮箱，发现了朱槿给自己发来的邮件，邮件的内容如下：

安妮姐，我今天发了封电子邮件给正在美国公干的周副总，周副总也回复了我的电子邮件，说我这封电子邮件在写什么啊，怎么读都读不懂，让他感到抓狂。他让我好好再学习一下撰写电子邮件，以下附上我的电子邮件原文：

主题：还有件事

致意！

我非常荣幸能够在阳光明媚的日子，给您发送这封电子邮件。希望我带来的信息对副总十分有用，近期研发部，按您的指示，我们这次对3月份的数字再进行一次核对。有些人说报上来的数字不正确，也有些人说数字没问题。我觉得，保险起见，还是应该很快地核对一下。事实上，我也想再看看2月份的数字有没有问题。这只和邓路团队有关。我还附上了关于会议的一些重要信息，其中包括邓路的经验介绍。

哦，对了，还有件事：我看了3月份研发部小饰品的销售数字是比1月份和2月份还是低。按道理说应该更高。周副总，我们在很短时间内作了很多事。虽然算不上特别好，但我们真的表现很出色！

朱槿

余安妮看了这封电子邮件也觉得抓狂了，朱槿的这封电子邮件都在写什么啊。眼下这封电子邮件应该怎么修改，余安妮决定自己撰写一封电子邮件让朱槿做参考。

（一）实训任务一：讨论

根据朱槿的电子邮件的内容，接下来余安妮应该怎样开展突发事件处理，请开动脑筋，对朱槿撰写的电子邮件进行评价，思考解决眼前的难题需要一封什么样的电子邮件？

（二）实训任务二：撰写

每组为本案例撰写一封电子邮件。

（三）实训任务三：点评

分组交换各组撰写的电子邮件，大家互评，最终的结局要求形成一封能让周桐希满意的电子邮件。

四、实训评价

评分标准 项目达标要求	实训情况	问题总结	解决方法	自我评定	教师评定
对朱槿撰写的电子邮件进行评价					
为本案例撰写一封电子邮件					
各组互评撰写的电子邮件					

任务二　撰写会议通知

一、案例导入

撰写电子邮件的课程学完之后，余安妮决定接下来的写作培训课程应该是学会撰写会议通知。

在上课之前，余安妮把上课的地点改在了会议室，并编辑成手机短信用相关软件进行了群发，此外，她又撰写了一份通知贴在了原来上课培训室的公告栏里。接下来，她就在会议室等待学员们前来，结果本来安排在早上8:00进行的培训课，直到9:00学员们才来齐。

“今天培训课程的地点改在了会议室，我也编辑了手机短信发给了大家，有多少学员收到了手机短信，请举手。”余安妮问学员们。

余安妮看了看，50个新学员中只有20个新学员举起了手。

她又继续发问：“有多少学员在培训室的公告栏里看到了我打印的纸质通知？”

这次有超过30个新学员举手了。

显然有些学员在接到短信通知以后，并没有直接前往更改后的上课地点，而是又回到了原来上课的培训室。

“如果我没有在原来上课的培训室的公告栏里贴一份纸质通知，估计今天大家就要乱成一团了。如果我们面对的是一次重要会议，估计发通知的这位秘书就要被辞退了，原因何在呢?”余安妮继续启发学员们进行思考。

“我没有接到通知啊，老师。”一个前排的新学员显得很无辜。

“是啊，我相信，你没有接到通知，因为现在的电脑短信软件并不能保证每一条短信都发送到大家的手机里面，更何况这些软件发送的短信还有可能被你们的智能手机默认为垃圾短信而误删除，但是这一切发通知的秘书是不能把控的。”余安妮说话的时候神情很严肃。

班级的学员们似乎也领会到了这点，不少新学员点了点头。

余安妮说：“那么，我的手机短信上的通知是不是白发了呢？也不完全是，那是因为今天还有20个新学员收到了短信，但是为什么效果没有出来呢？那是因为我的手机短信通知内容上没有标明，请收到短信的新学员回复短信到我的手机上，告诉我你已经收到了我的短信，这样我就能知道哪些新学员还没有收到短信。为什么在短信通知以后还是有新学员去公告栏看打印的纸质通知呢？那是因为今时今日，尽管电子通信非常发达，纸质通知仍然有其不可替代的存在价值，我们撰写会议通知要力求双保险，不能以为发了手机短信就万事大吉了，你的手机短信的通知可能也存在信息不全的风险。那么，大家觉得撰写会议通知有必要学习吗?”

台下又是一阵热烈的掌声，余安妮明白自己设计的这种知易行难的撰写会议通知的课程导入是成功了。

二、必备知识

（一）会议通知的定义

会议通知是上级对下级、组织对成员或平行单位之间部署工作、传达事情或召开会议等所使用的公文。它是秘书人员经常要起草的公文，撰写会议通知看似不难，但是如果没有掌握写作方法或者轻率行文，秘书人员就不可能撰写出符合实际需要的会议通知，从而影响正常工作。如某些公司的会议通知下发之后，随即便有下级部门来电话向秘书人员询问开会的有关事项，这样既浪费人力和物力，又不利于提高工作效率。

（二）会议通知的结构

会议通知要求结构要完整，内容要全面，通常由标题、受文对象、正文、发文机关、发文时间、联系人及电话等内容组成。以下是一篇常用的会议通知格式：

×××(受文对象)：

×××××××××××××××××(会议通知的理由、目的、依据)，现将有关事宜通知如下：

×××××××××××××(会议的主题与内容、召开时间与地点、参会人员、参会要求、报到日期和地点、会议组织方的联系方式等)。

特此通知(也可以省略)！

发文单位的名称(正式的会议必须加盖单位印章)
××××年××月××日(用汉字或阿拉伯数字书写)

1. 标题

会议通知的标题一般位于会议通知的第一行中间，字号略大一点。需要注意的是，如果是紧急或者重要事情，可以写成“紧急通知”或“重要通知”。会议通知的标题有以下三种写法：

（1）发文机关＋事由＋文种（即完全式标题）；

（2）事由＋文种（即省略发文机关的标题）；

（3）直接写“会议通知”四个字（即直接用文种作为标题）。

2. 受文对象

会议通知的受文对象主要写被通知的单位或者被通知的人。

3. 正文

正文是会议通知的主要内容，主要是将会议名称，开会的时间、日期、地点，会议标题，参加人员的范围、数量，入场凭证，报道的时间及地点，开会人员必须携带的文件材料、物品及其他需要注意的事项等内容写清楚，如果内容多，可以采取分段或分条的形式来进行撰写。

正文中的第一个层次主要说明的是通知缘由，即为什么要开会？依据是什么？会议的主要内容是什么？会议的名称是什么？紧接着要使用承启语如“现将有关事项通知如下”“现就有关问题通知如下”，以便导入对各有关事项的安排和要求。

正文的第二个层次主要说明的是通知事项，包括会议的主题与内容、召开时间与地点、参会人员、参会要求、报到日期和地点、会议组织方的联系方式等要素。开会时间不能只写某月某日，还应写明上午或下午、某时某分。参会人员不能笼统地写成“有关负责同志”，应写明出席对象、职务、人数等。

4. 署名和日期

署名和日期主要分两行写在正文右下方第三行、第四行处，如果是以正式公文的形式下达，则还要加盖公章。

（三）秘书人员撰写会议通知应注意的事项

秘书人员应注意撰写的会议通知的内容要全面。会议通知应包含的内容都应该写清楚，如果漏掉了哪个内容，就不便于参会人员及时与会务组进行联系。

秘书人员切忌对会议通知中要交代的事项表述不清楚，如会议通知中的开会时间不能只写某年某月某日，还应写清楚上午或下午、某时某分，让人一目了然，而不是产生含糊不清的感觉。会议组织方为了更好地掌握参会人员的数量，需要参会人员填写完成会议回执时，应写明会议回执是通过电子邮件还是传真的方式反馈给会议组织方。

秘书人员应注意撰写的会议通知文字要简洁，不能冗长累赘、啰里啰嗦。另外，秘书人员在撰写会议通知时应合乎语法、用词准确、言简意明、意尽言止。

三、实训任务

第二天上午关于写作方面的岗前培训很成功，学员们对于撰写会议通知也很用心。

余安妮正准备关掉电脑去餐厅用餐，朱槿从门外冲了进来。

“安妮姐，我又来求救啦。”朱槿着急地说。

余安妮一看朱槿这状态就知道她确实又来求救了。

“又怎么啦？该不会是关于会议通知的事情吧？”余安妮问。

朱槿着急地说：“就是关于会议通知的事情。明天要召开一个员工会议，我本来想着用电话通知一下各部门就行了，谁知道会出现这种情况。各部门把开会集中时间一再提前，研发部通知：今天下午在大会议室召开公司员工大会，各员工务必于 2:00 前入场完毕。销售部通知：今天下午在大会议室召开公司员工大会，各员工务必于 1:50 前入场完毕。物流部通知：今天下午在大会议室召开公司员工大会，各员工务必于 1:40 前入场完毕。行政部通知：今天下午在大会议室召开公司员工大会，各员工务必于 1:30 前入场完毕。这样一来，大家有些去得早，有些就去得晚了。”

“别着急，会议正式开始是什么时候？”余安妮安慰朱槿说。

“正式开始是下午 2:10。”朱槿显得有些着急。

“如果是这样的话，那就由公司总部办公室正式撰写一个会议通知，以正式文件的形式发放下去即可。”余安妮提出了自己的建议。

“那么，具体应该怎么写才好呢？”朱槿问余安妮。

“好的，那让我告诉你应该怎么写吧。”余安妮开始对朱槿面授机宜。

（一）实训任务一：讨论

余安妮将会怎样撰写这份会议通知，请开动脑筋，思考解决眼前的难题需要一份什么样的会议通知。

（二）实训任务二：撰写

每组为本案例撰写一份会议通知。

（三）实训任务三：点评

分组交换各组撰写的会议通知，大家互评，最终要求形成一份能让全公司都能正确执行的会议通知。

四、实训评价

评分标准 项目达标要求	实训情况	问题总结	解决方法	自我评定	教师评定
对余安妮将要撰写的会议通知进行分析					
为本案例撰写一份会议通知					
各组互评撰写的会议通知					

任务三　撰写开幕词

一、案例导入

周桐希分管了阳光公司的文体卫宣传工作，他接手后的第一件工作就是为公司员工运动会“和谐家园”田径比赛致开幕词。阳光公司一直以来都很重视员工的体育锻炼，这次也是本着以赛促练的目的。因此，周桐希非常重视此次开幕词的撰写。尽管余安妮有培训新学员的任务，但是周桐希还是让朱槿叫她前来开会，商量开幕式的相关工作，尤其是撰写开幕词的工作。

“余安妮，把你叫回来开会肯定是有重要的事情，大家都听说了公司员工运动会‘和谐家园’田径比赛即将开幕。我们首先要做好开幕式工作。”周桐希说话时的表情很严肃。

参会人员也不敢怠慢，大家都低头做着笔记。

周桐希清了清嗓子接着说：“我这次还有个重要任务，就是致开幕词。这是公司老总特意嘱托我的，绝对不能有任何闪失。尽管余安妮有培训新学员的任务，但还是要参与进来。本次公司的开幕词实现三审制，朱槿写初稿，余安妮审一稿，办公室主任审二稿，我审三稿。大家都明白了吗？我要说的说完了，我们就早点结束吧，散会！”。

大家听了以后都明白放在最后说的这件事情才是此次会议的中心工作。大家也明白，公司能做事的人不少，能真正写作的人却很少。行政部经理何雨竹的写作能力就特别突出。

会后，何雨竹又把朱槿和余安妮叫到一起，强调了此次工作的重要性。

朱槿觉得这次开幕词的写作任务有压力，就禁不住向何雨竹提出让余安妮也参与进来一同写作，但是却被她拒绝了。

“朱槿，你不能总想着让余安妮帮忙，我知道你们平时以姐妹相称，但是她总不能照顾你一辈子。我相信你的能力，你先按自己的想法写写，但是我给你一个温馨提示，别写太多的复句，复句通常都比较长，周副总读起来会感觉不舒服的。”何雨竹委婉地拒绝了朱槿的要求。

朱槿觉得何雨竹说的对，自己确实应该锻炼一下，这时余安妮笑着拍了拍她的肩膀，在这一刻，她觉得自己似乎真的长大了。

二、必备知识

（一）开幕词的定义

开幕词是秘书人员写作需要掌握的重要内容，是秘书人员在企业的重要会议或重大活动开始时，为活动主持人或企业的主要领导讲话所准备的引导性的讲话文稿。开幕词对会议或活动起到指导作用。

（二）开幕词的结构

开幕词一般由标题、署名和日期、称谓和正文四个部分组成。

1. 标题

开幕词标题的写法有以下三种。

一是用致辞人、事由（会议或活动的全称）和文种构成标题，如《××总裁在公司××会议上的开幕词》。

二是由事由（会议或活动的全称）、文种构成标题，如《××公司第××届××次职代会开幕词》，题下用括号注明致辞的具体日期。

三是只标上“开幕词”即可。

2. 署名和日期

致辞人的姓名一般置于标题之下，独占一行，居中排列，有时还需在姓名之前标明职称、职务。若在标题中已标出致辞人的姓名，此处不再署名，以免重复，但是通常来说，标题之下用括号注明会议开幕的年、月、日。

3. 称谓

称谓是根据会议或活动的性质，对参会或参加活动的人员作概括性的、有礼貌的称呼，如“各位代表”“女士们、先生们”等，后面用冒号。按照惯例，称谓一般是由上到下、由外到内。

4. 正文

开幕词的正文包括开头、主体和结尾。

（1）开头。

开幕词的开头，以简洁的语言交代会议或活动的名称、届次，说明其目的和重要性等；也可以对会议规模以及参会人员的身份等作简要介绍，并对会议的召开以及参会人员表示祝贺和欢迎。开头可以写得简短、明确、富有鼓动力和号召力，以引起参会人员的重视，其常用的写作方式是开门见山、直奔主题。

（2）主体。

主体是开幕词的核心部分，通常包括以下三项内容：

① 通过总结以往的成绩、经验和教训，阐明会议或活动的意义，为开好会议和搞好活动奠定基础；

② 阐明会议或活动的指导思想，交代会议或活动的中心议题，提出大会或活动的任务，说明会议或活动的主要议程和安排；

③ 为了保证会议或活动顺利举行，向参会人员提出具体的要求，使参会人员心中有数，做好思想准备，把握会议或活动的进程；阐明会议或活动的指导思想，提出今后的奋斗目标。

为了表述的明确，富有条理性，开幕词的主体部分可以分项写出，用行文层次序号标明，第一层至第四层分别为“一”“（一）”“1.”“（1）”。

（3）结尾。

结尾部分的语言要简短、有力，并带有鼓动性和号召性，把参会人员的积极性调动起来。结尾通常的写法有“预祝××大会（或××活动）圆满成功”等。

（三）秘书人员撰写开幕词应注意的事项

（1）撰写开幕词要求篇幅简短，快速切入正题内容。开幕词的内容应使参会人员明白以下五个方面的重要要素：

① 这是一个什么样的会议或活动；

② 开会或活动的时间和地点；

③ 参会或活动的单位和人员；

④ 会议或活动的作用或意义；

⑤ 会议或活动的主旨、议程和议题。

（2）撰写开幕词要主旨集中，突出会议或活动的中心内容，把握会议或活动的主要特点，只对会议或活动的问题和有关重要问题作必要的说明，不能面面俱到，眉毛胡子一把抓。

（3）撰写开幕词文字要简洁明了，条理要清晰，要多用祈使句，切忌出现重复和啰嗦的现象。

（4）撰写开幕词态度要热情洋溢，语言要坚定有力且热情友好，并富有一定的鼓动性和号召性。

三、实训任务

“紧张有序的开幕式筹备工作后，各筹备小组的工作准备就绪。在一个云淡风轻、阳光明媚的良辰吉日，公司员工运动会‘和谐家园’田径比赛的开幕式隆重举行。”朱槿的脑海里不断地浮现出这些景象。

“朱槿，开幕词完成得怎么样啦。我今天晚上有时间改稿。”余安妮轻轻地拍了拍朱槿的肩膀。

“原来是做梦啊，我看来是太累了。”朱槿揉了揉眼睛。

余安妮提醒朱槿说：“开幕词确实是比较难以把握，这也难怪周副总要实行三审制，对了，除了何雨竹所说的要注意周副总的读稿速度以外，我觉得还要注意他的语音，周副总的方言还是很重的。”

“谢谢安妮姐的提点，还有什么要指导我的？”朱槿边听边记，表情很认真。

“谈不上指导，咱们互相学习吧，我相信你。我个人认为开幕词的标题定位要准确，要能准确地揭示会议的主旨。另外，开幕词的语言不要啰嗦，字数不要太多。”余安妮继续说出了自己的看法。

“好的，明白了，我现在就开始写。”朱槿觉得自己已经能将这份开幕词写好。

（一）实训任务一：讨论

朱槿将会怎样撰写这份开幕词，请开动脑筋，对朱槿将要撰写的开幕词的相关要素进行分析。

（二）实训任务二：撰写

每组为本案例撰写一份开幕词。

（三）实训任务三：点评

分组交换各组撰写的开幕词，大家互评，最终的结局要求形成一份能在开幕式现场正式使用的开幕词。

四、实训评价

评分标准 项目达标要求	实训情况	问题总结	解决方法	自我评定	教师评定
对朱槿将要撰写的开幕词的相关要素进行分析					
为本案例撰写一份开幕词					
各组互评撰写的开幕词					

任务四　撰写通报

一、案例导入

床边的闹钟响了，朱槿立刻从床上起身，突然她想到今天是周末啊，于是又躺下了。

朱槿的心里想着可以好好地再睡一会儿，谁知道桌上的手机响了。朱槿一看是周桐希的电话，她不敢怠慢，立刻起身接听。

“是朱槿吧，我是周桐希，周末请你加班写一份表彰通报出来。”电话那头周桐希的声音比较大，似乎没有商量的余地。

朱槿的心里还是希望能周一再写的，但她还是尽量不让自己的这种情绪表露出来。

“周副总，究竟发生了什么事情，能不能告诉我一下？”朱槿问周桐希。

周桐希说：“事情是这样的，今天早上研发部的电路起火，当班的小李在第一时间发现了火情，并在关闭电闸的同时拿起附近的灭火器灭火，在扑灭火后，他又及时地接通电路线，避免了一次火灾事故的发生。我想让你写一份表彰通报，表扬小李临危不惧、果断处置突发事件的先进事迹，号召全体员工学习他以公司利益为先、顾全大局、团结协作、无私奉献的良好品质。如果你还有什么不清楚的，那就打电话给邓路，今天虽然是周末，但是他知道这件事后第一时间赶到了现场。好了，就这样吧。你写好后发到我的电子邮箱，明天再向公司总部申请在全公司开展学习活动。”

还没有等朱槿再问，周桐希已经挂断了电话。

朱槿赶紧起身，打开电脑，准备撰写这份表彰通报。

二、必备知识

（一）通报的定义

通报主要是用来“表彰先进，批评错误，传达重要精神或情况”的公文文种。通报的使用范围很广，各级党政机关和企业都可以使用。

（二）通报的种类

秘书人员经常撰写的通报有以下四种。

1. 表彰性通报

表彰性通报主要是表彰先进个人或先进单位，介绍和宣传先进思想和先进事迹。这类通报的目的是树立典型，以达到推动工作的目的。

2. 批评性通报

批评性通报主要是用来批评错误行为，纠正不良倾向、丑恶现象。这类通报的目的是教育人们引以为戒，以免重蹈覆辙。

3. 情况性通报

情况性通报主要是用于对有关方面的工作进展情况进行交流和沟通，推动工作的进一步开展，同时也为领导者进行决策提供参考。这类通报具有沟通和知照的双重作用。

4. 指导性通报

指导性通报主要用于传达上级的指示精神。这类通报具体有两种形式：一是把领导机关及领导者的指示直接传达下去，如《中办通报》《省委通报》；二是在表彰先进、批评错误之后，将上级的精神和指导传达下去。

（三）通报的结构

通报一般由标题和文号、主送机关、正文、署名和日期等要素组成。

1. 标题和文号

通报的标题一般有四种形式：一是由“发文机关＋事由＋文种”构成；二是可以省略发文机关，即由“事由＋文种”构成；三是由发文机关和文种组成，即由“发文机关＋文种”构成；四是只有文种，即“通报”。文号写在标题的右下方，有的通报可以没有文号。

2. 主送机关

一般来说，向指定范围发出的通报都有主送机关，主送机关要写明受文单位的名称，少数普发性通报可以不写主送机关。

3. 正文

由于通报的种类不同，其写法也不相同。

(1) 表彰性通报的写法。

表彰性通报的正文一般是把先进事迹和经验融为一体加以叙述。首先是采取记叙的表达方式,写清时间、人物、主要经过及事件结果如何。其次是对主要事件进行分析评价,揭示其性质及意义,肯定成绩,概括经验,并加以表扬。最后是提出希望要求,让大家学习。

(2) 批评性通报的写法。

批评性通报的正文首先是叙述事件发生的起因和经过情况,以及事故造成的损失情况,要文字简洁、交代清楚。其次是对事件的原因进行分析,指出事件的危害及影响。最后是写明对事件的处理决定,提出防治此类事件的措施和要求。

(3) 情况性通报的写法。

情况性通报的正文首先是用概括的语言说明发布通报的原因、根据和目的。其次是情况叙述,即用叙述的手法客观地报道被通报情况的主要情节和结果,阐明情况的性质。最后是提出指导性或参考性的意见。

(4) 指导性通报的写法。

指导性通报的正文首先是传达重要情况和有关精神,其次是对有关事实进行客观叙述,最后是针对具体问题传达上级提出的应采取何种对策的指导性意见。

4. 署名和日期

发文机关写在正文后右下方,日期可以写在正文后发文机关的下方,也可以写在标题下方。

(四) 秘书人员撰写通报应注意的事项

1. 注意把握通报内容的典型性

秘书人员在撰写通报的内容时,要选择有典型意义的、对某项工作具有普遍指导意义的典型事件进行通报,这样才具有代表性和普遍意义。

2. 注意把握通报内容的真实性

通报的内容必须真实无误。秘书人员在撰写通报前,要做好调查研究,通报的内容来自于真人真事,不能凭空捏造,并经过反复核实,务必做到准确无误,尊重客观事实。

3. 注意把握通报内容的及时性

秘书人员在撰写通报时要把握时机,要迅速、及时,不要撰写过时的通报,尤其对于某些重大的事项和重要情况,要不失时机地予以通报,真正起到及时交流情况、惩恶扬善、指导工作等作用。

三、实训任务

朱槿的那份表彰通报写得很成功,周桐希很满意。

前段时间,阳光公司举办了“讲同心故事　圆中国梦想”的征文活动,专家阅卷后,评比的结果已经出来。周桐希决定这份表彰通报还是由朱槿来负责撰写。

于是,周桐希把朱槿找来,跟她谈了自己的一些想法。

“朱槿，上次那份表彰通报写得不错，咱们前段时间征文活动的评比结果已经出来了，撰写优秀征文表彰通报的这个任务就交给你了，我相信你能顺利地完成这个写作任务。通报要体现出这次征文活动是公司为了深入学习贯彻党的十八大精神，在公司营造良好的宣传中国梦的文化氛围的重要意义。此外，全公司各部门都参与了这次征文活动，收到征文100余篇，共评出优秀征文一等奖5篇，二等奖10篇，三等奖15篇，优胜奖20篇，优秀组织奖5个部门，数据要写清楚。通报的最后要提出希望，让获奖部门和个人继续发扬成绩，再接再厉。明白了吧！”周桐希说完起身走向饮水机，回头问朱槿要不要喝点水。

朱槿的心里很高兴，这显然是周桐希对自己关心的表现。

“不用了，谢谢周副总，那我现在就出去写啦。”说完，朱槿转身离开，谁知道刚走到门边又被周桐希叫住了。

“朱槿，先别走，忘记提醒你了，记得要加上附件，附件1是征文活动优秀组织奖获奖部门，附件2是征文活动优秀征文获奖篇目。”周桐希叮嘱朱槿。

“好的，谢谢周副总的温馨提示。”出门之后，朱槿吐了吐舌头，幸好周桐希的提醒，不然自己还真的会忘记加上附件，想着周桐希今天对自己的态度转变和对自己写作能力的赞赏，朱槿觉得很高兴。

（一）实训任务一：讨论

朱槿将会怎样撰写这份表彰通报，请开动脑筋，对朱槿将要撰写的表彰通报的相关要素进行分析。

（二）实训任务二：撰写

每组为本案例撰写一份表彰通报。

（三）实训任务三：点评

分组交换各组撰写的表彰通报，大家互评，最终的结局要求形成一份能印发全公司的表彰通报。

四、实训评价

评分标准 项目达标要求	实训情况	问题总结	解决方法	自我评定	教师评定
对朱槿将要撰写的表彰通报的相关要素进行分析					
为本案例撰写一份表彰通报					
各组互评撰写的表彰通报					

任务五　撰写请示

一、案例导入

又是一个繁忙的上午过去了，朱槿叹了口气，真的是太忙了，连水都没有顾得上喝一口，她多盼望余安妮能早点回来，这样工作强度或许会轻一些。

正想着，邓路走了过来，笑着对她说："朱槿，今天晚上我请你吃饭，哪家餐厅随便你选。"

"这么好啊，邓路，不过我相信天下没有免费的晚餐。"朱槿的心里虽然很高兴，但是她知道邓路请她吃饭一定有什么事情。

"哎，什么事情都瞒不过你，我确实是有事情求你。你看我一个研发部搞技术的实在不会写东西啊，周副总非要我把研发部新产品推广进展情况及请求增拨活动经费的请示写好，我本来也想试着写写，但是在电脑前发呆了一个小时也没有头绪，所以还是得麻烦一下你。"邓路为难地说。

"请示这种文种讲究一文一事，刚才听你这么一说好像有两件事情，究竟是介绍新产品推广进展情况还是请求增拨活动经费啊。"朱槿有些疑惑地问邓路。

邓路摸了摸脑袋，笑着说："当然重点是后者啦，我们研发部的全体同事辛勤工作，没有功劳也有苦劳，是该增拨一点活动经费，以便调动大家的积极性。"

"那到时候经费拨下来，你可要好好感谢我啊。"朱槿笑着说。

"那是当然的啦，到时候给你记头功，我们全体技术人员都会感谢你的。"邓路笑着说。

"那好吧，这份请示由我来写，希望让大家都能心想事成。"朱槿说。

"谢谢啦，我就知道找你没错。"邓路显得很高兴。

"但是今天晚上我还是想吃大餐哦。"朱槿接着说。

"没有问题，哪家餐厅由你定啦。"邓路高兴地说。

"等我写好，你满意以后再定吧。"想着晚上有顿美餐吃，朱槿上午的那点疲劳顿时都没有了。

二、必备知识

（一）请示的定义

请示是党政机关和企事业单位常用的一种公文，是下级机关向上级机关请求指示、批准的呈请性的上行公文。请示的使用范围较广，凡涉及有关工作中的重大问题，下级机关无权决定、无力解决而需要上级机关予以审核批准的事项（如财政支出、资产购置、人员定编、机构设置）等诸多方面的内容时，都应该以请示行文。

（二）请示的结构

请示由标题、主送机关、正文和落款四个部分构成。

1. 标题

请示的标题可以采用“发文机关＋事由＋文种”这种完全式标题，如《××市民政局关于××问题的请示》；也可以采用“事由＋文种”组成的省略式标题，如《关于在全市环保行业开展安全教育活动的请示》。

2. 主送机关

主送机关是负责答复、批准请求事项和指示工作的上级机关或业务主管部门，是请示对象的称呼，即该请示的批复单位，位于标题之后正文之前。请示一般只写一个主送机关，若需同时送其他机关的，应采用抄送的形式。秘书人员撰写请示一定要坚持谁负责主动给谁的原则，防止“多头主送”和既送机关又送领导者个人的做法，或者只送领导者个人不送机关的做法，以免扰乱公文的正常运行程序且延时误事。如果是受双重领导的机关以请示行文，应写明主送机关和抄送机关，由主送机关负责答复。秘书人员应根据隶属关系逐级请示，不得越级请示，因特殊情况必须越级行文时应同时抄送被越过的上级机关。

3. 正文

请示的正文一般由请示缘由、请示事项和祈请语三个部分组成。

（1）请示的缘由。

请示的缘由是请示提出的依据，即为什么请示，要求准确地写出存在的问题，提出请示的原因和理由。另外，请示的缘由要讲得客观、具体，理由要讲得合理、充分，这样上级机关才能及时正确地作出决断，有针对性地给予批复。

（2）请示事项。

请示事项即请示的核心内容，主要写明需要上级机关帮助解决的问题。为了有利于审批，请示还可以进一步提出解决问题的办法、措施、意见与建议。这部分常用语为“为此，特请求……”“鉴于上述情况，特请示如下……”。在请求帮助事项中，既可以单独列段，又可以分条分项列出请示事项。

（3）祈请语。

祈请语是在请示的结尾提出要求的话语，以征询、期盼的口吻请求上级机关给予答复。这部分常用语为“当否，请批示”“妥否，请批复”“特此请示，请予审批”“以上请示如无不妥，请批准”等祈请用语。

4. 落款

落款包括发文机关和成文时间两项内容，写于正文末尾右下方，发文机关加盖公章。

（三）秘书人员撰写请示应注意的事项

（1）撰写请示应注意克服标题中的语意重复。诸如“关于申请解决……的请示”“关于请求……的请示”之类的标题，因请示本身即已含“申请”之意，无须在事由部分强调表述。在现实工作中，这方面的问题较为常见，应当加以注意。

(2) 请示应按照隶属关系行文，要逐级请示，一般不得越级行文。

(3) 请示应一文一事。任何机关都有一定的职权范围，在请示的写作中如果不是一文一事，就有可能出现有些事项属于职权范围，而有些事项超出职权范围的情况，致使上级机关难以批复，进而影响请示目的的顺利实现。

(4) 请示只能有一个主送机关。即不得多头请示，以免因责任不清、互相推诿扯皮而延误工作，同时也可以避免出现因上级机关的答复意见不一致而使请示主体无所适从的现象。

(5) 请示要以组织为行文对象，而不能针对个人。在现实工作中，经常见到有的机关单位在行文请示时将主送机关的名称写为“×××市长”“×××总裁”等，这是不规范的。但是，按照规定，领导者授权交办的特别事项除外。

(6) 请示要注意特定格式项目的完整性。请示行文应当标注签发人或会签人的姓名，以明确责任，同时还要在附注处注明联系人的姓名及电话号码。

(7) 请示的语气要平实恳切，切忌语言生硬，但是也不能低声下气、一团和气。

三、实训任务

由于余安妮的身体不适，阳光公司安排朱槿去给她代课。

朱槿一看教学计划，正好要教的是如何撰写请示。想着为邓路撰写的申请增拨活动经费的请示，朱槿觉得自己应该要上好课应该不难，关键是要找到好的案例。

之前那个增拨活动经费的案例可以用作课堂实例，那么课外作业呢？朱槿突然想到最近阳光公司打算扩大生产规模，将厂房再次扩建，以适应市场发展潮流。经过研究，阳光公司决定租用文秀路附近的一块面积为1000平方米的空地，这块空地距离公司300米左右，可以用作生产需要。为此，阳光公司要向当地的国土资源局进行请示，请求租用这块空地，租期为5年。这不是一个很好的有关如何撰写请示的作业吗？

不过自己也要先试着写一下，于是朱槿打开电脑，准备自己先写一份请示。

（一）实训任务一：讨论

朱槿将会怎样撰写这份请示，请开动脑筋，对朱槿将要撰写的请示的相关要素进行分析。

（二）实训任务二：撰写

每组为本案例撰写一份请示。

（三）实训任务三：点评

分组交换各组撰写的请示，大家互评，最终的结局要求形成一份能向当地国土资源局提交的请示。

四、实训评价

评分标准 / 项目达标要求	实训情况	问题总结	解决方法	自我评定	教师评定
对朱槿将要撰写的请示的相关要素进行分析					
为本案例撰写一份请示					
各组互评撰写的请示					

任务六　撰写新闻稿

一、案例导入

虽然最近朱槿觉得很累，但是累并快乐着，上次向当地国土资源局递交的请示一次性通过了。

周桐希也很高兴，他觉得阳光公司能成功地租用这块空地，意味着公司的发展又向前迈进了一大步。因此，他觉得有必要对此进行新闻报道，这样一来撰写新闻稿的任务交给谁呢？这次他想到了朱槿。

“朱槿，国土资源局批准了上次那份请示，公司的发展又翻开了新的一页。接下来，我们该怎么做呢？”周桐希试探性地询问朱槿，他并不想用命令的方式一下子将任务派给朱槿。

“周副总，这些都是公司高层才知道的事情，我怎么会知道呢？”朱槿有些疑惑地回答。

“话不能这么说，你也是秘书，是领导的参谋啊。”周桐希回答说。

“如果从宣传报道这个角度考虑，我认为应该对公司发展的这个正面信息进行宣传报道。”朱槿似乎明白了周桐希的意思。

“好的，那我们就撰写一份新闻稿，借此树立公司的形象，扩大公司的社会影响，为今后公司的生存发展创造一个良好的外部环境。公司将在近期联系多家新闻媒体进行报道，你被指定为新闻发布会及相关报道的具体负责人，考虑到这次宣传活动涉及电视台、电台、报刊、网络等多家媒体，为了便于各方面报道口径统一、定位统一，你先写一份新闻稿，交给何雨竹审核后再提供给新闻媒体。”周桐希对朱槿详细地说。

在接受任务后，朱槿觉得心里很高兴，她觉得自己终于能好好锻炼一下了。

二、必备知识

（一）新闻的定义

新闻，是指通过报纸、电台、广播、电视台、互联网等媒体途径传播信息的一种称谓。秘书人员撰写新闻对自身素质与能力的提高有着促进作用，因此在撰写新闻稿时，秘书人员要时刻注意有关的政策动向，并与这种政策动向保持一致性。此外，撰写新闻稿能提高秘书人员的观察能力，秘书人员需要在日常工作中发现问题、解决问题，以确保工作的顺利开展。

在撰写新闻稿时，秘书人员往往从企业的层面上进行整体把握，选取具有新闻价值的内容改写成新闻稿，目的在于统一思想、增进效率，扩大企业的影响，提高企业的知名度与美誉度，希望借助新闻舆论的力量来扩大企业与公众的信息沟通，其实质是一种对外宣传。

（二）新闻的结构

在撰写新闻稿时，秘书人员先理清企业要报道的新闻事件，弄清楚事件的来龙去脉后再写。新闻稿的结构为导语—新闻事件的具体叙述—背景材料交代—评论，一般都要具备以下六个要素：

（1）发生在什么时候（何时）；

（2）发生在什么地方（何地）；

（3）谁参与这件事（何人）；

（4）为什么会发生这件事（何因）；

（5）这件事是怎样发生的（何事）；

（6）这件事最终的结果如何（何果）。

（三）秘书人员撰写新闻稿应注意的事项

1. 注重新闻标题的撰写

标题是新闻的眼睛，是新闻能否吸引读者注意的保障。新闻标题有引题、正题、副题之分。其中，引题旨在揭示意义或交代背景，说明原因，烘托气氛；正题，又称主题，概括或说明主要事实和思想内容；副题，用来补充交代事实，或说明事件的结果、意义，起补充和解释的作用。

2. 学会撰写导语

新闻的核心在导语，它是以简洁凝练的语言概括新闻最重要的信息，在告诉读者最关键信息的同时还将设置悬念，以吸引读者继续阅读下去。

3. 掌握新闻写作的基本方法是用事实说话

摆事实，用事实说话，这是新闻的独特魅力所在。新闻是给人看的，不要讲述，而是要展现，展现的是细节，细节的作用是可以把新闻发生时的场景、人物及人物的动作、语言等展现在读者的面前，让读者身临其境。读者认为新闻是真实的，这样让报道的可读性也大大增加。

4. 撰写的新闻内容要保持简短

新闻稿一般为300～400个字。如果新闻稿要发表在网站上的话，则要坚持“一个网页”的规则。另外，秘书人员在撰写新闻稿时还要注重语言的准确性，要尽量言简意赅，能用短句的就使用短句，能用一句话表达出来的不能用第二句话，即要用最精练的文字来表达最丰富的内涵。在一些关键语句上，秘书人员要多考虑一下表达方式是不是有新意，不要使用俗套的表达方式，可以在行文中加入一些活泼的语句，这样会让意思表达得更加形象生动。

三、实训任务

虽然朱槿接受了这个任务，但是她不知道应该怎么去做。朱槿也想过去找余安妮商量一下，但是她知道这次还是得靠自己去独立解决，要摆脱这种依赖心理。朱槿上网查找了很多的资料，明白执行路径还是要一步步来，自己首先要明确宣传目标，其次还要了解新闻发布会的组织流程，然后召开新闻发布会，会上主办方要发言，还有记者提问，撰写新闻稿，最后发布新闻。这些步骤一步也不能省，只能慢慢来。在了解到这些执行路径之后，朱槿决定开始实施。

（一）实训任务一：讨论

朱槿将会怎样做好这次新闻发布会，请开动脑筋，对朱槿将要进行的这次新闻发布会的流程进行分析。

（二）实训任务二：撰写

每组发挥自身的想象力，为这次新闻发布会撰写一份新闻稿。

（三）实训任务三：点评

分组交换各组撰写的新闻稿，大家互评，最终要求形成一份能反映新闻发布会的稿件。

四、实训评价

评分标准 项目达标要求	实训情况	问题总结	解决方法	自我评定	教师评定
对朱槿将要进行的这次新闻发布会的流程进行分析					
为本案例撰写一份新闻稿					
各组互评撰写的新闻稿					

任务七　撰写决定

一、案例导入

为了扩大发展规模，提升员工素质，不断为企业注入新鲜血液，阳光公司的高层决定成立培训部，培训部的负责人由行政部经理何雨竹担任，具体人员及岗位设置也交由她来安排。何雨竹明白这个培训部虽然由她来牵头，但是具体事务则需要由一个得力助手来负责。在何雨竹的头脑里涌现出一些人员的名字，排在第一位的自然是余安妮 。

“余安妮，从学员的课堂质量调查来看，你的好评率很高。”何雨竹把余安妮叫到了自己的办公室，笑着对她说。

“谢谢雨竹姐的关心和帮助。”余安妮从内心里很感谢何雨竹的提点。

“别客气，你继续努力，我想由你来担任培训部的副主任，你也知道我的工作很忙，培训部的事情就由你来负责。”何雨竹对余安妮说出了自己的想法。

何雨竹这么一说，余安妮的心里很高兴，当机会来敲门时，自己应该大胆地尝试一下。

“谢谢您的信任，我一定会好好干，不让您失望。”余安妮胸有成竹地说。

“你能这样想当然是最好的，你要做的第一件事情就是写好这份人事聘任决定。记住是决定文种，而不是报告文种。”何雨竹告诉余安妮。

秘书有时最幸福的事情就是自己撰写与自己有关的文书。

“好的，我一定将这份决定写好，还请您多多指导。”余安妮谦虚地对何雨竹说。

“客套话就不多说啦，我看好你，好好努力吧。”何雨竹鼓励余安妮。

走出何雨竹的办公室，余安妮轻声哼起了家乡的民间小调，心情自然也是非常好。

二、必备知识

（一）决定的定义

决定是一个常用文种，适用于对重要事项或重大行动作出决策安排，奖惩有关单位及人员，变更或者撤销下级机关不适当的决定事项。

（二）决定的种类

按照内容和使用情况分类，决定可以分为以下四类。

1. 法规政策性的决定

法规政策性的决定用来对某一方面的工作或活动制定出规章制度，可用于长期指导该方面的工作。其格式为：

标题：×××关于修改《×××××》的决定

（××××年××月××日××会议通过）

前言（写明作出决定的原因或目的）：×××决定对××××年××月××日公布的《×××××》作如下修改：

法规的第几条修改或补充，为什么（写明原因）。

执行说明（一般采用分序排列的写法，要写得简要、具体，解释单一，便于执行；要写明决定生效的日期；有的法规政策性的决定还带有附件）。

2. 部署指挥性的决定

部署指挥性的决定用于对某些重要事项或重大行动作出决策部署。其格式为：

标题：×××关于×××的决定

（××××年××月××日××会议通过）

前言（写明作出决定的原因或目的）：为了×××××××，×××特作如下决定：

决定事项(一般采用小标题式或分部分表达式写法,既要从叙事中提出问题,又要据事说理,提出任务,还要阐明完成任务的方法和步骤)。

结语(写明要求或号召,可以省略)。

3. 宣告知照性的决定

宣告知照性的决定主要用于向相关单位告知重大事项,不需下级机关或有关人员去承办实施,而只需其同意、拥护或知晓。宣告知照性的决定与部署指挥性的决定的格式大致相同,只是在决定事项方面,它更多的是写出对于某一事务的决定结果即可。

4. 表彰处分性的决定

表彰处分性的决定用于表彰对社会或对本单位作出了重要贡献的先进个人或先进集体,或用于批评处理个人或集体的违法乱纪行为。

[格式一]

标题:×××关于表彰×××的决定

前言:先进事迹及评价(叙述时用概括性语言)。

为了××××××,×××决定授予×××等××名同志×××称号,授予×××等××个单位(或集体)×××称号。

×××希望,×××号召(用鼓动性语言,合成一段)。

附件:××××××名单

发文机关:××××

发文时间:××××年××月××日

[格式二]

标题:×××关于给予×××(姓名)×××处分的决定

前言:受处分人的简历(叙述时用概括性语言,要写明受处分人的姓名、性别、年龄、民族、籍贯、参加工作的时间、历任和现任职务、历史上受过何种奖励和处分等要素)。

主要错误事实(要写明什么时间、什么地点在什么情况下犯了什么错误、责任及后果),错误根源,认错态度,处分决定(要写明由哪一级组织讨论决定给予什么处分)。

发文机关:××××

发文时间:××××年××月××日

(三)决定的结构

决定一般由标题、成文日期、主送机关、正文和生效标识五个部分组成。

1. 标题

决定的标题一般有两种形式:一种是由发文机关、事由和文种构成,如《××党委关于召开第××届党员大会的决定》;另一种是由事由和文种构成,如《关于×××同志的奖励决定》。

2. 成文日期

决定的成文日期即在括号内标注会议通过或领导者签发此项决定在什么时间、什么会议通过,它一般写在标题之下,外用括号。文末不再注明。

3. 主送机关

大多数决定不写明主送机关，有些法规政策性的决定和部署指挥性的决定需要标明主送机关。是否写明主送机关，要视决定的内容和其发放的范围来决定。

4. 正文

决定的正文由三个部分内容组成，即决定缘由、决定事项和执行要求。

(1) 决定缘由。

决定缘由是制发决定的根据或目的，在必要时可以对此问题产生的背景、现状作必要的分析。在法规政策性的决定和指挥部署性的决定中，决定缘由部分往往写得很充分。决定缘由常用的如“为此，特作如下决定”“经会议研究决定”之类的过渡语转到决定事项。

(2) 决定事项。

决定事项是决定的内容，如果内容较多，可以将其分条逐一列出，也可以采用小标题的形式分要点来写，尤其是在法规政策性的决定和部署指挥性的决定中，要详细写明下级贯彻执行的具体事项。宣告知照性的决定则只是写出对于某一事务的决定结果即可。

(3) 执行要求。

执行要求是决定执行的要求，少数决定(如宣告知照性的决定)由于不要求下级执行，因而没有这项内容；但是在法规政策性的决定和指挥部署性的决定中，结尾一般都要写明执行的要求；而表彰处分性的决定则在结尾处往往提希望、立警戒。

5. 生效标识

决定的生效标识有两种标识方法：一种是以题注的形式，在标题下正中用圆括号注明“××××年××月××日”或“××会议××××年××月××日通过”，不加盖公章；另一种是标识在正文内容右下方写明发文机关、发文时间并加盖公章。

(四) 秘书人员撰写决定应注意的事项

1. 切实把握决定的多种形式

由于决定的种类较多，在写作格式上存在一些差异，因此秘书人员要切实把握决定的多种形式，注重写作的针对性。

2. 决定的文字应详略得当

如表彰处分性的决定的缘由部分，一般都要安排较多的文字，而决定事项部分所占比重较少。而法规政策性的决定和部署指挥性的决定的缘由部分，一般文字安排都较少，决定的内容事项则需要用较多的笔墨。

3. 应掌握恰当的表达方式

秘书人员在撰写法规政策性的决定和部署指挥性的决定时，在表达方式上通常以说明为主，适当结合议论；而表彰处分性的决定更多的是使用说明文字，议论性文字则用得较少。

三、实训任务

阳光公司总部办公会议同意由余安妮就任培训部副主任一职，但是接下来还有关于人事聘任决定的文件需要完善，公司的业务不断增加，人员需求也在不断增加，在培训部人手不足的情况下，公司急需招聘有工作经验、能马上参与培训工作的工作人员。经各部门推荐、培训部面试之后，现决定对满足阳光公司培训需求的部门人员予以聘任：聘任李飞为公司文案策划培训师，负责培训学员媒体软文和广告撰写方面的知识；聘任王辉为公司企业文化培训师，主要培训学员熟悉公司的企业文化及如何制订公司作品（微电影、MV、平面设计等）的线上宣传方案。

何雨竹将阳光公司总部办公会议精神传达给了余安妮，并让她撰写这份决定，要求在第二天上午 9:00 前将这份决定的初稿摆在她的办公桌上。

（一）实训任务一：讨论

余安妮将会怎样撰写这份决定，请开动脑筋，对余安妮将要撰写的决定的相关要素进行分析。

（二）实训任务二：撰写

每组根据阳光公司总部办公会议所提供的信息，撰写一份决定。

（三）实训任务三：点评

分组交换各组撰写的决定，大家互评，最终形成一份阳光公司关于培训人员人事聘任的决定。

四、实训评价

评分标准 项目达标要求	实训情况	问题总结	解决方法	自我评定	教师评定
对余安妮将要撰写的决定的相关要素进行分析					
为本案例撰写一份决定					
各组互评撰写的决定					

任务八　撰写商务谈判备忘录

一、案例导入

周桐希看着办公桌上阳光公司的人事聘任决定文件，余安妮将就任培训部副主任，短时间内不可能再回到研发部了，所以他决定以后可以让朱槿多承担一些工作。

回想前几天，他和朱槿去参加一次商务谈判，朱槿在商务谈判的准备工作方面做得很充分，她能根据谈判项目对己方、谈判对手和竞争者进行专门的调查研究，了解、掌握、分析所收集的资料，准备好各种谈判资料，包括谈判者自身的情况、谈判对手的情况、谈判环境资料、市场信息资料等。谈判前朱槿能对谈判主题、谈判内容、谈判议程做好充分的准备，制订好谈判计划、谈判目标及谈判策略。

在谈判议程方面，朱槿也设计得很合理，合理的谈判议程是掌握谈判主动权的一个保证，也是谈判顺利进行的重要保证。

正想着，电话响了起来，是朱槿打来的："周副总，我想到我们之前的商务谈判还需要写一份备忘录，以便记录这次商务谈判事务，您看是否由我来撰写？"

电话那头朱槿的语气显得很诚恳。

"不错，朱槿，你的这个想法很好，你到我的办公室来，我们一起理理头绪，看怎么行文为好。"周桐希放下电话，一脸欣喜，他内心感叹：朱槿确实是个人才。

电话那头，朱槿的心里想着安妮姐要走了，自己以后的工作要更加努力才行。

二、必备知识

（一）商务谈判备忘录的定义

商务谈判备忘录是在商务谈判时，经过谈判双方初步讨论，把双方的意见、谅解和承诺记录下来，以便在进一步洽谈时作为参考的一种记事性文书。商务谈判备忘录不是一种正式文件，但可以在一定的条件下起补充或证明作用，有时还可以作为某种调整的理由与依据。

（二）商务谈判备忘录的结构

商务谈判备忘录一般由标题、正文和落款三个部分构成。

1. 标题

商务谈判备忘录的标题通常有两种写法：一种是由单位、事由和文种组成，如"××公司与××集团公司合作开发产品会谈备忘录"；另一种是直接写出文种名称，即"备忘录"。

2. 正文

商务谈判备忘录的正文包括引言、主体和结尾三个部分。

(1) 引言。

引言部分简单介绍了谈判的基本情况和写作目的，包括谈判双方单位的名称、谈判代表的姓名(与外商谈判时还需注明国别)、会谈时间、会谈地点、会谈项目等。

(2) 主体。

主体部分记录谈判双方的谈判情况，分条列项记录了谈判中的一致或不一致的意见和愿望，可以为下一次谈判双方继续谈判起提示作用或者提供基础平台。主体部分包括讨论的事项，一致或不一致的意见、观点和作出的有关承诺。主体内容的记录类似于意向书的写法，通常采用分条列项式记录。

(3) 结尾。

多数商务谈判备忘录不另写结尾。

3. 落款

商务谈判备忘录的落款包括谈判双方单位的名称、谈判代表签名和日期。

(三) 秘书人员撰写商务谈判备忘录应注意的事项

(1) 商务谈判备忘录的内容应真实、准确、具体。商务谈判备忘录是对商务谈判成果的记录,谈判双方的进展情况、所谈项目、双方的观点、已达成的共识等都应该真实、准确地反映出来,以便为今后的谈判提供依据。

(2) 商务谈判备忘录的语气应当平和而友好。在商务谈判中,谈判双方难免针锋相对、唇枪舌剑,但不管谈判本身的进展如何,分歧有多大,语言有多激烈,但秘书人员在撰写商务谈判备忘录时应该使用平和、友好的语气,不要采用口语或情绪化的语言,尽可能客观、规范地记录谈判内容。

(3) 商务谈判备忘录一般应采取分条列项的方法,对具体事项逐条说明。

【例文】

中国××公司与×国××公司商务谈判备忘录

中国××公司(以下简称甲方)与×国××公司(以下简称乙方)的代表,于20××年××月××日在××市甲方总部就××项目进行了初步协商,双方交换了意见,并作出有关承诺。为便于将来继续洽谈,形成备忘条款如下:

一、依据双方的交谈结果,乙方同意就合资经营××项目进行投资,投资金额大约为××万美元。投资方式待进一步磋商。甲方用××、××、×××作为投资,其作价原则和办法,亦待进一步协商。

二、关于利润分配的原则,没有取得一致意见。乙方认为自己的投入既有资金,又有技术,应该占××%～××%,甲方则认为应该按投资比例分成。乙方代表表示,利润分配比例愿意考虑甲方的意见,希望另定时间协商确定。

三、合资项目生产的××产品,乙方承诺在国际市场上销售产量的××%,甲方希望乙方将销售额提高到××%～××%,其余的在中国市场上销售。

四、工厂的规模、合资年限以及其他有关事项,尚未详细讨论,双方都认为待第××项内容向各自的公司上级汇报确定后,再商议。

五、这次洽谈虽未能解决主要问题,但双方都表达了合作的愿望。期望在今后的两个月内再行接触,以便进一步协商洽谈合作事宜。再次洽谈的具体时间待双方磋商后再定。

中国××公司　　　　×国××公司

代表×××(签章):　　　　代表×××(签章):

20××年××月××日

三、实训任务

朱槿翻开自己记录的商务谈判笔记，只见自己记录的是：阳光公司与进行商务谈判的迈克公司于2016年2月11日在中国珠海市进行了商务谈判，就举办屋顶太阳能合资项目进行了初步协商，双方交换了意见。根据双方的交谈，迈克公司同意就屋顶太阳能合资项目进行投资，总金额约200万美元。阳光公司同意提供场地、厂房、机器设备，但所用的投资作价原则和办法亦有待进一步协商。双方合资生产的太阳能产品，迈克公司愿意在国际市场上销售50%，阳光公司希望该比例能达到70%，其余部分在中国国内市场上销售。关于利润分配方面，迈克公司认为自己投入了资金，应该占70%，阳光公司则认为应该按投资比例分成，双方没有达成一致意见，但迈克公司的代表表示愿意考虑阳光公司的意见，另定时间再进行协商。工厂的规模、合营的期限、技术指导以及其他意见，均未详细讨论，双方代表都认为待将第二项、第三项事宜向各自的上级汇报确定后，其他的问题容易商定。这次洽谈虽然未解决主要问题，但双方表示愿意合作，期望在今后的两个月内再行接洽，以便进一步商洽合作事宜，具体时间待双方磋商后再定。

（一）实训任务一：讨论

朱槿将会怎样撰写这份商务谈判备忘录，请开动脑筋，对朱槿将要撰写的商务备忘录的相关要素进行分析。

（二）实训任务二：撰写

每组根据朱槿在商务谈判中所记录的信息，撰写一份商务谈判备忘录。

（三）实训任务三：点评

分组交换各组撰写的商务谈判备忘录，大家互评，最终形成一份能让谈判双方代表认同，并签字盖章的商务谈判备忘录。

四、实训评价

评分标准 / 项目达标要求	实训情况	问题总结	解决方法	自我评定	教师评定
对朱槿将要撰写的商务谈判备忘录的相关要素进行分析					
为本案例撰写一份商务谈判备忘录					
各组互评撰写的商务谈判备忘录					

任务九 撰写述职报告

一、案例导入

转眼到了年底,余安妮所在的培训部为阳光公司培养的新学员即将在下一年上岗。余安妮请示何雨竹,能不能在最后一次培训课上举行“培训班学习总结暨表彰大会”。何雨竹召集其他的培训老师一起开会商量。

余安妮提出在本次大会上除了安排新学员发言以外,还将对优秀团队、优秀学员进行表彰,当然重头戏在后头,那就是自己和其他的培训老师对自己任职一年来的表现也要进行述职。

然而其他的培训老师对这种要求进行述职的做法不是很理解。

公司企业文化培训师王辉为此还顶撞了余安妮:“你爱出风头也就算了,何必要拉上我们呢? 我可不想做述职报告。”

文案策划培训师李飞也在一旁附和,只是他所表现的不满程度似乎要轻一些:“能不能就做个形式,走个过场。”

“那怎么行呢? 述职演讲只是一个方面,述职报告是自我回顾、自我评估、自我鉴定的书面报告。我建议在表彰大会召开前,大家将文稿上交过来。”余安妮严肃地说。

“你的意思是不是写份总结就行啦?”王辉继续问道。

“述职报告与总结还是不同的,述职报告必须以履行职责方面的情况为重点,突出表现德、才、能、绩,表现出自己履行职责的能力。”余安妮回答。

“那你能不能示范一下,第一个进行述职,我们也好学习一下。”王辉显得有些咄咄逼人,不过余安妮可不怕这些。

“那好啊,我第一个来述职。”余安妮爽快地回答。

“行,那就这样定了,余安妮第一个进行示范。我个人认为写述职报告很重要,起码告诉公司那些还对我们仍然有些猜忌的同事,让他们看到我们培训部人员的风采。”何雨竹拍了拍手,果断地说。

何雨竹这么一说,大家明白这件事情就算定下来了,虽然嘴上还想强辩,但心里知道自己还是应该回去好好准备一下述职报告。

二、必备知识

(一) 述职报告的定义

述职报告是述职者把自己履行职责是否称职的情况写成的书面报告。就企业来说,即述职者就任职一定时间段内所做工作向企业同人及领导者进行汇报并接受审查和监督的陈述性报告。述职报告质量的高低直接反映述职者的工作业绩、工作态度和基本素质。

（二）述职报告的结构

述职报告一般由标题、署名、称谓、正文和落款五个部分组成。

1. 标题

述职报告的标题通常有以下五种写法。

(1) 只写文种名称“述职报告”。

(2) 文种名称加上写作主题，如《×××的述职报告》。

(3) 文种名称加上述职的时间、范围，如《×××试用期述职报告》。

(4) 文种名称加上任职时限和任职名称，如《20××年行政主管述职报告》。

(5) 采用正副标题的形式。正标题一般反映述职报告的主题或基本经验、基本观点，副标题交代的是何人任何职的述职报告，如《乘风破浪，开拓进取——××公司总经理××的述职报告》。

2. 署名

述职报告的署名一般放在标题的正下方，有的放在正文之后的落款处，署名应注明述职者的工作单位或部门名称、职务、姓名。

3. 称谓

称谓就是主送机关，亦述职报告的接收者，如“公司××部”“各位领导、同志们”等，在署名下一行靠左顶格书写。

4. 正文

正文是述职报告的主体部分，要求内容充实，语言朴素准确，既符合上级组织、人事部门关于述职内容的规定，又符合述职报告的体式要求。正文包括开头、主体和结语三个部分。

(1) 开头。

开头一般以简洁的文字说明述职者所担负的具体职责，表明述职者自己对岗位职责的认识，概述述职者所取得的成绩。

(2) 主体部分。

主体部分是述职报告的核心部分，述职者要选择几项听众迫切关心的主要工作，细致地将过程及效果表述出来。这部分内容要写得翔实且有针对性，要突出述职者在任职期间的主要工作业绩和特色，要用事实说话，应从职业道德素质、处事决断能力、文字和口头表达能力等方面进行阐述。述职者在陈述主要业绩之后，还要找出工作中的失误和不足，要实事求是，具体问题具体分析。最后，述职者应简要说明今后的工作打算和努力方向。这部分内容要精心构思，写出特色。

(3) 结语。

在述职报告正文的结尾，述职者可以简述自己对自己的评价，并表明自己的态度，最后以常用的习惯用语如“述职至此，谢谢大家”“以上报告，请批评指正”等语言结束。

5. 落款

述职报告全文结束之后，要在文尾下一行靠右注明述职者的职务、姓名和成文日期(若在标题下已写明职务和姓名的，此处可以省略，只写日期）。

（三）秘书人员撰写述职报告应注意的事项

1. 要实事求是

述职者撰写述职报告要写得具体实在，内容要真实，要用自己的工作成绩去感动人、说服人，讲真话、讲实话、讲心里话，以诚感人。

2. 要注重一分为二

述职报告对于述职者任职期间的工作情况，要用辩证的观点一分为二地作出正确的自我评估，既要看到工作成绩，又要看到缺点与不足。

3. 要写出鲜明的风格

述职报告要能写出述职者鲜明的个人风格，这样才能更好地表现不同岗位的工作特点，所以述职者一定要写出自己特有的岗位职责、特有的工作方式和特有的工作业绩。

4. 要展现出诚恳的态度

述职报告要以述职者履行职责方面的情况为重点，突出表现德、才、能、绩来表现履行职责的能力。述职者要以坦诚的胸怀，主动接受同事的监督，要注意语言得体，在语言风格上做到谦逊而不傲慢，严谨而不夸张。

三、实训任务

会后，余安妮想想也许自己的想法大胆了一些，当时自己一冲动也没有想得太多。为了给自己打气，余安妮回家后把电影版的《杜拉拉升职记》又看了一遍。电影刚放完，余安妮就接到了朱槿的电话。

“安妮姐，你又出名了，公司很多人都说要去看看你们的表彰会，尤其是听听你的述职报告，我们周副总也说到时要过去。”朱槿说。

余安妮真的没有想到消息会传播得这么快，连周桐希都说要来，看来自己一定要好好准备一下。

余安妮和朱槿简单地聊了几句，放下电话后她便赶紧打开电脑开始撰写述职报告。

余安妮本来是想从德、才、能、绩几个方面进行写作，后面想想还是准备两个版本吧，还可以从工作回顾、工作中存在的问题及改进方法和下一步的工作计划来撰写，想到这里，她不由得加快了写作的速度。

（一）实训任务一：讨论

余安妮将会怎样撰写这份述职报告，请开动脑筋，对余安妮将要撰写的两个版本的述职报告的正文构思进行评述。

（二）实训任务二：撰写

每组根据余安妮在之前的协调沟通以及秘书写作方面的成功案例，撰写一份述职报告。

（三）实训任务三：点评

分组交换各组撰写的述职报告，大家互评，最终形成一份能让阳光公司的领导和员工都赞赏的述职报告。

四、实训评价

评分标准 项目达标要求	实训情况	问题总结	解决方法	自我评定	教师评定
对余安妮将要撰写的两个版本的述职报告的正文构思进行评述					
为本案例撰写一份述职报告					
各组互评撰写的述职报告					

项目八

秘书差旅管理与服务

秘书差旅管理与服务是秘书人员为领导者或同事安排出差旅行的事务，包括交通、住宿、行程等内容，这也是秘书人员日常工作的重要内容，是秘书工作服务性的直接体现。加强秘书差旅管理与服务训练是秘书人员做好办公事务管理的重要保障。

知识点

1. 能够做好差旅活动前的准备工作。
2. 能够做好差旅活动中的管理工作。
3. 能够做好差旅活动的善后工作。

技能点

1. 掌握差旅活动相关文书的写作。
2. 了解不同途径查找差旅信息的优点和缺点。
3. 掌握差旅过程及差旅后的服务工作。

任务一 商务旅行的准备工作

一、案例导入

阳光公司准备派12名同事前往上海参加一个交易会，以推广公司的新产品，这次交易会由周桐希亲自带队，公关部经理王歌及研发部、公关部的几名同事随行。因为这次活动是由研发部牵头组织的，所以周桐希派朱槿随队出差并且负责安排全部的行程。来阳光公司这么长的时间，这是朱槿第一次接受这么重要的出差任务，而且要为这么多的领导和同事做好服务工作，可是朱槿自己并没有多少出门旅行的经历，所以她决定要好好准备一下。

从经过部门沟通撰写推广阳光公司新产品活动的申请、做经费预算到线上线下查询交通路线，选择交通工具，购买特价机票等，朱槿克服了重重难关，终于到了出发的那一天。因珠海本地的机场较小，同事们又很熟悉，朱槿自己也没有什么经验，所以她没有想到应该提醒大家提前两个小时到机场。离飞机起飞还有一个小时，朱槿和同事们才到达机场。

与以前一样，大家先拿出身份证去办理登机牌。结果，公关部经理王歌发现因订票时身份证号码错写了一个数字导致自己登不了机。王歌在这次上海交易会阳光公司的新产品推广活动中占主导地位，不能不去。朱槿急坏了，应该怎么办呢？她打电话给航空公司，因为时间太紧张，对方也无能为力。朱槿只好到售票处去重新购买一张机票，可是本次航班已经客满，幸好晚上8点多还有一班到上海的飞机。票虽然买好了，但从王歌的脸色中就可以看出他的不满。朱槿的心里不知道有多难受，她没有想到一个小小的疏忽就带来这么大的麻烦，但是机票是实名制，又不可能把自己的机票换给王歌，看来商务旅行要注意的问题有很多啊。

二、必备知识

为了洽谈业务、出席研讨会议、参观访问、推广新产品、考察等，领导者经常需要到异地出差。在为领导者安排差旅事宜时，秘书人员虽然不一定每次都陪同出行，但也需要做很多的准备工作。

（一）国内商务旅行

1. 制订差旅计划

（1）了解领导者的要求。

秘书人员在制订差旅计划时事先要了解领导者的要求，必须明确领导者出行的以下信息。

① 出差地点。

出差地点，是指出差旅行的最终目的地，也包括整个旅行过程中开展各项活动或工作的地点。出差人员常常会在转车或转机地点安排一些工作活动。有些出差活动只安排一个目的地，有些出差活动则会有几个目的地，秘书人员在制订差旅计划时要注意尽可能考虑行程的方便、快捷，不要出现重复线路或绕道过远等情况。

② 时间安排。

差旅计划中的时间安排包括往返时间和在出差地的活动时间。往返时间因为涉及各种交通工具的班次，所以一定要精确到小时、分钟，而不能只写上午、下午、晚上等模糊时间段。活动时间的安排一定要事先与涉及的企业和人员进行沟通，选择双方都合适的时间。时间安排中尽量不要出现大段的自由活动或自行安排时间，以免影响出差的效率。

③ 随行人员。

在差旅计划中，秘书人员要根据差旅目的，需要安排哪些人员随行。随行人员的选择要注意与业务的相关性、与被访者的关系以及工作能力，用尽量少的人员达成出差的目标，从而达到节约成本的目的。需要注意的是，严禁借出差机会公费旅游或铺张浪费。

④ 交通工具。

在出差时，出差人员除了可以选用轮船、长途汽车、火车等传统交通工具以外，飞机逐渐成为首选的交通工具，此外自驾也是距离目的地较近时的不错选择。不同的交通工具，其特点和注意事项各不相同，秘书人员平时应该注意积累这方面的经验。在选择交通工具时，秘书人员还应注意领导者希望采用的具体交通工具及其等级。

(2) 熟悉单位的差旅制度。

不同级别的领导者所享受的差旅待遇是不同的，秘书人员在拟订差旅计划前还需了解本单位的相关制度规定，如差旅费如何解决，差旅费限额，差旅费报销方式，本单位有无与旅行社挂钩等。

(3) 了解出差目的地。

秘书人员可以提前与出差目的地的接待方取得联系，也可以通过网络等其他的渠道了解出差目的地的位置、文化、环境、气候、街道、交通、风俗等方面的情况，这对差旅计划将起到重要的参考作用。

(4) 预支差旅费用。

秘书人员要根据企业的相关规定弄清领导者出差应享有的待遇，要根据交通、住宿、餐饮以及其他可能发生的活动经费，做好差旅费用预算。预算额度应该比预计的花费要稍多一些，以备可能临时出现的一些支出。另外，秘书人员要按照规定的财务手续准备差旅费用，大部分单位需要填写商务费用申请表，经主管领导批准后再到财务部门提取预支的差旅费用。领导者出差回来之后，要根据实际费用分项报销。

差旅费用的携带方式有现金、旅行支票、信用卡等。如果是出国旅行，秘书人员还应提前兑换好外币。

(5) 预订车票、船票、机票。

秘书人员根据领导者的要求选择好交通工具后要注意提前购票。交通工具一般有单程票、往返票、优惠票等不同种类，秘书人员事先要弄清不同的票价、出发抵达时间、中途转站或停留的规定、服务情况、保险金额等信息。

在准备预订车票、船票、机票的时候，秘书人员一定要查找最新的列车时刻表、轮船时刻表或飞机航班时刻表，订票时应注意出发和到达的时间。在预订机票时，秘书人员还要考虑领导者喜好的航空公司，如果出差目的地不能直达，在中转站的选择上应尽量选择环境舒适的大型中转站，中转时间要尽量安排得宽裕些。

秘书人员通常采用的订票方式有电话订票、委托专门的旅行社订票、网上订票等。无论采用哪种订票方式，秘书人员都要详细地告知接待方出发地点、到达地点、出发日期、具体车(班)次、座位要求等，订票时还要提供乘坐人的真实姓名和身份证号码。

温馨提示

各种交通工具的订票注意事项

1. 火车：要注意车次、时间、途经站点、铺位要求、车厢座位号。
2. 飞机：要注意航班号、时间、舱位档次、行李重量和要求、中途停留或转机情况。
3. 轮船：要注意离开港、到达港、船型、舱位、设施及服务。
4. 大巴：要注意出发和到达的车站、时间、车型、是否直达。
5. 租车：要注意是否需要司机、车型、线路要求、费用、付款方式、租用时间。

(6) 安排住宿。

领导者出差时，秘书人员预订什么样的宾馆或酒店，一般要根据企业的规定以及领导者个人的喜好和习惯来决定，同时还要考虑业务的重要程度。

如果企业与要预订的宾馆或酒店有较多的业务往来时，秘书人员可以直接打电话与宾馆或酒店联系预订。如果领导者是第一次去某个地方出差，秘书人员预订宾馆或酒店的步骤是：首先可以通过上网检索或者电话咨询等方式获取出差目的地相应级别宾馆或酒店的信息，也可以去一些专业的网站查询有关宾馆或酒店的评价、得分等情况；然后进行网络或电话预订，在预订时，秘书人员要提供住宿者的姓名、性别、住宿时间、房间标准等。预订成功后，秘书人员要将宾馆或酒店确定的传真或者其他书面形式的证明复印一份，与旅行提示单放在一起，以便使领导者到达出差目的地后的住宿有保障。

(7) 制定详细的旅程表。

旅程表是按照预定的日程表和领导者的计划、要求、意见而制定的，一般要经过秘书人员与接待方商议、与相关人员沟通联络之后才能确定下来。一份周密的旅程表应该主要包括以下内容。

① 日期。

旅程表的日期包括年、月、日。

② 时间。

旅程表的时间：一是指旅行出发、返回的时间，包括因商务活动需要到两个或两个以上的国家或地区的抵离时间和中转时间；二是指旅行过程中各项活动或工作需要的时间；三是指旅行期间就餐、休息的时间。

③ 地点。

旅程表的地点：一是指旅行抵达的目的地(包括中转的地点)，目的地的名称既可以详写，即哪个国家、哪个地区、哪个企业，又可以略写(即直接写到达的企业的名称)；二是指旅行过程中开展的各项活动或工作的地点；三是指食宿地点。

④ 交通工具。

旅程表的交通工具：一是指出发、返回的交通工具；二是指商务活动使用的交通工具。

有时候为了预防意外，秘书人员在旅程表中可以注明其他的交通工具，若有特殊情况出差人员可以及时灵活地换乘其他的交通工具。

温馨提示

机票的种类

一般来说，机票分为普通机票和特别机票。

1. 普通机票

根据有效期时间的长短，普通机票可以分为1年、半年、3个月、1个月、14天有效票等不同种类。普通机票主要分为头等票、商务票和经济票三种，其有效期为1年。普通机票换乘其他航空公司的航班，票价较高，但灵活方便，没有太多时间上的限制，适合途中可能改变线路、时间的旅客。在购买这种机票时，旅客必须持有相关有效证件(如身份证或军官证、护照、出国证明及目的地的签证等)。

2. 特别机票

特别机票可以分为旅游机票、团体机票、包机机票、学生机票、优惠机票等，价格较为优惠，但限制较多。

⑤ 具体事项。

旅程表的具体事项：一是指商务活动的具体安排，如访问、洽谈、会议、宴请、娱乐活动等；二是指私人事务活动。

⑥ 备注。

备注内容记载了提醒领导者的注意事项，如休息时间，需要中转时转机机场的名称，开展活动、就餐时要注意携带的文件，应遵守接待方民族习惯的注意事项等。

⑦ 制订差旅计划应注意的事项。

a. 旅程表应尽量详细、有条理，按时间顺序排列，做到一目了然。

b. 编排旅程表时，在时间一栏中必须考虑时差的变化，购买车票、船票、机票时也要注意时差。

c. 拟订几个旅行方案，与领导者共同讨论，最后选定最佳方案。

d. 时间的安排上要留有余地，日程不能安排的太紧凑，既不能影响领导者休息，又不能让领导者觉得无聊。若有观光计划可以安排在空闲时间。

e. 旅程表应一式三份，一份存档，一份给领导者，一份由秘书人员自己存留。

旅程表有以下两种编写方式，例文8-1为表格式举例，例文8-2为文字式举例。

【例文 8-1】

王总的旅程表(广州—上海)

(2016 年 5 月 21—22 日)

日期	时间	地点	交通工具	具体事项	备注
5 月 21 日(星期六)	8:00—9:15	公司大门—新白云国际机场	公司车辆	前往新白云国际机场	1. 带好随身用品 2. 邀请函、机票已准备好
	11:10	上海浦东国际机场—上海大厦	主办方车接	前往上海大厦	李先生和李静小姐陪您用餐
	14:00—19:00	酒店		休息	酒店服务员于 18:00 打电话提醒您参加晚宴
	19:30—22:00	多功能餐厅		晚宴	
5 月 22 日(星期日)	8:00	多功能餐厅		早餐	
	9:00—11:30	五楼会议室		会议	您将于上午 9:45 第一位发言,介绍广东服装行业的现状
	13:00—15:00	五楼会议室		会议	
	16:30	上海浦东国际机场	出租车	前往上海浦东国际机场	搭乘 CA1865 次航班返回广州
	18:25	新白云国际机场	公司车辆	回家	秘书、司机接站

【例文 8-2】

新华公司总经理旅程表

上海—广州—深圳—上海

2016 年 5 月 5—9 日

2016 年 5 月 5 日(星期二)

7:30　乘坐上海航空公司 FM9301 次航班由上海到广州。

9:50　抵达广州(李小姐接机,共进早餐)。

11:00　入住东方宾馆预约房间(确认预约信件在 AA 票据信封内)。

15:00　召开全体分公司经理会议(需用的 1 号文件在公文包里)。

18:00　在东方宾馆举行公司聚餐(2 号文件内附有演讲稿)。

2016 年 5 月 6 日(星期三)

10:15　与王先生在公司办公室约会。

12:00　与王先生共进午餐。

15:00　参加全体销售部经理会议(3 号文件)。

18:00　与广州分公司经理李先生共进晚餐。

2016年5月7日(星期四)

9:50　乘坐G6515次列车去深圳(头等车,用午餐)。

13:10　抵达深圳后,深圳分公司经理方先生接车,并送总经理到深圳湾大酒店(订一间带有浴室的双人套房)

15:00　分公司开会(4号文件)。

18:30　迈斯托森先生到深圳湾大酒店接总经理,与迈斯托森夫妇共进晚餐。

2016年5月8日(星期五)

9:00　离开深圳湾大酒店,参观游览"锦绣中华"。

11:30　乘坐G6514次列车离开深圳去广州(车上用午餐)。

14:30　抵达广州(李小姐在车站迎候,将总经理送到中国大酒店)。

18:00　与广州分公司经理李先生共进晚餐。

2016年5月9日(星期六)

11:15　乘坐海南航空HU7141次航班离开广州返上海。

14:10　抵达上海。

2. 与接待方联系

秘书人员应该提前与接待方所在的单位取得联系,报告己方派出的人员的姓名、身份、出行目的,约定好活动的时间和地点,并商议具体的细节。

3. 准备旅行物品

秘书人员要根据领导者出差的时间、地点、相关活动等情况,准备好其将要使用的文件并列出旅行物品清单。下面的"温馨提示"列举了出差常用物品的清单,每次出差前秘书人员可以对照检查。

秘书人员为领导者准备出差用的文件资料时,要根据本次出差的活动顺序及项目分别准备,最好将每项活动的文件单独放在一个文件袋中,每个出差目的地的日程安排也单独列出。

温馨提示

出差常用物品的清单

1. 旅途必备

(1) 车票,如火车票、汽车票、机票(用完后要保存好,以免报销时找不到)。

(2) 钱包,应随身携带适量的现金(带足日常开支所用即可)。

(3) 各类银行卡,如银行卡、信用卡(最好不要和身份证放在一起)。

(4) 各类证件,如身份证、护照、往来港澳通行证、结婚证。

(5) 通信工具类,如手机(在出发前要足额充值)、手机充电器、充电宝、笔记本电脑等。

(6) 记事本、签字笔(工作、开会等记录详情)。

(7) 雨伞。

2. 个人用品

(1) 洗漱用品,如毛巾、牙刷、牙膏、洗发水、沐浴露、洁面乳等。

(2) 面巾纸、消毒纸巾。

(3) 指甲钳、小刀、塑料袋。

(4) 换洗衣物,如外套、内衣、内裤、袜子(需要注意的是,应根据不同的地点、不同的季节来准备,且稍多准备一点)。

(5) 常用药品,如晕车药,风油精、万金油之类的多用途外用药(其他的药品根据各人的自身状况来准备)。

(6) 眼镜(最好还准备一块擦镜布)。

(7) 剃须刀。

(8) 女性化妆品及个人卫生用品。

(9) 家门钥匙。

3. 资料类

(1) 行程表(最好打印出来并随身携带)。

(2) 各类资料,如企业简介、宣传资料、产品资料、合同、备忘录、当地相关资料等(若去多个出差目的地,最好将这些资料进行分类,放在不同的文件袋里)。

(3) 各种电子文档(建议提前存在U盘、移动硬盘或手机中,但切不可忘记携带数据线和充电线)。

(4) 杂志、报纸、画册。

(5) 出差目的地地图一份或提前下载网络地图。

4. 出差前后的工作安排

为了保证出差期间单位工作的正常运转,秘书人员应提醒领导者要对自己的工作进行授权或交代。领导者的授权书要在其出差前一天以复印件或电子邮件的形式发放给相关部门和人员。

出发当天,无论领导者是从单位出发还是直接从家里出发,秘书人员都要安排好送站。动身之前,秘书人员一定要再仔细检查一下领导者是否有忘记携带的物品,此时发现并补送还来得及。

把领导者送上火车、飞机或轮船之后,秘书人员要立即通知接待方接站时间,如果改变原定车次、船次或航班,一定要将新的车次、船次或航班告诉接待方。

(二) 出境差旅工作

1. 办理护照

(1) 填写完整的《中国公民出入境证件申请表》,并向户口所在地公安局出入境管理部门提供近期免冠蓝底彩色光学照片一张及出入境证件数码相片检测回执。

(2) 提供申请人居民身份证,在居民身份证领取、换领、补领期间的,可以提交临时居民身份证。

(3) 省内居民跨地市就近办理护照的(含登记备案国家工作人员),还需提交居住地公安机关签发的1年以上有效居住证;16周岁(含)以下和60周岁(含)以上人员可免交居住证。

(4) 国家工作人员申请普通护照,除了提交上述规定的相应材料以外,还应当提交本人所属单位按照人事管理权限审批后出具的同意出境的证明。

温馨提示

护照的种类

一般来说,大多数国家颁发的护照有三种,即外交护照、公务护照和普通护照,但有时也会有一些特殊护照或类似证件。

1. 外交护照

外交护照是一国政府发放给驻外国的外交代表、领事官员和出国进行国事活动的国家元首、政府首脑、国会议员、政府代表团成员等使用的护照,同时也适用于上述人员的配偶和未成年子女。外交护照上标有“外交”(Diplomatic)字样。持有外交护照的人,在国外会受到尊重和礼遇,有的人还享有外交特权与豁免权。

2. 公务护照

公务护照也称官员护照,是发放给出国从事各种公务活动的人员,如政府一般官员、驻外使(领)馆工作人员以及派往国外执行文化、经济等任务的人员等。公务护照上标有“公务”(Server)或“官员”(Official)字样。

3. 普通护照

普通护照是发给因私事前往外国或旅居外国的本国公民使用的护照。普通护照是目前世界上分发数量最多、使用最广泛的一种护照,其有效期为10年。各国外交、公务、普通等不同种类的护照,除了标有外交、公务、普通等不同字样以外,一般用不同的封面颜色表示,有的封面图案和护照的大小也有区别。

4. 海员护照

海员护照是海员在国际航行、居留使用的专用证件。按照国际惯例,海员护照或海员证持有者,不仅可以通行于各国,而且还相互给予免办签证的优待。

5. 联合国通行证

联合国通行证是联合国官员在国际往来执行公务时所持有的身份证件。根据《联合国宪章》的规定,联合国的会员代表和联合国的官员,应当享有其独立执行职务所必需的特权与豁免权。各国都将这种通行证视为具有护照效力的合法证件,并对持有人给予外交官或一定级别的待遇。

6. 难民护照

难民护照又称南森护照,是国际为了解决难民的出入境、居留和就业问题而发放的一种身份证件。这种护照是由国际联盟难民事务高级专员南森建议向难民颁发的一种护照,因此被称为南森护照。

7. 旅行证或通行证

不少国家对侨居在本国而又无法领取护照的外国人颁发旅行证或通行证，如中华人民共和国海员证、边境地区通行证等。

2. 办理签证

办理签证有三种方法：一是由出访人本人亲自持护照和有关资料前往出访国驻我国大使馆或领事馆，直接联系申办签证；二是出访人委托权威、可靠的签证代办机构代为办理；三是出访人委托出访国的接待方前往该国的大使馆或领事馆办理。

在办理签证时，出访人可以根据情况，选择稳妥、方便、快捷的申办方法。取得签证后，出访人应仔细检查签证内容：有效期和停留期是否清楚；签证持有人的姓名拼音是否正确；签证官员和签发机关是否签字盖章等。若发现有误，出访人要立即提出并要求改正。

温馨提示

签证的种类

根据出入境情况，签证可以分为出境签证、入境签证、出入境签证和多次入出境签证。出境签证只许持证人出境，若需入境，必须再申办入境签证。入境签证即只准许持证人入境，若需出境，必须再申办出境签证。出入境签证的持证人可以出境，也可以再入境。多次入出境签证的持证人在签证有效期内可允许入出境。

根据出入境事由，签证可以分为外交签证、公务签证、移民签证、非移民签证、礼遇签证、旅游观光签证、工作签证、留学签证、商务签证以及家属签证等。每个国家的情况不一样。

根据时间的长短，签证可以分为长期签证和短期签证。长期签证的概念是，在前往国停留 3 个月以上。申请长期签证不论其访问目的如何，一般都需要较长的申请时间。在前往国停留 3 个月以内的签证称为短期签证，申请短期签证所需时间相对较短。

根据入境次数，签证可以分为一次入境签证和多次入境签证。一次入境签证，是指只供入境一次的签证。多次入境签证，是指在有效期内可以多次入境的签证。

根据使用人数，签证可以分为个人签证和团体签证。个人签证，是指只给持证人本人的签证。团体签证，是指给若干同行的人员的共同签证。

3. 办理黄皮书

黄皮书也就是国际预防接种证书，是世界卫生组织为了保障出入国境人员的人身健康，防止某些疾病传染、流行所要求的证明。因其封面通常是黄色的，所以惯称“黄皮书”。准备出国的人员在办理了有效护照和签证后，持单位介绍信到所在地卫生检疫部门进行卫生检疫和预防接种，并领取黄皮书。领到黄皮书后，准备出国的人员要认真检查姓名等内容是否与护照一致，检疫机关盖章、医生签字是否清晰，应该接种的项目是否填写。需要注意的是，有些国家同意免交黄皮书。

4. 出国准备

秘书人员协助领导者进行的出国准备工作主要有编制旅程方案，订购机票，办理保险，兑换外币，准备旅行物品，计算时差，收集所到国家或地区的背景资料等。其中，编制旅程方案和国内出差相似，下面主要介绍与国内出差不同的部分。

(1) 订购机票。

在购买国际航班机票时，秘书人员既可以在国内各航空公司及其售票代理点(或通过网络、电话)办理购票手续，又可以在外国航空公司驻我国办事处购买。在购买国际航班机票时，必须交验乘机人员的身份证和护照。拿到机票时，秘书人员要查验航班班次、日期、机场名称等信息是否准确，乘机联上的姓名及其拼音是否准确，是否有涂改或填写不清楚的地方，是否有公章等。

(2) 办理保险。

一般来说，出境旅行应提前购买保险，用于预防意外事故，所购买的险种包括乘机安全险、个人健康险、航班延误险等。

(3) 准备外币。

在国外，小额消费需要支付当地的货币，秘书人员在领导者出国前需按照相关规定到银行换取一定数量的外币；大额消费可以直接使用信用卡、银行卡或旅行支票。

温馨提示

出国携带现金的相关规定

根据我国《携带外币现钞出入境管理暂行办法》的规定，携带外币现钞单次出境，携带等值 5000 美元(含 5000 美元)以下的，无须向海关申报；携带总金额在等值 5000 美元以上，1 万美元(含 1 万美元)以下的，必须向银行申请《携带外汇出境许可证》，海关予以放行。原则上不得携带超过等值 1 万美元的外币现钞出境。

(4) 准备旅行物品。

秘书人员除了为领导者准备出访的物品、文件资料、证件等以外，还要考虑准备适当的礼品。商务活动中不宜赠送贵重的礼品，秘书人员可以准备一些具有中国特色或本地特色的精致工艺品。

(5) 时差计算。

秘书人员要清楚各国之间的时差转换方法，以便确定领导者的出发时间、到达时间以及与领导者的沟通时间。一般来说，行程单、机票上的时间使用的都是出差目的地当地的时间，如乘飞机从广州飞往美国洛杉矶，机票上注明的时间是“广州新白云国际机场 21:30”“洛杉矶国际机场 18:10”，前者使用的是北京时间，后者使用的是美国西部时间。

(6) 收集所到国家或地区的背景资料。

在国际交往中,无论是出国考察还是商贸洽谈,都会遇到各种不同的情景,因此掌握所到国家或地区的背景资料,如文化、习俗、礼节等常识非常有必要,可以使出访人在处事中充分尊重别国的习俗,不失礼仪之邦的风范,同时维护自己的尊严,不卑不亢。

温馨提示

出国严禁携带的物品

出国严禁携带的物品分为三个方面:一是我国严禁携带出境的物品;二是到达国家严禁携带入境的物品;三是回国时我国严禁携带入境的物品。虽然每个国家的具体规定不太一样,但以下是大多数国家禁止携带的物品。

1. 各种武器、仿真武器、弹药及爆炸物品。
2. 伪造的货币及伪造的有价证券。
3. 没有包装或英文说明的药品(即使有包装和英文说明,也不应超过一定的数量)。
4. 各种烈性毒药。
5. 鸦片、吗啡、海洛因、大麻以及其他能使人成瘾的麻醉品、精神药物。
6. 带有危险性病菌、害虫及其他有害生物的动物、植物及其产品。
7. 有碍人畜健康的、来自疫区的以及其他能传播疾病的食品、药品或其他物品。
8. 珍贵文物及其他禁止出境的文物。
9. 盗版的音像制品。
10. 植物(均含标本)及其种子和繁殖材料(包括各种新鲜蔬菜、水果,水果制成的食品等)。
11. 动物标本或动物皮毛、骨头制品。
12. 乳制品、蛋制品、肉类制品。
13. 超过一定数额的现金(具体规定可以查看各国的规定)。
14. 超过一定数额的烟酒类商品。

三、实训任务

今年,阳光公司的一个重大任务就是进行市场的拓展,公司计划在几个一二线市场设立分公司,为此公司决定派出4组考察人员分别前往8个城市进行市场调查。

第一组:副总经理一行5人(三男两女)准备从广东珠海出发,去成都、昆明两地进行市场考察,时间为一周,请为他们安排行程,包括线路、时间安排、交通工具、住宿的酒店、考察及游览内容和线路等。

第二组:副总经理一行5人(三男两女)准备从广东珠海出发,去上海、厦门两地进行市场考察,时间为一周,请为他们安排行程,包括线路、时间安排、交通工具、住宿的酒店、考察及游览内容和线路等。

第三组：副总经理一行5人(三男两女)准备从广东珠海出发，去武汉、重庆两地进行市场考察，时间为一周，请为他们安排行程，包括线路、时间安排、交通工具、住宿的酒店、考察及游览内容和线路等。

第四组：副总经理一行5人(三男两女)准备从广东珠海出发，去北京、大连两地进行市场考察，时间为一周，请为他们安排行程，包括线路、时间安排、交通工具、住宿的酒店、考察及游览内容和线路等。

（一）实训任务一：讨论

分小组讨论出发前需要进行的准备工作。

（二）实训任务二：撰写

撰写各自的差旅计划，要求简明、合理，并具有可操作性，具体的考察内容可自行设定。

（三）实训任务三：汇报

将差旅计划做成PPT与全班同学分享。

四、实训评价

评分标准 / 项目达标要求	实训情况	问题总结	解决方法	自我评定	教师评定
行程安排的整体效果					
交通工具					
住宿的酒店					
考察内容					
时间衔接					

任务二　领导者出差期间秘书人员的工作

一、案例导入

9月5日，周桐希将赴上海参加新华公司的开业典礼，9月11日下午周桐希由上海返回，他让朱槿把机票和住宿的酒店提前预订好。经过上次出差，朱槿学到了不少有关差旅方面的知识，这次安排起来已经比较得心应手了。考虑到周桐希9月5日上午还要参加一个会议，所以朱槿把机票订在15:00，这样到了上海正好是晚餐时间。在征求了周桐希的意见后，朱槿为周桐希预订了11日下午的返程票。

9月5日那天顺利地送走了周桐希，朱槿从机场返回阳光公司。本以为上司不在的这段时间自己可以好好放松放松，整理一下之前没有归档的文件，接接电话，做做记录……结果刚走进办公室，周桐希的老朋友林大伟已经在等她了。

“刚听说你们周总出差了，怎么他的手机打不通呢?”林大伟自从上次接待不周的误会之后又见过朱槿几次，现在两人已经比较熟悉，说话也比较随便。

“是呀，他应该已经登机，手机肯定关了。”朱槿解释说。

“有个事跟你说也是一样。上次周总说你们公司准备在中秋节给每个员工发一盒月饼，我们公司专门为你们购进了一批老字号的月饼，质量很不错，你看什么时候我送过来。”林大伟说。

朱槿也听说公司最近准备购买一批月饼，就立刻给公司的后勤部打了个电话，通知他们去和林大伟的公司联系送货。

送走林大伟，朱槿正为自己干了件“大事”而沾沾自喜时，余安妮的电话来了。

“朱槿，你让后勤部去订购月饼了?”余安妮着急地问朱槿。

“是呀，公司不是准备订购月饼吗？现在周副总的朋友正好可以给我们送货，所以我让后勤部去办了。”朱槿不明白余安妮为什么会这样问。

“可我昨天听雨竹姐说公司准备订购德华公司的月饼。德华公司最近在给我们公司供应原材料，好像上次跟老总说好了，让我们订购他们的月饼。这件事你有没有请示周副总呢?”余安妮的语气有点不安。

“是吗？我不知道啊。周副总在飞机上，手机也关机了。就一批月饼问题不大吧，德华公司跟我们做的是大生意，哪在乎这点月饼呢。没事的，你放心吧。”朱槿胸有成竹地回答说。

朱槿怎么也没想到就是这一批月饼让德华公司非常不满。他们当初和阳光公司在谈判时就觉得自己的价格偏低，所以才提出让阳光公司在中秋节订购他们的月饼，老总当时一口答应了下来，没想到却被朱槿搅了局。第二天，德华公司的原材料竟然暂停了供货，弄得阳光公司上上下下都一阵忙，朱槿自己也是焦头烂额的，还被周桐希在电话里痛骂了一顿。最后，阳光公司的老总亲自出面才算是解决了这个问题。

二、必备知识

领导者出差期间，虽然人不在单位，但是每天的信件、电话并不一定会减少，秘书人员应认真处理这些来信、来电及其相关工作，并及时向领导者汇报请示。

（一）来信处理

领导者出差期间，秘书人员应该准备好专用的文件夹，把其出差期间的来信、留言条等按照日期或者事情轻重缓急的程度整理好。如果秘书人员收到的是紧急信件，领导者又让秘书人员尽快给其寄过去，那么秘书人员应用特快专递或快递的方式尽快寄出，并在信封上写上“亲启”字样，在寄出的同时还要电话告知领导者。

另外，秘书人员还可以利用即时通信软件(如微信、QQ 等方式)给领导者传递文件。

（二）来电处理

在领导者出差期间，凡是找领导者的电话，秘书人员都要认真地把电话的时间、内容以及来电者的信息等内容记录下来。如果事情比较重要，秘书人员可以直接联系领导者并进行汇报；如果事情不急，秘书人员可以等领导者回来后再进行汇报。

（三）紧急工作处理

在领导者出差期间，若遇临时性的紧急重大事情，秘书人员无法独自处理的，应及时向领导者进行汇报，请领导者作出指示，并根据领导者的安排对事情进行处理。遇到这种情况时，秘书人员一定不能不经请示、自作主张。

（四）其他的工作

(1) 秘书人员要在领导者出差期间抓紧时间将手头未完成的工作处理完，领导者回来后将会带回更多的工作任务，所以，秘书人员要充分地利用好空闲的时间尽快处理完相关的工作。

(2) 秘书人员要对领导者和自己的办公室、办公桌进行整理，使领导者回来后有焕然一新的感觉。

(3) 秘书人员要注意检查办公设备，及时更换、补充办公用品。

(4) 秘书人员要注意与领导者随时保持联系，在领导者出差之前，秘书人员最好能与领导者约定好每天在一个固定时间内联系，向其汇报工作。一般情况下，秘书人员不要在约定时间外与领导者联系，除非有特殊紧急重要的事情急需处理。

温馨提示

秘书人员汇报工作的技巧

一要高度重视。

及时地向领导者汇报工作的进展情况或有关事项的办理结果，这是秘书人员肩负的重要职责。秘书人员对工作负责就是对领导者负责，对自己负责，这三个方面的责任是高度一致的。

二要把握时机。

对于领导者交办的工作事项，有的秘书人员漫不经心，拖着不及时处理，或者一经处理就认为完事了，而没有主动地向领导者反馈汇报，直到领导者询问才被动回答，这样显然为时已晚。秘书人员汇报工作要把握好时机，不仅要及时汇报，而且要抓住领导者的时间空档，见缝插针、恰当好处，切忌在领导者最繁忙、最紧张的时间段上去“凑热闹”。

三要突出重点。

秘书人员手头的工作往往是琐碎繁杂的，如果事无巨细、凡事必报，恐怕既不现实又无必要。因此，秘书人员要掂量轻重、把握分寸，选择领导者关注度高、牵涉面广的要务及时详细地进行汇报。

四要理清思路。

任何一项工作，都有开头、有过程、有结果，有谋划、有协调、有落实，有理念、有思路、有方法。如果秘书人员不注意理清思路，想到哪里说到哪里，很容易让领导者陷入纷繁琐碎中而不得要领，汇报效果可想而知。

三、实训任务

周桐希赴上海出差期间，秘书朱槿收到全国××行业协会的来函，内容是下周四将要召开协会理事会。周桐希是该协会的理事，来函要求所有的理事及会员在本周二之前答复是否参会。

可是，周桐希正在上海参加新华公司的开业典礼，周三才能回来，现在又联系不上。面对这种情况，朱槿应该怎么办？

（一）实训任务一：选择

下面有 5 个选项，请从中挑选出 1 个你认为不合适的，并说明理由。

（1）查看上司的日程表，如果会议当天有空，就答复对方说上司会参会。

（2）等上司周日回来后再作答复。

（3）这个会议很重要，等上司回来后再答复可能有些晚了，所以与协会联系，说明如果没有特殊情况上司就参会。

（4）查看去年的做法，发现上司去年没有参会，于是答复对方今年上司也不参加。

（5）与协会联系，说明上司正在出差，能否等联系上之后再答复对方。

（二）实训任务二：撰写

假设你是秘书朱槿，请在接到全国××行业协会的来函后，撰写电子邮件与周桐希取得联系。

（三）实训任务三：模拟

假设你是秘书朱槿，请在接到全国××行业协会的来函后，通过电话与对方取得联系。

四、实训评价

评分标准 项目达标要求	实训情况	问题总结	解决方法	自我评定	教师评定
撰定的电子邮件的格式正确					
撰写的电子邮件的内容完整					
撰写的电子邮件语气适当					
拨打电话的内容完整					
拨打电话的语言规范					

任务三 商务旅行的善后工作

一、案例导入

周桐希出差 3 天，朱槿负责处理邮件、接打电话、上传下达，忙得不亦乐乎。而“月饼事件”更是让她觉得自己的压力很大。9 月 5 日下午，朱槿再次与周桐希的司机确认了接机时间，整理好相关工作后才下班。

9 月 5 日 18:00，朱槿准时到达机场迎接周桐希。周桐希到达出口后一脸严肃，在简短的问候后，朱槿赶紧将周桐希的行李放进后备厢，随后她安排周桐希在后排右座就座，自己则坐在副驾驶的位置上，一路上朱槿简要地向周桐希汇报了公司近期的情况。谈及“月饼事件”，她主动地向周桐希承认了错误，周桐希只冷冷说了一句：“你本事大了啊，都会做生意了。”

回到公司后，朱槿迅速地整理好周桐希出差所有的票据和文件，填好报销单，把相关文件也归档保存好。两天后，朱槿完成了所有的报销事务。

二、必备知识

领导者或其他出差人员洽谈业务、交流访问、商务考察结束，顺利返程后，围绕此次出差，秘书人员仍需要做很多的落实工作。

（一）安排接站

（1）秘书人员要根据领导者预订车票、船票、机票的返程时间，安排车辆提前在到达地进行接站，接站时需帮助领导者拎取行李。

（2）在返回单位或领导者家的路上，秘书人员可以根据领导者的精神状况，简要地汇报一下近期的工作情况。

（二）向领导者汇报工作

领导者正式返回工作岗位后，秘书人员首先要做的工作就是详细地汇报领导者出差期间的各项工作，将领导者出差期间所有的工作概况做成工作报告，整理成册，放在领导者的办公桌上，方便领导者回来后马上进入工作状态。

（三）出差费用的报销

出差产生的一系列公务费用需要向单位的财务部门申请报销。在协助报销时，秘书人员需要了解清楚单位内部的报销规定和报销流程，以便做好报销工作，一般流程如下：

（1）清点整理领导者出差期间带回的所有发票；

（2）根据单位财务的相关规定，粘贴发票（粘贴发票时应准意分门别类，如交通费、住宿费、餐饮费等)，并填写差旅费报销单；

(3) 将整理填写好的发票和差旅费报销单交由领导者审核，若无问题，待其签名后提交财务。

（四）出差文件的归档

秘书人员要根据领导者的要求，将其出差期间带回的数据、文件和样品等进行整理归类，并请示领导者的意见后，再分门别类地进行归档或者交相关部门处理后再归档。

（五）答谢

秘书人员可以通过电子邮件或电话向领导者出差期间给予接待或者协助之人表示谢意，以便与外界之间建立良好的关系。

三、实训任务

根据本项目任务二的实训任务，分组完成以下任务。

（一）实训任务一：模拟

为期一周的市场考察结束之后，需要报销所有的费用，包括交通工具(飞机票和市内交通)、住宿的宾馆(按所安排宾馆的价格和房间数)、考察及游览费用等，请填写好出差旅费报销单。

（二）实训任务二：撰写

根据考察的地点和内容完成一份考察报告，具体内容可以选择某一产品市场进行虚构，但要具有考察地点的特色。

（三）实训任务三：汇报

将差旅费报销单和考察报告与全班同学分享。

四、实训评价

评分标准 / 项目达标要求	实训情况	问题总结	解决方法	自我评定	教师评定
差旅费报销单的项目完整					
差旅费报销单的金额合理					
考察报告的结构完整					
考察报告的格式规范					

项目九

秘书信息收集与整理

秘书人员是管理决策者的直接辅助者，也是各种信息上传下达的重要渠道。秘书工作的一切方面都离不开信息，新时期特别要求秘书人员强化信息意识，认真研究并掌握信息工作的规律。秘书信息工作的重点是收集各种各样的信息，并进行鉴别、去伪存真、整理归类，以便在领导者需要的时候及时、准确地提供给领导者。

知识点

1. 了解信息收集的概念及程序。
2. 熟悉信息收集的范围和渠道。
3. 掌握信息收集和整理的方法。

技能点

1. 能够正确地选择信息收集的方法，完成领导者交代的信息收集任务。
2. 能够科学地进行信息分类，根据需要进行信息筛选并完成校核工作。
3. 能够做好日常信息收集与整理的工作。

任务一　信息收集的范围与原则

一、情景导入

近年来，阳光公司面临激烈的市场竞争。为了提高竞争力，行政总监李洛寒采取了一系列措施，其中要求行政部经理何雨竹指派一名秘书负责收集国内外的相关信息，并加以分类整理，打印后放在几个公共信息夹里，供一些部门和人员参考使用。何雨竹把这项工作交给了余安妮，这样运行了一段时间，大家都觉得这种提供信息的方式很好。因此，李洛寒决定扩大收集信息的人员范围，要求相关部门所有的秘书都要负责收集相关的信息，然后提供给余安妮，由余安妮统一进行分类整理，负责公共信息夹的借阅管理。

朱槿逮住正在认真整理公共信息夹的余安妮问道："糟糕了，安妮姐……雨竹姐将市场信息这块重头任务交给了我，但是我一个文职人员怎么去寻找市场信息啊？感觉好陌生！我一直觉得收集市场信息是销售人员的工作，我从来没有接触过。安妮姐，这几个月你是怎么完成这项工作的？"

"首先，要纠正你的一个小错误，收集市场信息并不是销售人员的专职。其实，作为秘书，信息收集工作本身就是至关重要的，而这'市场信息'就是信息收集的重中之重。"余安妮转过头对朱槿说。

"市场信息的收集，最重要的就是要确定收集的范围。因为它包含很多内容，如果你不能确定下来，到时候交给我的内容可能和其他人交给我的内容会重合。"余安妮一边贴着标签一边提醒朱槿。

朱槿一听着急了："那不就等于白干了吗……可是，怎么就会重合了呢？哪些部分容易重合呢？"

"市场本来包括的对象就很多，产品、客户、竞争对手……你收集这些信息的时候如果没有确定的目标就很容易和别人'撞车'。比如，你收集市场环境信息，就会和人力资源部的秘书负责收集的宏观经济金融信息部分有重合。只有你设定好每次信息收集的目标才能收集到具有针对性的信息。"余安妮回答。

"那么……安妮姐，我应该怎样下手呢？确定目标以后怎么做？"朱槿接着问余安妮。

"我们公司的业务范围很广，除了主营的电子类产品以外还兼营房地产、旅游、酒店，你负责收集市场信息，首先要确定是哪一部分的市场，接着是哪种产品的市场，然后是哪一区域的市场，市场信息中又涉及哪些项目……说着都像绕口令了，呵呵，"余安妮贴完最后一个标签转过身来笑了，"其实，就是确定好目标后再确定信息收集的大致范围，然后思考去哪里、怎样收集到这些信息。"

"其实，你也不用害怕，我这几个月的信息收集工作也是边做边找到感觉的，因为了解的信息越多才能越来越深入地挖掘新的、更有价值的信息。你先确定一个专题做做看吧。"余安妮鼓励朱槿尝试一下。

二、必备知识

（一）信息收集的概念

信息收集是人们根据工作的需求，通过不同的渠道和方式，遵循一定的原则，采用一定的方法获取有关信息的过程。信息收集是秘书信息工作的关键环节，对此秘书人员必须予以高度重视。

（二）信息收集的程序

1. 明确信息收集的目的

信息收集的目的就是为某项工作服务，是出于某种工作的要求，这是信息收集的出发点和归结点。信息服务工作内容的紧急程度决定信息收集工作的紧急程度。此外，信息收集需要有目的性、有计划性地进行。

2. 确定信息收集的范围

在收集信息前，秘书人员要先分析需要哪些范围的信息，把握领导者工作的信息需求范围。秘书人员切忌漫无边际、毫无系统性的收集信息，要有选择性地收集工作所需要的对口信息，为工作选择有价值的信息，切忌“眉毛胡子一把抓”。否则，秘书人员收集一些无关的信息，既会增加自己的工作量，又会干扰领导者对信息的选择。

3. 选择信息收集的途径

信息可以通过不同的途径进行收集，秘书人员可以根据所需信息的特征、数量等决定收集信息的途径。如信息检索可以用关键词途径、篇名途径、主题途径或作者途径等。

（三）信息收集的范围

1. 企业信息

企业信息包括以下六个方面的内容。

(1) 企业基础资料，包括企业的历史、基本状况简介，规章制度，经营业绩，科研成果，各项荣誉等。

(2) 企业概况，包括企业的名称、性质、地址、电话及传真、网址、业务范围、主要产品、近年业绩情况等。

(3) 企业财务状况，包括企业的注册资本、负债情况和盈利状况。

(4) 企业的信誉与信用等级情况。

(5) 企业的背景，包括企业文化、企业组织结构、股东情况及股东变化、企业领导层及主要领导人情况。

(6) 企业经营活动信息，即企业开展各类经营活动的动态信息，包括：产品研发、生产、上市、销售等环节的信息；生产工艺革新、生产设备更新的信息；公关宣传活动、企业文化建设活动等信息。

2. 合作伙伴信息

企业的合作伙伴主要有：

（1）为企业提供原材料、技术、能源、生产设备的供应商；

（2）从事企业产品或服务代理、批发、零售业务的销售商；

（3）为企业的经营管理提供物流、金融、咨询、市场推广、研发等各项服务的服务商。

秘书人员应收集企业所有的合作伙伴的信息，包括合作伙伴的企业概况或组织概况、财务状况、信誉与资信、企业经营状况、企业背景等信息。

3. 市场信息

市场信息包罗万象，大致可以分成以下几类（参见表 9-1）。

表 9-1　市场信息收集表

市场信息分类		市场信息收集项目
市场环境信息	购买力	消费者的收入水平，投资及影响因素，居民储蓄，消费者收支构成及变化，对各种商品的消费情况及新的要求，国家基本建设投资规模和重点，企业的效益情况，社会集团购买力
	市场需求量	现实需求量和潜在需求量，某产品的消费者数量，消费者的增减情况，对某种产品的购买数量、次数、时间、习惯等
	市场需求结构	一定地区、一定时间内衣、食、住、行、用商品的结构，各种商品的花色、品种、质量、数量、规格、价格等方面结构，高、中、低不同档次商品的结构，市场和商品细分引起需求变化的因素，需求变化的趋势
	人口情况	某一范围的人口规模（总人口、家庭数量、家庭平均人口等）、人口构成（姓名、年龄构成及质量、地理分布）、教育程度、民族差异、风俗习惯、生活方式、家庭信仰、社会价值观等
	竞争环境	直接（间接）的竞争对手的竞争程度，竞争对手的生产规模、经济效益等；产品的特点、成本、分销渠道、经营方式、售后服务、客户反应、市场占有率、应变能力等
消费者信息	购买动机	求实、求新、求美、求廉等
	购买行为	理智型、经济型、感情型、冲动型、疑虑型、定点型、试用型等
	购买心理	习俗心理、好奇心理、偏爱心理、便利心理、求名心理、经济心理、从众心理、美观心理等
促销手段	广告宣传	制作前：消费者的收入、需求水平、文化程度、广告意识、生活方式、情趣爱好等，消费者使用同类产品的情况，与同类产品相比的独特之处，影响广告效果的各种因素等 制作后：是否引起人们的注意和兴趣，什么人看过、听过，印象最深刻的是哪部分人，是否因此产生购买欲望或最终购买商品和服务，消费者对广告的印象、记忆、信任程度、销售量的变化情况等
	人员推销	通过面谈、电话、通信、产品展示、现场操作表演、帮助挑选、包退包换、帮助安装调试、维修等促销方式，促销人员与消费者的关系等
	营业推广	采取赠送样品等具体的方式后，消费者的反应、销售额的增加幅度、市场占有率的变化、在竞争中的地位，消费者改变消费意向及改用本产品后的情况
	公关活动	各种公关活动方式，公众的理解、信任与支持程度，中间商、消费者的接受和购买情况等

续表

市场信息分类		市场信息收集项目
产品信息	产品实体	产品设计，产品和产品组合，产品的规格、质量、价格、图案、味道、式样、系列、类型、性能，使用的原料、材料，维修方便，商标便于记忆、富于联想，消费者对产品的评价、意见、要求等
	产品包装	装饰作用、保护作用、宣传作用，包装材料的质地、是否便于回收，包装费用，消费者对包装的态度，包装是否易于储存、运输、拆封等
	产品生命周期	导入期、成长期、成熟期、衰退期
	产品价格信息	新产品投放市场的反应，定价策略、产品差价、定价是否合理，影响价格变化的各种因素，竞争者对价格变化的反应，消费者对价格变动的可接受程度，替代产品及其价格

4. 法律政策信息

秘书人员不仅要收集我国现有的与企业活动相关的法律政策，还应注意收集与企业有业务往来的其他企业所在地的法律政策以及它们的法律咨询机构。

5. 宏观经济金融信息

经济信息包括宏观经济动态、国家经济政策和经济发展导向等。金融信息包括国内外金融动态、外汇汇率变化、国际国内证券市场行情、贸易对象国利息汇率情况和投资信贷信息等。鉴于世界经济一体化的趋势，各类企业和组织对这类信息都非常关注，秘书人员应注意通过官方或权威渠道及时获取这类信息，以便供领导者决策参考。

6. 交际活动信息

不管是为一位领导者当秘书，还是同时为几位领导者服务，对于领导者的作风、性格、办事习惯、起居规律、思维路子、语言特点和生活爱好，甚至他的工作经历，秘书人员都应当了解得清清楚楚。这样，秘书人员就可以把服务工作做得恰到好处，就容易与领导者配合协调、节拍一致。凡是企业领导者要参加的各种交际活动，秘书人员都要及时地掌握有关方面的信息，如迅速地掌握会见活动的内容、时间、地点、具体要求等情况，设法掌握对方的背景材料、生活习惯、饮食特点、嗜好、忌讳等情况。

（四）信息收集的原则

1. 目的性原则

目的性原则，是指信息的收集必须有明确的目的，必须根据具体任务和实际需要，有的放矢地收集信息。

2. 准确性原则

准确性原则，是指信息的收集必须准确，不准确的信息不仅浪费人力、物力和时间，甚至会导致决策失误，从而造成巨大的经济损失。

3. 系统性原则

一般来说，信息的产生和传播具有零散、断续的特点，它不是一次性地集中发出，而是在时间上有间隔，在内容上不完善。因此，多方面拓展信息来源，注意信息的积累，加强信息的系统性，是提高信息质量的一个重要因素。

4. 时效性原则

时效性是信息所具有的一个极其重要的属性，信息如果过时，也就失去或减弱了使用价值。保证信息收集及时有效的办法，就是积极做好信息预测工作，抓住潜在信息，走在时间的前面。

5. 全面性原则

地区不同，部门不同，各种社会活动或经济活动不同，信息的生成量密度和含量也不相同，因此，秘书人员在信息收集时，必须采取多种方法，进行上下、左右、前后的多方位收集，并把收集对象的相关因素联系起来综合考虑，找出其中的共性和规律。

6. 道德性原则

信息工作是在一定的理论基础上进行的科学创造工作，不是商业间谍活动，因此秘书人员在收集信息时应注意不能违反道德准则。

三、实训任务

阳光公司近年推出的“智能手表”的销量不错，但是这种产品的市场竞争也是愈演愈烈。朱槿按照余安妮的指导准备先从“智能手表”的市场信息收集入手，学习怎样收集信息。朱槿确定了该产品相关的市场信息收集范围，制订了信息收集计划(程序)。

(一) 实训任务一：讨论

分组讨论，根据“必备知识”中的表 9-1 市场信息收集表的相关内容列出“智能手表”的市场信息收集范围。

(二) 实训任务二：撰写

根据所需收集信息的范围，考虑信息收集的渠道和方法，制订信息收集计划(程序)。

(三) 实训任务三：汇报

各组在讨论交流之后将以上的工作交由组长进行汇总，并在班上进行汇报交流。

四、实训评价

评分标准 项目达标要求	实训情况	问题总结	解决方法	自我评定	教师评定
信息收集的范围是否齐全					
信息收集的范围是否有新意					
信息收集计划(程序)的初稿是否完整					
信息收集的范围、渠道和收集方法是否匹配					
小组介绍清楚，内容完整					

任务二 信息收集的渠道与方法

一、情景导入

朱槿把自己制作的"智能手表"市场信息收集计划(程序)的初稿交给余安妮,余安妮看过之后给朱槿发了封电子邮件,提出了几点建议,并分享了她利用网络信息进行收集检索的经验。

朱槿立刻打开自己的电子邮箱,看到了余安妮给自己发来的电子邮件,其具体内容如下。

为了提高信息收集的效率与质量,我积累了一些信息收集的技巧,在此和你分享,以便能提高我们的工作效率。这次分享的信息资料收集是二手资料收集,上次我和你吃饭的时候聊过一手资料收集,这里就不赘述。

搜索引擎是我们进行信息资料收集的最重要的渠道之一,用搜索引擎查找信息资料需要使用恰当的关键词和一些搜索技巧。目前,国内主要的搜索引擎较多,近期还出现了较多的行业型搜索引擎,我们若需寻找专业型行业资料可以使用这些行业型搜索引擎。

由于每个搜索引擎都有一定的局限性,我们还可以把要搜索的关键词放在多个搜索引擎中尝试一下,可能会得到令你意想不到的结果。

大家对国内的搜索引擎基本都很熟悉,然而当需要搜索同一主题的资料时,不同的人所搜索出来的结果可能差别就很大,主要原因在于以下两点。

第一,搜索关键词的选择。举例说明,假如我们想要搜索大数据行业发展的相关资料,在百度上搜索"大数据",结果会非常多,无法进行筛选。所以,我们可以对关键词进一步进行界定,如"大数据行业""大数据市场规模""中国大数据产业""大数据技术""大数据企业"等。我们需要不停地变换搜索关键词,直到寻找到令人满意的搜索结果。在查找的过程中,我们可以根据查找结果对关键词进行修正,如修正有些名称的专业表达方式,因为最开始搜索时我们的表达不一定准确。

第二,搜索技巧。如果我们经常使用百度来进行信息的收集,其常用的技巧主要有以下几个方面。

(1) 使用 filetype,如在百度中键入"filetype:pdf+1 个空格+关键词"搜索出有关大数据的内容,而且这些文档基本都是 PDF 格式的。另外,还可以变换为其他的如"filetype:doc+1 个空格+关键词""filetype:ppt+1 个空格+关键词""filetype:xls+1 个空格+关键词"的形式。需要注意的是,其中的冒号为英文的冒号。

(2) 定位于在哪个网站上搜索。使用 site,如在百度中键入"大数据+1 个空格+site:sina.com",则在新浪网上可以搜索到有关大数据的一些资料信息,这是一种针对某些信息可能在哪些网站上出现的一个快速搜索方法。

(3) 精确匹配搜索。使用" ",如在百度中键入"大数据行业",表示搜索"大数据行业"。

需要注意的是，大数据行业这5个字必须连在一起的，如果不加“ ”，搜索到的为“大数据”及“行业”两个词并列的显示结果，没有这么精确匹配。

(4) 限制性的网页搜索。使用 intitle，如在百度中键入“intitle：大数据”，限定于搜索标题中含有“大数据”的网页；如果键入“intitle：大数据市场规模”，限定于搜索标题中含有“大数据”和“市场规模”的网页。

希望这些分享能对你有所帮助。

余安妮

看完电子邮件后，朱槿感叹余安妮的工作做得真细致，心想幸好有余安妮带着她开展这项工作。

二、必备知识

（一）信息收集的渠道

信息收集的渠道，是指秘书人员用于信息收集的途径和通道。信息收集的渠道多种多样，归纳起来，主要有外部渠道和内部渠道两个方面。

1. 外部渠道

(1) 国内信息渠道。

国内信息渠道大体有以下八个方面：

① 政府信息网络。现有不少省市(包括县)都建立起以办公厅为中心的纵向(省、市、县)和横向(各厅局、部委)的信息网；

② 大众传播媒介，即由报刊、广播、影视、出版等部门构成的信息渠道；

③ 社会专业信息机构，如各种类型和层次的图书馆、情报机构、档案馆、博物馆以及近年来成立的信息中心和各种咨询机构；

④ 国内各企业，各大专院校，各专业的学会、研究会、协会以及科研机构等；

⑤ 各种形式的会议，如研讨会、报告会、技术鉴定会、新闻发布会、展览会等；

⑥ 本企业在全国各地的销售网点或代理机构；

⑦ 各种生活娱乐场所，如电影院、剧院、宾馆、饭店、餐厅、舞厅等生活娱乐设施；

⑧ 各种文书，包括来文、指示、报告以及各种内参、快报、简报等。

(2) 国外信息渠道。

国外信息渠道主要有以下七个方面：

① 国外各种有关的报刊、影视作品、出版物等；

② 国外各有关专家组织、企业集团、国际金融机构、公关咨询机构等；

③ 国外各有关代理机构；

④ 各类专业性的国际会议等；

⑤ 外国公司、商社、科研机构、院校等；

⑥ 外国及国际组织驻华使(领)馆、办事机构及外国驻华商社的新闻发布会等；

⑦ 与友好人士的交往以及同团体与组织的交流等。

2. 内部渠道

(1) 企业的计划与总结。

(2) 企业的经营策略和经营预测、决策资料。

(3) 企业的经济活动分析资料，如财务活动分析、生产情况分析、销售情况分析、业务活动分析等资料。

(4) 企业的各种数字记录，如会计记录(如资金来源、资金使用情况、财务情况、经济成果情况)，统计记录(如生产情况、销售情况)，业务记录(如各种业务活动，包括对外交流业务活动)。

(5) 企业内部简报。

秘书人员的信息收集渠道很多，关键在于是否善于利用、善于积累。

(二) 信息收集的方法

信息收集的方法有多种类型，根据收集途径的不同，可以分为正式途径收集方法和非正式途径收集方法；根据秘书人员的显性特征，可以分为公开收集方法和秘密收集方法等。但是，无论采用哪种类型的信息收集方法，都始终离不开对以下七种基本收集方法的运用。

1. 观察法

信息收集的观察法，是指秘书人员通过现场的观察来收集信息的一种方法。观察有多种类型，根据观察者是否参与被观察者的活动，可以分为参与观察与非参与观察；根据观察内容是否有统一设计的有一定结构的观察项目和观察要求，可以分为有结构的观察和无结构的观察；根据观察对象所处的环境状态特征，可以分为自然状态中的观察和人为情景中的观察等。这些方法都有各自的适用范围，在一般情况下，秘书人员往往需要综合地运用这些方法，以达到快速、准确地收集信息的目的。观察法大多是在观察对象没有任何觉察的情况下进行的，因此较为客观。但是，观察法只能了解观察对象的行为活动，而不能看出观察对象的内心世界和了解观察对象的动机、态度、目的等，因而显得不够深入。此外，观察法不仅适用于对人的观察，而且还适用于对物的观察。

2. 询访法

信息收集的询访法是信息收集中最为常用的方法之一，是指秘书人员通过向受访者提问请对方作答的方式来获取信息的一种方法。询访法按其所采用的方式与手段，可以分为面谈询访、电话询访、书面询访等；按其有无固定格式与意图的显隐性情况，还可以分为四种形式，即：

(1) 有固定的询访格式，受访者的意图公开，如公开的正式询访等；

(2) 有固定的询访格式，受访者的意图不公开，如隐秘的询访等；

(3) 无固定的询访格式，受访者的意图公开，如日常的打听情况等；

(4) 无固定的询访格式，受访者的意图不公开，如通常所说的“探口气”等。

此外，询访法还可以根据访谈人数的多少分为个体询访法和集体询访法。一般来说，收集简单的、时间性强的信息，以电话询访为好；收集涉及面广、深度要求高的信息，则以面谈询访为佳;涉及不便当面交谈的内容的信息,则以书面询访为宜。

3. 问卷法

信息收集的问卷法,是指由秘书人员向被调查者提供问卷并请其对问卷中的问题作答而收集信息的一种方法。问卷是信息收集的一种重要工具,它的形式是一份精心设计的问题表格。美国社会学家艾尔·巴比称"问卷是社会调查的支柱"。问卷依其填写者的类型不同可以分为自填问卷和访问问卷。自填问卷即由被调查者自己填答的问卷,而访问问卷则是由秘书人员根据被调查者的口头回答来填写的问卷。问卷法作为信息收集的方法之一,具有许多不同于其他方法的特点。问卷法的优点在于:可以节省时间、经费和人力;具有较好的匿名性,有利于收集真实的信息;所得的信息资料便于进行定量处理和分析;可以避免秘书人员的主观偏见,减少人为的误差。问卷法的主要缺点在于:回收率难以保证;被调查者必须具有一定的文化水平才能作答;由于被调查者在填写问卷时,往往没有秘书人员在场,因此,获得的信息资料的质量往往难以保证。

4. 量表法

信息收集的量表法,是指运用测量量表来收集信息的一种方法。量表是适用于较精确地调查人们主观态度和潜在特征的工具,它由一组精心设计的问题构成,用以间接地测量人们对某一事物的态度、观念或某一方面所具有的潜在特征。众所周知,人的态度、观念和某些潜在特征都具有隐匿性和模糊性,有时连人们自己也难以发现或进行精确的描述,因而,调查人的态度、观念和某些潜在特征并非易事,尤其以直接的方式很难达到目的,这就需要采用间接的方式,如量表法等。量表也具有多种类型,按测量内容分类,主要有态度量表、能力量表、智力量表、人格量表、意愿量表等;按作用分类,主要有调查量表和测验量表;按设计方式和形式分类,则有总加量表、累积量表、共通量表和语义差度量表等,秘书人员可以根据不同的目的、要求,结合实际情况选择使用。

5. 购买法

信息收集的购买法,是指花费一定的代价,通过购买有关信息载体而收集信息的一种方法。它是组织获取外部信息的常用方法之一。按购买的信息载体的类型不同,购买法可以分为文献信息载体购买和实物信息载体购买两种类型。文献信息载体购买的方式一般包括现购、邮购、托购、有偿征集等。图书、期刊、报纸,可以到出版社、杂志社、报社、书店或邮局现购或订购;缩微型文献,可以通过特定的缩微中心购买;视听型文献,可以到音像出版社、音像书店及有关文献信息机构购买;机读型文献一般是在市场上销售的记录在光盘上的应用软件或应用软件包,主要可以通过计算机技术开发公司或信息中心购买,但其中的有关信息中心的数据库系统一般可以供各种组织去检索利用,组织无须进行购买;而样本、专利、图纸、内部资料等则可以向研究开发机构或有关信息中心购买。实物信息载体主要是指样品或具体的产品等。购买实物收集信息主要为组织的技术部门和科技信息部门所重视。

6. 检索法

信息收集的检索法,是指利用信息资料检索工具,从现成的信息资料文档中查检有关信息资料的一种方法。根据检索工具的不同,检索法可以分为手工检索和计算机检索两种类型。手工检索工具是一种广泛收集相关信息资料，按一定的体制系统编排，以供人们迅速查找到特定信息资料的信息资料文档，主要有目录、索引、文摘等二次文献和年鉴、手册、百科全书等三次文献。手工检索法在现阶段仍然是秘书人员进行信息检索的主要方式。计算机检索是通过计算机终端从计算机信息库中查找已有信息资料的方法。计算机信息检索与手工检索一样，既可以用于查找符合特定需求的具体信息，又可以用于查找信息的线索。计算机信息检索的基本原理与手工检索的基本原理是一致的，两者所不同的在于存储与检索手段上的区别。计算机信息检索在我国现阶段已发展到大规模使用阶段，目前大量的统计数据库系统、企业数据库系统、产品数据库系统、市场行情数据库系统以及金融数据库系统正处于开发和完善之中。秘书人员已能通过计算机信息网络检索到全国各地甚至世界范围内主要信息库中存储的各种数据和信息。

7. 交换法

信息收集的交换法，是指组织的信息部门以自己拥有的资料、样品等与有关对口单位进行相应的交换，从交换得来的资料、样品等信息载体中获得所需信息的一种方法。交换法是组织获得自身所需的信息的重要方法之一，也是各兄弟单位之间进行信息交流的一种重要方式。它不仅能使组织获取许多难得的信息，而且还能节省许多的收集时间，在国际交换方面，一般可以提前半年或一年得到最新资料。由于信息交换通常是对口交换，因此，所得到的信息大部分都是及时的和适用的。信息交换可以分为两大类型，即国内交换和国际交换。无论采用哪种类型，都应以对口、互利、合乎国家法律和有关政策规定为原则。在正式建立交换关系后，组织应印制交换卡，及时排检，并经常检查交换的情况和效果，对交换单位进行筛选，稳妥地终止不对口的交换关系，及时地与新的对口单位建立交换关系，不断地改进信息交换工作，以提高信息交换的效益。

三、实训任务

朱槿根据余安妮的建议以及分享的经验对自己制订的“智能手表”市场信息收集计划（程序）的初稿进行了修改，然后着手开始进行信息收集工作。

（一）实训任务一：设计

根据所学知识修改“智能手表”市场信息收集计划（程序）的初稿，设计信息收集计划（程序）表。

（二）实训任务二：调查

各组在讨论交流之后根据修改好的“智能手表”市场信息收集计划（程序）表进行分工，开展“智能手表”市场信息收集工作。

（三）实训任务三：汇报

将本小组的调查结果在全班进行汇报。

四、实训评价

项目达标要求 \ 评分标准	实训情况	问题总结	解决方法	自我评定	教师评定
信息收集计划(程序)表是否完整					
信息收集渠道和收集方法是否合适					
信息收集的时间安排是否合理					
小组信息收集分工是否合适					
小组信息收集的工作效率是否高					

任务三 信息的整理

一、案例导入

朱槿用了两个晚上将市场信息收集完了,一早上班她很兴奋地来找余安妮准备将结果提交给她。

“这个项目做完以后很有成就感,看着文件夹里面有那么多篇文档,我觉得自己还是很有天分的。”朱槿高兴地说。

“哇……不会吧,你就这么提交给我让我来筛选吗?我数数一共……37个文档,你让我全部通读一遍然后再整理出来得要多久啊?”余安妮苦笑道。

朱槿想想也是,她一个人就有这么多的材料了,再加上其他秘书交来的材料,余安妮一个人也不可能整理得过来,再说还是自己最清楚自己收集的这些信息的核心。朱槿不好意思地说:“安妮姐,是我大意了,我应该先整理好后再给你的。等着吧!我的小宇宙已经爆发了,很快就能提交给你了。”

余安妮提醒了朱槿几句整理信息时的注意事项,看着朱槿在座位上认真工作的模样,她忽然想起自己刚来阳光公司工作时的样子。当时自己也是懵懵懂懂的,怀揣着梦想,完成一个简单的工作后也觉得特别有成就感,做起事来特别有干劲。当时的自己还制定了一个职业生涯规划!时光如白驹过隙,自己来公司已经快两年了,经历了很多的事情,也学会了很多的东西。想想也是时候该整理一下自己在公司工作的各种信息资料了,不如就做一个自己的《成长手册》吧。

“嗯,就当送给自己的一份礼物吧,真期待多年以后再翻阅我的《成长手册》时的心情!”余安妮边想边翻开了自己的工作笔记……

二、必备知识

（一）信息整理的相关概念

信息整理是对原始信息进行筛选、分类、校核，使其成为有价值的信息的过程。

信息整理工作是对收集到的原始信息去粗取精、去伪存真、由此及彼、由表及里的改造加工，是整个信息工作的核心。

信息筛选工作是对信息的再选择，表现为对收集到的大量信息进行鉴别和选择、去粗取精、去伪存真，摒弃虚假、无效的信息，提取真实、有价值的信息。

信息分类工作就是根据信息所反映的内容性质和其他特征的异同，把信息分门别类地组织起来的一种科学方法。

信息校核工作是对经过初步甄别的信息作进一步的校验核实。由于信息的来源、信息传播渠道中难免受主客观因素的干扰，秘书人员必须要对信息进行校核，对信息是否失真加以认定，要分析考评原始信息的可靠性和准确性，从而剔除虚伪和失真的信息。

（二）信息筛选

1. 信息筛选的内容

信息筛选包括鉴别、选择和剔除三个部分。

（1）鉴别。

鉴别，即判断信息的真实性、全面性、适用性等。真实性鉴别，即甄别信息资料的真伪；全面性鉴别，即检验信息资料的完整程度；适用性鉴别，即确定信息资料的适用程度和价值大小。

（2）选择。

选择，即择取适用性强、价值大的信息，一般是对工作具有指导意义、与业务活动密切相关的信息，特别是新颖、及时的相关信息。这些信息是有效信息，是领导者进行决策的重要依据。

（3）剔除。

剔除，即删除不适用、价值小、无价值的信息，包括虚假信息、重复信息、过时信息，以及与内容无关的信息。这些信息大都是无效信息，是干扰信息，会影响领导者的决策。

2. 信息筛选的方法

（1）复印、剪裁。

复印、剪裁，即秘书人员对能满足需求的相关信息进行阅读，将阅读到的有价值的信息做记号、复印或剪裁。

（2）摘记。

摘记，即秘书人员将有保存价值的信息摘录到手册或卡片上。

（3）标记说明。

标记说明，即秘书人员对筛选后的信息进行标注、注释或说明，注明已被剪裁的信息的日期、出处。

3. 信息筛选的程序

(1) 看来源。

信息的来源包括上级、同级和下级，上级形成的信息带有全局性、综合性和权威性，而同级和下级形成的信息主要起参考作用。

(2) 看标题。

信息的标题一般可以反映信息的内容和价值，秘书人员要认真分析标题，把握信息的主题，根据信息的标题确定信息价值的大小。

(3) 看正文。

秘书人员要浏览信息的正文，了解其主要内容，初步确定是全部选用，还是部分选用，甚至不用。

(4) 决定取舍。

秘书人员要对信息进行严格选择，从中挑选出能满足需求的信息。秘书人员最终决定取舍的时候要注意三个方面：是否突出主题思想；是否具有典型性；是否具有新意。

（三）信息分类

1. 信息分类的方法

信息分类的方法繁多，下面简单介绍三种分类方法。

(1) 主题分类法。

主题分类法，是指按照信息的概念、主题和标题特征来组织排列信息的方法。主题分类法可以按多级主题分类，即把信息中最重要的主题名称作为分类的首要主题，次要的主题作为第二主题，以此类推。

主题分类法的优点在于检索方便，相关主题的信息材料集中存放，便于相关信息的查找和利用。主题分类法的缺点是主题与标题容易混淆，主题不易确定，归类难以准确。

(2) 字母分类法。

字母分类法，是指按照字母排列顺序进行分类的方法。第一个字母不同的，按第一个字的字母前后次序排列；第一个字母相同的，则按第二个字母顺序排列。

字母分类法的优点在于这种方法简单易行，操作方便。字母分类法的缺点在于按字母分类的信息，对于信息的主题针对性不强；当相同字母的字较多时，查找花费的时间长，使用不方便。

(3) 数字分类法。

数字分类法，是指按照每个信息被赋予的号码次序或大小顺序排列的方法。

数字分类法的优点在于数字规则简单，一目了然；简便易行，适于存储。数字分类法的缺点在于查找信息需要参照索引卡，需花费时间；如果分类号码有误，则会导致查找信息麻烦。

2. 信息分类的程序

(1) 熟悉信息内容。

秘书人员首先应查阅信息，从标题和内容中了解信息的总体构成情况，并熟悉信息的具体内容。

（2）选择分类方法。

信息分类的方法很多，秘书人员要根据信息的来源、数量、内容和各种分类方法的特性，考虑单位业务工作的需要，从便于保管和利用的角度出发，选定分类方法。

（3）分类。

分类，是指秘书人员对各种信息按照一定的标准进行类别划分，分类的依据是信息的特征。

（4）归类。

归类就是秘书人员遵循特定的原则和方法，按照信息的不同内容、来源、时间、性质和作用，根据一定的规范、要求，把收集的信息分门别类地组织起来，使其条理化。

（四）信息校核

1. 信息校核的方法

（1）溯源法。

溯源法，是指秘书人员对收集到的信息所涉及的有关问题进行审核查对时，首先要溯本求源。

（2）比较法。

比较法，是指对照事物，比勘材料，即秘书人员对反映某一事实的各方面的信息材料进行比较，判断说法、结论是否一致。

（3）核对法。

核对法，是指秘书人员依据直接的、最新的权威性材料，进行对照分析，发现并纠正信息中的某些差错。

（4）逻辑法。

逻辑法，是指秘书人员对信息中表达的事实和叙述方法进行逻辑分析，发现问题和疑点，从而辨别真伪。

（5）调查法。

调查法，是指秘书人员对信息中所表达的事物的运动变化情况，通过现场调查来验证其真实性和准确性。

（6）数理统计法。

数理统计法，是指秘书人员对原始信息中的数据和定性分析，运用数理模式进行计算鉴定，判断数据计算是否准确，分类是否合理，是否和结论一致。

2. 信息校核的程序

（1）确定校核的内容。

秘书人员对于收集到的信息材料并非都要进行校核，信息校核的范围主要有事实、观点、数据、图表、符号、时间、地点和人物等。

（2）选择校核的方法。

秘书人员要灵活地运用各种方法，根据实际工作需要选择最恰当的校核方式。

(3) 核实、分析信息。

秘书人员要善于利用掌握的第一手信息和权威性材料，进行实地调查，对收集的信息材料的某些事实进行核实，分析信息材料的内容。

(4) 作出判断。

秘书人员必须通过核对、计算、定性(定量)分析和逻辑推理来判断信息的真实性、可靠性，剔除虚伪和失真的信息。

三、实训任务

朱槿在对“智能手表”市场信息收集的工作中着实下了一番功夫，目前国内外相关资料也收集得差不多了。

(一) 实训任务一：撰写

整理小组成员所收集的“智能手表”市场信息，撰写成简报。

(二) 实训任务二：制作

按照主题分类法，根据本书所有“案例导入”和“实训任务”中所给出的信息整理出余安妮大事记，并结合余安妮所获技能制作成《余安妮成长手册》。

(三) 实训任务三：汇报

各组在交流讨论之后将以上的工作交由进行汇总，并在班上汇报交流。

四、实训评价

实训评估表

评分标准 / 项目达标要求	实训情况	问题总结	解决方法	自我评定	教师评定
收集的“智能手表”市场信息是否可靠					
收集的“智能手表”市场信息是否全面					
收集的“智能手表”市场信息是否具有时效性					
余安妮大事记是否完整					
同学自己的收获与《余安妮成长手册》中所获得的技能是否匹配					
小组介绍清楚，内容完整					

参考文献

[1] 谭一平. 秘书人际关系与沟通实务[M]. 北京：外语教学与研究出版社，2009.

[2] 向阳. 会议策划与组织[M]. 重庆：重庆大学出版社，2014.

[3] 向阳. 档案工作实务[M]. 2 版. 北京：北京大学出版社，2013.

[4] 卢海燕. 办公室事务管理[M]. 北京：中国人民大学出版社，2015.

[5] 王玉霞. 办公室事务管理[M]. 北京：清华大学出版社，2013.

[6] 李强华. 办公室事务管理[M]. 武汉：华中科技大学出版社，2011.

[7] 孟庆荣. 秘书工作案例及分析[M]. 北京：清华大学出版社，2007.

[8] 林静. 管理秘书实务精讲与实训[M]. 北京：清华大学出版社，2010.

[9] 余红平. 秘书信息与档案管理实务[M]. 北京：外语教学与研究出版社，2011.

[10] 王凌. 新编商务秘书实务[M]. 北京：电子工业出版社，2004.

[11] 谭一平. 一个外企女秘书的日记[M]. 北京：学苑出版社，2003.

[12] 李可. 杜拉拉升职记[M]. 西安：陕西师范大学出版社，2008.

[13] 中国就业培训技术指导中心. 秘书——国家职业资格培训教程[M]. 北京：中央广播电视大学出版社，2014.

[14] 金正昆. 商务礼仪教程[M]. 北京：中国人民大学出版社，2009.

[15] 胡泓杰. 办公室事务管理[M]. 北京：中国人民大学出版社，2010.

[16] 杨灿荣. 公共关系与商务礼仪[M]. 北京：中国财政与经济出版社，2011.

[17] 李容建. 外国习俗与礼仪[M]. 武汉：武汉大学出版社，1996.

[18] 联合国贸易网络上海中心. 如何与外国人打交道：海外商务文化习俗礼仪指南[M]. 北京：世界图书出版公司，2009.